高中语文核心素养背景下的思维型教学研究

陈文娟 ◎著

辽宁教育电子音像出版社

图书在版编目（CIP）数据

高中语文核心素养背景下的思维型教学研究 / 陈文娟著. -- 沈阳：辽宁教育电子音像出版社，2021.12
ISBN 978-7-83007-423-4

Ⅰ．①高… Ⅱ．①陈… Ⅲ．①中学语文课－教学研究－高中 Ⅳ．①G633.302

中国版本图书馆 CIP 数据核字(2021)第 230113 号

出 版 者：辽宁教育电子音像出版社
　　　　　　（地址：沈阳市皇姑区黄河南大街85号）
印 刷 者：辽宁鼎籍数码科技有限公司
发 行 者：辽宁省新世纪教育科技发展有限公司
幅面尺寸：185mm×260mm
印　　张：11.25
字　　数：256千字
出版时间：2022 年 8 月第 1 版
印刷时间：2022 年 8 月第 1 次印刷
出 版 人：宋开永　　王晓虹
印刷监制：孙兆楠
装帧设计：翰文汇

书　　号：ISBN 978-7-83007-423-4
定　　价：58.00元
联系电话：024-86310776（发行部）
　　　　　024-86241711-610（编辑部）

如发现印装质量问题，请与印刷厂联系调换。
电　　话：024-85908193

前　言

随着教育教学改革的深入发展以及核心素养理念的提出，对学生思维能力的培养也愈发受到广泛的关注。思维型教学是一种以学生思维能力发展为根本目标的教学活动，是一种指向思维发展的教学。思维型教学并非教授学生在解决问题过程中所使用的各类具体方法步骤，而是让学生学会在问题解决过程中的思维运作方式，即内涵于头脑中的思维模式。通过思维型教学，学生的思维运作方式产生结构性变化，思维结构得以优化，从而形成良好的思维品质。思维是学生智力发展的重要因素，学生思维能力的发展对学生智慧的养成极为重要。传统课堂教学活动因缺乏对学生思维能力的培养，给学生的成长造成严重阻碍，因此，对学生思维能力的培养应给予足够重视，思维型教学的研究与实施对现有教育教学的发展具有极其重要的作用。

核心素养的提出，必将在理论和实践上引起学校教育和学科教学的全方位变革。从学科教学层面说，核心素养理念的提出不仅引起教学内容、教学手段的变化，而且意味着包括教学价值取向、教学设计理念以及教学结果评价等方面的整体转型；从教学价值角度说，核心素养指向的是解决"教育应培养什么样的人"的问题，更体现"全人教育"思想；在教学内容方面，核心素养视域下的课堂教学更关注学科知识的双层意义，尤其要关注知识的文化意义，教学内容彰显文化意义、思维意义、价值意义，即"人的意义"。本书从核心素养的背景入手，介绍思维教学的基础知识，以及教师思维的建设。从核心素质的背景入手，分别介绍了教学过程中课程建设、自我理解、自我反思、创新精神和合作参与等多方面内容。供读者对知识有一个全方位的认识和了解。

总的来说，本书主要通过言简意赅的语言、丰富全面的知识点以及清晰系统的结构，对高中语文核心素养背景下的思维型教学研究进行了全面且深入的分析与研究，充分体现了科学性、发展性、实用性和针对性等显著特点。此外，为了使写作严谨、逻辑清晰，也是为了拓宽研究思路，丰富理论知识与实践表达，作者阅读了很多相关学科的著作与成功案例，并吸取了大量交叉学科的知识，在书中采用大量举例，让研读的人能够真正清楚地理解这些内容，以便今后更好地实施。希望本书能够为学习和研究高中语文核心素养背景下的思维型教学的学者同仁们提供一些有迹可寻的学术信息。最后，书稿的完成还得益于前辈和同行的研究成果，具体已在参考文献中列出，在此一并表示诚挚的感谢！

目 录

第一章　基于核心素养的学校教育新理念 ························· 1

第一节　核心素养的内涵 ·································· 1

第二节　核心素养对学校教育的影响 ··················· 9

第三节　核心素养理论的教学意义 ····················· 14

第二章　思维型教学基础认知 ···························· 18

第一节　思维型科学探究教学的理论构建 ··············· 18

第二节　思维型教学的内源性形成条件 ················· 26

第三节　思维型教学的保障性运行条件 ················· 32

第三章　高中语文核心素养背景下的思维型教学 ········ 36

第一节　高中语文核心素养的基础认识 ················· 36

第二节　语文思维型课堂教学的理论探讨 ··············· 42

第三节　语文思维型课堂教学构建的必要性 ············· 49

第四节　语文思维型课堂教学的基本策略 ··············· 51

第四章　教师思维对思维型教学的作用 ················· 57

第一节　教师思维概述 ································· 57

第二节　影响教师教学思维的主观因素 ················· 60

第三节　影响教师教学思维的客观因素 ················· 63

第四节　促进教师教学思维的途径与方法 ··············· 65

第五章　核心素养背景下课程建设 ····················· 82

第一节　构建素养本位的学校课程 ····················· 82

第二节　素养统领的学科课程建设 ····················· 95

第三节　跨越学科的课程统整 ························· 103

第六章　核心素养教育背景下教学过程中的自我理解·····················117

　　第一节　自我理解的内涵·····················117

　　第二节　自我理解素养的价值·····················121

　　第三节　自我理解素养的培育·····················125

第七章　核心素养背景下教学过程中的反思能力·····················130

　　第一节　反思能力的内涵·····················130

　　第二节　反思能力的价值·····················134

　　第三节　反思能力的培育·····················136

第八章　核心素养背景下教学过程中的创新精神·····················146

　　第一节　创新精神的内涵·····················146

　　第二节　创新精神的价值·····················153

　　第三节　创新精神的培育·····················156

第九章　核心素养背景下教学过程中的合作参与·····················161

　　第一节　合作参与的概述·····················161

　　第二节　合作参与的价值·····················164

　　第三节　合作参与素养的培育·····················167

参考文献·····················173

第一章　基于核心素养的学校教育新理念

第一节　核心素养的内涵

一、核心素养的定义

"核心素养"已成近些年国内外教育界普遍关注的议题,世界主要发达国家和地区先后构建了不同的核心素养体系,这些体系从不同的角度诠释了核心素养。在深化课程改革的背景下,清晰界定核心素养的内涵,是有效推进核心素养落地的前提。对核心素养的关注,意味着在当下教育变革的浪潮中,人才质量标准的重新定位。我国对核心素养的研究尚处于探索阶段,对国际上关于核心素养的研究进行综述,有助于提升核心素养本土定义的适切性。

自 1985 年卡莫委员会（Karmal Committee）提出五大"关键能力"开始,澳大利亚就一直致力于核心素养体系的研制,在核心素养的内涵、构成、评价准则等方面的研究都取得了显著的成果。梅耶委员会（Mayer Committee）认为,关键能力是个人在学习、工作及生活环境中所需的能力,是对知识和技能的整合与应用体现,使个体未来能有效地参与工作与适应成人生活的社会环境。据此,该委员会还提出了七大核心素养分支:收集、分析和整理信息的能力;交流思想和信息的能力;计划与组织活动的能力;与他人合作的能力;运用数学方法与数学技术的能力;解决问题的能力;使用技术手段的能力。到 21世纪初,经合组织的"素养的界定与遴选:理论和概念基础"项目研制的核心素养总体框架为世界各国建立本土化的核心素养体系提供了重要的参考。DeSeCo 项目指出,核心素养是指覆盖多个生活领域的,促进成功的生活和健全的社会的重要素养。[①] 该项目通过多学科的整合,归纳出"能互动地使用工具""能在异质社群中进行互动""能自律自主地行动"三方面的核心素养。[②] 2006 年,欧洲联盟将核心素养的概念界定为:核心素养是一系列可移植的、具有多种功能的知识、技能和态度,是个体获得个人成就和自我发展、融入社会、胜任工作的必备素养,并且指出这些素养的培育应该在义务教育阶段完成,且成为

---

① 张娜. DeSeCo项目关于核心素养的研究及启示[J]. 教育科学研究, 2013（10）: 39-45.
② 柳夕浪. 从"素质"到"核心素养"——关于"培养什么样的人"的进一步追问[J]. 教育科学研究, 2014（3）: 5-11.

终身教育的基础。在此基础上，欧盟提出终身学习八大核心素养，包括使用母语交流、使用外语交流、数学素养和基本的科学技术素养、数字素养、学会学习、社会与公民素养、主动意识与创业精神、文化觉识与文化表达。[①]

梳理国外相关研究成果，发现对核心素养的思想基础、价值取向、具体内容的认识有共通之处，我们可以从以下三个维度来剖析核心素养的定义。[②] 维度一，学生核心素养培育的思想基础是"人的全面发展"，具体诠释学生经历教育后必须拥有怎样的基本素养和能力，成为怎样的人才。人的全面发展的当代内涵就是指提高人的综合素质和创新能力，这和核心素养的理念是一致的。核心素养是知识、技能和态度等的综合表现，不是囿于某单一学科的知识和技能，而是非情境化的，适用于不同学习领域、不同情境中。而且各国各地区核心素养体系中的指标大多都可按照经济合作与发展组织的架构划分，分为人与工具互动、人与自己互动、人与社会互动，从分类框架上体现综合性。再者，各个国家在核心素养体系建构中均提到的创新素养的培养也是全面发展理论的最核心成分。维度二，核心素养的价值取向在于满足"个人发展"与"社会发展"的双重需要。在个人的自我实现与发展方面，核心素养必须为人们追求生活目标提供帮助，为实现个人兴趣及终身学习的愿望提供动力，有助于满足个人"优质生活"需求，获得个人成功的人生。同时，在社会发展方面，核心素养可以帮助每个人建立公民身份、行使公民权利、积极融入社会，支持个人在社会文化网络中，积极地回应情境的要求与挑战，保障社会的稳定和发展。因此，核心素养不仅可以营造"成功的个人生活"，更可以有助于建立功能健全的社会，达成"优质社会"的发展愿景。维度三，核心素养的内容包括知识、能力、态度等多方面，其含义比"知识"的意义更加宽广，并不指向某一学科知识，而是强调个体能够积极主动并且具备一定的方法获得知识和技能；比"能力"的意义更加宽泛，既包括传统的教育领域的知识、能力，还包括学生的情感、态度、价值观。它是一系列知识、技能和态度的集合，以三维整合的方式呈现，有较强的综合性和实践性，如国际上重视的语言交往、信息处理、问题解决、社会合作、创新意识等素养，都是学生获得知识、习得能力、发展情感后相互融合的产物。总之，核心素养是个体适应未来社会需要、获得全面发展、提高生存能力的必备品格和关键能力，是满足终身学习的基本条件，是提升个体综合素质的重要保障。

二、核心素养的特点

学生核心素养模型的建构既要从个体成长发展的一般规律出发，也要符合教育教学活动实践的客观要求。同时，学生核心素养模型要反映新时期社会对人才的新要求，紧随全球化、信息化发展的大趋势，使学生适应未来社会生活，拥有终身学习的能力。虽然不同国家和地区基于自己的教育实践建构的核心素养框架有所差异，但是最后筛选出的核心素养都呈现出一些共同的特点。

---

① 常珊珊，李家清.课程改革深化背景下的核心素养体系构建[J].课程·教材·教法，2015（9）：29-35.
② 常珊珊，李家清.课程改革深化背景下的核心素养体系构建[J].课程·教材·教法，2015（9）：29-35.

（一）普遍性

核心素养的普遍性表现在它是不同学习领域、不同情境中都不可或缺的共同底线要求。一方面，核心素养不同于素养。素养是在个体与情境的有效互动中生成的，这些情境包括家庭、职场、社区及其他公共领域等。素养不应该脱离特定的情境，不同的情境所要求的素养也有所不同，抽象地谈论所谓"素养"是没有太大的价值的。[1] 而核心素养不是只适用于特定情境或特定人群的特殊素养，而是适用于一切情境和所有人的普遍素养。另一方面，核心素养是一种跨学科素养，它强调各学科都可以发展的、对学生最有用的东西，并不指向某一学科知识，不针对具体领域的具体问题，而是强调个体能够积极主动并且具备一定的方法获得知识和技能，从人的成长发展与适应未来社会的角度出发，跨学科跨情境地规定了对每一个人都具有重要意义的素养。[2] 例如，审美素养不仅是音乐、美术课程需要致力促进学生养成的素养，语文课程同样需要对学生进行文学美的浸润，培养其感知美、欣赏美、评价美的意识和基本能力。再者，随着知识时代的开启，知识的增加到了令人目不暇接、耳不暇闻、思所不及的程度。在这样的时代，任何个人都不可能把所有的知识都学懂、都弄通，这需要学生养成学会学习的核心素养以适应科学技术日新月异的发展。通过努力学习提高自身的言语信息技能、态度技能、动作技能、智慧技能和认知技能，掌握符合自身特点的一整套科学学习方法体系，从而使自己掌握主动学习、终身学习、全面发展和持续发展的能力。这是每个学科课程共同的价值追求，体现了素养要求的普遍性。

（二）系统性

核心素养具有系统性，各指标因素之间相辅相成、相依相促。从纵向来看，素养的生成是从生理到心理，再到文化和思想四个不同的、纵向发展的层面，这四个层面中，前者是后者的基础。"基础"包含两层含义："一是发生上前者对后者存在一种逻辑在先的意义；二是在内容上后者以萌生的形式存在于前者之中。"这决定了核心素养的习得与养成必须具有整体性、综合性和系统性。从横向来看，核心素养各因素间彼此并非单独存在而是呈现可交互作用、相互渗透、彼此互动的动态发展，甚至是相互依赖可以部分重叠交织，这彰显了"素养"的本质，更彰显了多元面向、多元功能、多元场域、高阶复杂、长期培育等"三多元一高一长"等核心素养的特质。[3] 核心素养以整合的方式在实践中发挥作用。例如反思能力的养成有利于学生对自己的决策、行为、方法以及由此产生的结果进行审视、分析、调整。自我认知素养是主观自我对客观自我合理认识与评价的意识与能力，包括自己对自己身心特征、优缺点、心理活动的认识，清晰认识到自己在集体和社会中的地位及作用，并在此基础上对自己做出合理评价判断。反思能力和自我认知素养的养成与发

---

① 柳夕浪. 从"素质"到"核心素养"——关于"培养什么样的人"的进一步追问[J].教育科学研究，2014（3）：5-11.
② 李艺，钟柏昌. 谈"核心素养"[J].教育研究，2015（9）：17-23.
③ 柳夕浪. 从"素质"到"核心素养"——关于"培养什么样的人"的进一步追问[J].2014（3）：5-11.

展是相辅相成、相互促进的，这体现了核心素养之间的系统性。因而，以核心素养引领课程改革，可在纵向上促进不同教育阶段课程的连贯性，也可在横向上促进不同领域课程发展的统整性，在提升教师课程设计与教学实施的效能的同时激发学生的学习效能。

（三）生长性

核心素养的动态性表现在其是可教可学、动态发展的。学生核心素养的获得是一个循序渐进、不断深化的过程，它可以通过外在刺激，诸如有意的教育进行规划、设计与培养。当学生踏入社会，核心素养是个人通过积极主动与真实情境展开互动而不断延伸、拓展和生长的开放体系，随着社会经验的丰富、个体发展需求的增加，素养的内涵会得到丰富和完善。例如，诸多国家核心素养体系中涉及的沟通交流能力就呈现出明显的生长性，学生在进入学校之前就具有一定的表达能力基础，经过学校课程、活动的系统性训练，学生习得较为标准化、系统化的表达方式与沟通技巧，搭建起一套适用于学校、家庭环境的交流沟通能力体系。当学生进入社会以后，社交网络的扩大，面对形形色色的人，适用于学校、家庭的沟通交流方式显得匮乏，在实践的打磨中，个人的沟通交流方式和技巧越发丰富和完善，逐渐形成更加纯熟、多元、完善的沟通交流能力体系。由此可见，核心素养是可教可学的，具有发展连续性。同时，核心素养是通过外显行为表现出来的，体现为行为意向、行为技能水平等。因此，尽管核心素养是动态发展的，但可以根据相关理论开发相应的工具对其进行测评。[①] 例如，学生对社会责任这一核心素养的认识也是随着人生经历的丰富、知识结构的完善而逐渐丰满起来的。低年级的学生或许只能认识到社会责任范畴中自己对家庭的责任，主动承担力所能及的家务，做家庭的小主人。但随着认识角度和认识方式的不断丰富，学生能够形成更加深刻的对社会责任的全面理解，认识到自己与他人（家庭）、集体、社会、自然等方面的关系中应有的职责、任务和使命，意识到自己对社会的责任，即将自己的存在与更大范围内的社会进步联系在一起。

（四）统整性

核心素养的统整性表现在两方面：一方面，核心素养是知识、能力、态度、价值观和情绪的集合体。核心素养并不只指向某一学科知识，它强调个体能够积极主动并且具备一定的方法获得知识和技能，其含义也比"能力"的意义更加宽泛，既包括传统的教育领域的知识、能力，还包括学生的情感、态度、价值观。核心素养超越了知识与能力二元对立的观念，是相关知识、认知技能、态度、价值观和情绪的集合体。它涵盖了稳定的特质、学习结果（如，知识和技能）、信念—价值系统、习惯和其他心理特征。在各因素之间凸显了态度因素的重要性，强调了人的反省思考及行动与学习，其目的不仅限于满足基本生活需要，更有助于个人追求生活目标、促进个人发展和有效参与社会活动。例如，"国际

① 柳夕浪.从"素质"到"核心素养"——关于"培养什么样的人"的进一步追问[J].教育科学研究，2014（3）：5-11.

理解、创新精神"等，更加侧重学生品性修养、态度养成和情感发展。这一超越知识和技能的内涵，可以矫正过去重知识、轻能力、忽略情感态度价值观的教育偏失，更加完善和系统地反映教育目标和素质教育理念。[①]另一方面，核心素养统整了个人和社会的需求。核心素养的价值追求在于促进个人发展和形成良好的社会，使学生能够发展成为更健全的个体，能够更好地适应未来社会的发展变化，并为终身学习、终身发展打下良好的基础，并且能够达到促进社会良好运行的目的，[②]由此统整个人、社会两方面的目标与追求。例如，就合作参与素养来说，人类面临问题的复杂化程度，社会分工的精细化发展都决定了合作参与的价值愈加凸显。全球变暖、臭氧空洞、水污染等一系列问题成为需要人类共同面对的燃眉之急，需要大家矢志不渝的共同努力。因而，合作已经成为社会发展的重要途径。同时，面对激烈的竞争，个人想取得成功也离不开与他人的合作，因而合作参与素养的养成是个人发展的内在需求。由此可见，合作参与素养统整了社会的需求和个人发展的需求。

三、核心素养的维度

综合国内外既有研究成果，这里将核心素养划分为三个维度，即人与工具、人与自我以及人与社会。其中人与工具包括语言运用、信息收集与处理两个向度；人与自我包括自我理解、反思能力、创新精神与实践能力四个向度；人与社会包括合作参与、社会责任和国际理解三个向度。

（一）人与工具

人与工具维度指的是个人能够运用语言、符号、信息技术等进行有效互动的核心素养。工具的恰当运用是人们改造世界的基础，在科学技术迅猛发展的今天，如何有效地利用我们所掌握的工具与技术，是处理好社会发展过程中矛盾的关键。通过分析发现，语言运用和信息收集与处理是人与工具核心素养里的两个关键点。

1. 语言运用

语言运用素养是指交际者在掌握了一种语音、词汇和语法等基本知识和基本规则的前提下，能在特定的语言环境里按照一定规则准确、得体地使用语言进行交流、理解与创造性地表达。合理有效地运用语言，是个体在社会中存在并发展的前提基础。个体只有掌握了基本的语言知识、技巧与能力，才能够有效地生存于社会之中。语言运用素养主要包括母语语言运用和外语语言运用两个层面。

① 辛涛，姜宇，刘霞.我国义务教育阶段学生核心素养模型的构建[J].北京师范大学学报（社会科学版），2013（1）：5-11.
② 辛涛，姜宇，刘霞.我国义务教育阶段学生核心素养模型的构建[J].北京师范大学学报（社会科学版），2013（1）：5-11.

2. 信息素养

信息素养是指人们在信息社会中运用现代信息技术获取、利用、开发、评价和传播信息的修养与能力。二十一世纪是信息的世纪，如何能够高效地获取信息，并充分地开发和利用信息，是人们成功立足于社会的很重要的能力。信息素养包括信息意识、信息知识、信息能力、信息道德四个层面。

（二）人与自我

人与自我维度指的是作为具有社会性的个人，应该能够明晰自己的能力与目标、了解自己的权利和义务，以为自身更好地适应现代生活奠定基础。在现代社会发展过程中，人只有认清自己，才能够更好地生存与发展。人与自我维度主要包括自我理解、反思能力、创新精神以及实践能力四个层面的内容。

1. 自我理解

自我理解素养是指个体对有关自己的思想和态度认知的概念系统，是对行为、感觉、思想等相关信念、态度的一定水平意识或知识。人对自我的基本理解，是人作为"人"的理念基础，"人"只有充分了解了自身的社会性存在，才能够更好地生存与发展。自我理解素养包括生理自我理解、心理自我理解与社会自我理解三个层面。

2. 反思能力

反思能力素养指的是拥有自我反思的情感和意志力，对个体所见、所闻、所经历的事情具有批判性和探究性思考的能力，是反思活动能够顺利展开的心理素质特征的综合体。在现今社会发展过程中，反思能力扮演着日益重要的角色。人只有能够对自己的知识、行为做出恰当的反省与思考，才能够获得人生的进步。反思能力素养主要包括自我意识、批判性、探究性、意志力、自我评估几个层面。

3. 创新精神

所谓创新精神是指个体在从事创新活动过程中所表现出来的智识和品质，是一种较为稳定的、积极的心理倾向，是一种勇于对旧思想旧事物进行质疑、创造新思想新事物的精神。创新是一个民族进步的灵魂，是一个国家兴旺发达的不竭动力。在科技迅速发展、全球化日益深化的今天，创新精神扮演越来越重要的角色。创新精神包含创新意识和创新品质两个层面。

4. 实践能力

实践能力素养是指学生运用知识、技能顺利解决实际问题时具备的生理特征和心理特征的综合。从定义可以看出，实践能力包括知识、技能以及必要的心理品质，它是不同品质的综合体。在人的一生发展过程之中，人所习得的各种知识，最终都要付诸实践，正所谓"实践是检验真理的唯一标准"。可见实践能力的培养所占的地位及其发挥的重要作用。实践能力可划分为知识型实践能力和操作型实践能力两个层面。

（三）人与社会

人与社会维度指的是人在社会生活当中为适应现代社会环境所表现出来的基本能力。人是社会性动物，"人"只有存在于社会生活场域之中才能够称其为"人"。人与社会维度包括合作参与、社会责任和国际理解三个层面的内容。

1. 合作参与

合作参与素养是指学生在学习、生活或社会关系中，为追求共同的目标，为了确保任务的顺利完成，以一种协调的方式一起行动而表现出来的个人态度、技能和品质的总和。现今的社会是一个合作型社会，有鉴于此，人们要养成合作参与的意识，培养合作参与的技能，以便能够在合作型社会当中得到更好的发展。合作参与素养包括合作参与意识、合作参与技能、合作参与品质三个层面。

2. 社会责任

社会责任素养是指学生自觉承担与他人（家庭）、集体、社会、自然等方面的关系中应有的职责、任务和使命的情感态度和行为表现。其核心是学生认识到自己对社会的 发展，乃至人类发展所应承担的责任。作为现代人，应该有必要的社会责任担当，履行相应的义务，做一个对社会发展有意义的人。社会责任素养包括诚信友善、勇于担当、法制意识、生态意识四个层面。

3. 国际理解

国际理解素养是指理解与欣赏本国及世界各地的历史文化，并深切地体认世界为一整体的地球村、营造多元文化共存、和平安定的人类生活环境的一种世界观，其主要表现是个体对于国际动态、多元文化、人类共同命运等方面的关切和认知。在全球化快速发展的今天，人们对国际社会、环境的理解与认知是立足于当今世界非常重要的因素。

四、核心素养的价值

核心素养的价值定位体现于以下几个方面。

（一）适应社会诉求与技术发展

教育通过培养人才不断推动科技更新、社会发展，同时社会的发展与进步也会促使教育变革。因此，教育决策要符合社会需求，体现时代发展对人才培养的要求。现代社会是文化共荣、科技发达、提倡交流与合作的时代，核心素养体系中涉及的外语交流、符号运用与沟通表达、文化认同与国际化、团队合作与工作能力、科学技术素养、信息素养等素养都反映出知识经济时代的发展动态，体现出科学技术进步对人才素质的新要求。我国核心素养的提出正是在国际趋势下，充分结合时代特色，聚焦人才培养的创新模式，使得我们培养的人在创新精神、实践能力、社会责任感等方面，都能有显著的提升。[①]

（二）关注终身学习和全面发展

全面发展与终身发展是素质教育的根本宗旨，是各国制定核心素养的基本价值取向。[②]联合国教科文组织、经济合作与发展组织、欧盟，以及美国、加拿大、澳大利亚、新西兰、德国核心素养体系的提出和建构都离不开一个鲜明的主题，就是培养学生的终身学习能力。现代社会知识的更新速度越来越快，学生只有拥有终身学习的能力，才不会被时代抛弃。终身学习要求学习者能够依据个人学习需求、能力与具体情况，自定学习进度、选择学习方式，并进行自我导向的学习。强调学习的终身持续性、方式的多样性和学习的自主性，核心素养体系中的信息素养、阅读能力、媒体素养和改进学习的能力、独立学习能力、主动探究、自我反思、规划都有所体现。人的全面发展的当代内涵就是指提高人的综合素质和创新能力，这和核心素养的理念是一致的。国际组织及世界各国对核心素养的遴选不是局限于某单一学科的知识和技能，而是涉及学生全面发展所需要的知识、技能、态度和价值观等方面，例如各国各地区核心素养体系中的指标大多都按照经济合作与发展组织的架构划分，分为人与工具互动、人与自己互动、人与社会互动，从分类框架上就体现了其综合性，对学生的全面发展大有裨益。

（三）促进自我认同和自主行动

自我认同和自主行动就是指帮助学生建立明确的自我概念以及促使他们把自身的需要和愿望转化为有目的的行动。一方面，个人首先需要建立自我认同，并赋予生命以意义，合理清晰地认识自己、悦纳自己，明确自身的优劣势，从而发挥优势、规避劣势，明确发展方向。了解自我与发展潜能、反思能力、善良诚实等个人品质素养都体现了这一层面的价值。另一方面，在确认发展方向之后能自主行动也尤为重要。在这一价值层面上，核心素养的功能性指向明显，就是帮助学生实现问题的解决，在知识的增加到了令人目不暇接、耳不暇闻、思所不及的时代，获得"鱼"不如掌握"渔"，领会学习窍门，增强实践能力，发扬创新精神，以不变应万变，主动积极地应对挑战。主动探索和研究、问题解决能力、系统思考与解决问题、规则执行与创新应变等素养充分体现这一点。

（四）重视生活品质与生存质量

核心素养立足适应现在及未来社会发展的需要，如同高楼大厦的坚实根基，其稳固性决定了楼房的高度与坚韧度。因而核心素养的培育对人的终身发展具有至关重要的奠基与

---

① 田慧生.落实立德树人根本任务全面深化课程教学改革[J].课程·教材·教法，2015（1）：3-8.
② 常珊珊.李家清.课程改革深化背景下的核心素养体系构建[J].课程·教材·教法，2015（9）：29-35.

导向作用，关乎个体的生活品质和生存质量。核心素养除了满足个体立足社会、生存发展的必备能力需求之外，还涵盖学生的个人品质、文化素养和精神境界，影响着他们与社会、自然的相处和互动方式，也决定着日常生活的品位和品质，为个人追求其生活目标提供支持，真正体现着以人为本的教育思想，例如，文化意识、环境研究、个体职业发展、生活规划、管理与解决冲突等，这些指标内容都充分表现这一点。除此之外，核心素养帮助个人提升公民意识，促进个人与社会环境自主互动，拥有成就感和愉悦感，例如，核心素养体系中包含的语言交往能力、合作能力、表达能力等。因此，核心素养不仅满足个人包括学习、工作、生活在内的各个领域的重要需求，而且使个人与他人建立起亲密的关系，更好地理解他人和自身所处的世界，与社会展开良性互动，从而拥有美好的生活。

第二节　核心素养对学校教育的影响

一、核心素养对新教师的影响

要培养学生的核心素养，作为教育主导者的教师也要具备一定的核心素养。教师的核心素养就是培养学生核心素养所需的职业品格和专业能力。这两个教师核心素养又分别可分为以人为本和师德立学、综合实践和创新发展两个层级。在这两个层级下又细分为教育主体、教育观念、师生关系、热爱教育、责任担当、为人师表、教学理念、教学技能、合作建构、总结反思、理念指导和教育技术十二个具体的方面。此外，学校还应当进一步加强教师队伍建设，从而促进教师核心素养的形成和发展。

（一）核心素养之下的教师职业品格包括以人为本和师德立学两个层级

1. 以人为本

核心素养之下对教师职业品格中以人为本的强调，是重视教师在教师态度和行为方面的心理特征。它强调了以下几个方面：

第一，学生是教育的主体。教师在日常教学中，应发挥学生的主动性。

第二，教师应当关注学生的全面发展。

第三，师生之间应建立平等的关系。

林崇德教授在研究学生发展过程中，具有以人为本、以学生为本的思想，发现学生发展的真正需求。而他也一直在教学实践中，坚持以人为本，发挥学生的自主性；魏书生的"六步课堂教学法"，使学生的自学能力得到了极大锻炼；李吉林像母亲一样关怀学生，得到了学生的尊敬。他们以学生为主体，与学生共同进步。"以人为本"这一素养是他们实践道路上前行的动力，使他们在与学生交往过程中达到事半功倍的效果。

2. 师德立学

第一，教师应当拥有热爱教育的情怀；教师不仅要热爱本职工作，更要主动地发展。同时，作为新时代的人才，一定要有终身学习的意识，对于新的理念、新的方法、新的知识，要有谦虚学习的心态，才能够不断提高自身的专业发展，不被时代所抛弃。

第二，教师学会担当责任。如教师要克服职业倦怠，在学习上、生活上关爱学生。

第三，为人师表。教师可以从教学环境，与学生、与同事友好相处过程中获得情感关怀，并把自己丰富的学识和品行传递给学生。

坚守师德立学的教师热爱教育、责任担当、为人师表。于漪老师对教育有着强烈的使命感，把育人作为教师工作的制高点，用爱祖国、爱学生的激情燃烧着自己，同时，也感染了周围的人。几十年来她始终站在教育第一线，坚持不懈地进行着教育改革、探究与思索，使她的教学思想更具生命力；于永正老师对学生的爱，一点一滴地渗透到课堂教学的每一个细节当中，于老师在课堂上并没有摆起架子，反而在学生的身上倾注了满腔热情和温柔细腻的爱；钱梦龙老师拥有崇高的教育信仰，用爱、理性与追求全身心地投入教育上

（二）核心素养之下的教师专业能力包括综合实践和创新发展两个层级

1. 综合实践

核心素养之下的教师综合实践主要体现在教学理论、教学技能、合作建构、总结反思四个方面；创新发展主要体现在理念指导和教育技术两个方面。

（1）教学理论

教师的教学理论要求教师不仅要有扎实的专业知识，而且要不断地适应社会的需要，更新自己的知识库。

（2）教学技能

教师要在设计和组织教学当中精心培养学生的学科核心素养。教师要具备相应的技能来指导学生，从而成为学生终身学习态度、方法与能力的指导者。

（3）合作建构

这就要求教师之间通过合作来优化教学方式、完善教学内容等。

（4）总结反思

一位优秀的新教师，除了具备专业的教学能力和良好的教学德育之外，在教学过程中还要不断地反思总结，提高教学反思意识，增加反思方法和内容。

正因为张思明老师孜孜不倦地努力学习，才有足够的信心和底气向学生传递数学知识。同时，他独特的提问方式和教学技巧深受学生们的喜爱，并且，这种方式使学生对学

习数学产生了浓厚的兴趣，也体现了他具备扎实的综合实践核心素养；斯霞老师一生积极地投身于教育行业，严谨地对待自己的教学；荣称特级教师的李吉林老师，积极运用跨学科知识进行语文教育，也是十分值得我们学习的

2. 创新发展

教育是艺术，艺术的价值在于创新。教师的创新发展需要具备以下几个条件：

（1）理念指导

核心素养要求教师具有一定严谨的知识结构以及相对扎实的理论根底，有精深的专业知识，能够及时关注知识更新，并且能够有计划有目的地教会学生将理论与实践结合起来，使学生的应变能力逐渐得到提高，能够担负起培养跨世纪人才的重任。

（2）技术创新

教师要密切关注并学习更新自己的教育技术。国内外教育技术的创新，是新教师核心素养之下的必备品质，也是核心素养的重要体现。

窦桂梅老师紧紧把握教育改革的时代脉搏，在语文教学过程中进行积极的摸索和创新，在教育教学思想上开出了"两朵玫瑰"——"三个超越"和主题教学，并且与清华附小团队一起构建了"1+X课程"育人体系；于漪老师的授课内容从来都不重复，所以是"充满艺术性"的，这是她对自己的一种超越，更是一种创新，所以，也是"充满创造性"的；提倡教育民主的李镇西老师同样具有创新发展素养

（三）教师队伍建设与新教师个人发展

新教师个人发展与教师队伍建设有着密切关系，新教师个人专业的成长受教师队伍群体建设的影响。教师队伍建设应该呈现出欣欣向荣的良好氛围，为教师个人专业的成长提供助力，促使新教师不断提高自身素养，从而成为"四有"老师。在教师队伍建设的良好推动下，教师个体完成专业成长，这也有助于构建高质量高水平的教师队伍，从而促进全区、全市、全国教师队伍水平的提高。拥有优质的教师队伍，才能够更好地推动核心素养教育，推动新课程改革，从而实现教育兴国。

"中国好老师"公益行动广东行动计划中，广东第二师范学院着力挖掘师范院校与"好老师行动"的有效结合，并发起了两个具体行动倡议及实施方案：一是面向全省基地在校教师发起"好老师育爱成长365行动"，二是面向全省师范院校的在校师范学生发起"未来教师爱心筑梦志愿服务行动"。这次行动对于建设教师队伍和激发教师教学的热情、促进教师自身成长有着重要的意义[①]。

二、核心素养对新课程的影响

核心素养的提出，对于教育改革最大的影响莫过于课程改革了。课程是教育思想、教

---

① 陈平，王美丽.平等课堂打造教育亲和力[J].中国教育报，2017（07），03.22.

育目标的主要载体，是教育内容的体现，也是学校各项教育教学活动的依据准则，而学校的课程改革必须遵循教育改革的最新理念，并适应新时代的发展。

结合我国的教育现状，以及对英、美、法、新加坡等国家的课程发展现状综述和大趋势下课程的发展方向的研究，我国新课程的改革发展趋势应当体现在以下四个方面：

一是强调课程的人性化。强调课程改革的实施，应当精简课程、减少教学时数、改变教学形态等，以有效协助学生"实现自我"为目标。同时，讲究课程的乐趣化，使之引起学生强烈的学习动机，进而达到有效学习的目的。

二是力求课程的生活化。课程内容应当结合学生实际生活的需要，这是近年来课程发展的另一主调。

三是注重课程的整合化。这是当今世界部分国家课程发展的又一主要趋势。

四是主张课程的弹性化。所谓"课程的弹性化"是针对以往课程的单一化与僵化的缺失而提出来的。其主张课程的实施要留有伸缩的余地，使教师和学生能够有自主教学的机会。

核心素养之下的课程改革，将学生放在了首要位置，其课程目标的确立、教学内容的设置等都是为了培养符合 21 世纪核心素养要求的人才。虽然现行课程标准重视核心素养的培养，但其对社会参与及人文素养的重视不够，而是只重视少数工具性素养的培养，从而导致跨学科素养体现不足。核心素养之下新课程的规划，将一改以往"注重知识传授""忽视情感态度价值观""课程开发追求数量，缺乏质量"的现象，而是强调课程设置的人性化、生活化和弹性化，体现课程内容的整合性、自主性和个体性，课程内容要为学生奠定走向社会的基础，当学生离开学校后，他们能够学会如何在社会上生存；课程内容的考核更多地强调学生对知识的应用能力，而不是单纯地记住理论性的知识，是看学生到底学会了什么，这就不再局限于知识，而是应当包括技能、态度与情感以及是否具备科学素养等。

从学生核心素养出发，衡量学校课程建设成功与否有三个标准：

第一，课程是否围绕学生的核心素养而展开。

第二，能否在学生的核心素养和学校课程框架之间建立实质性的连接。

第三，是否能够保证每一门课程的质量，为学生的核心素养服务。

基于此，学校应当在学生核心素养理论的指导下，以课程整合为依托，促进课程体系的改革与发展，逐渐建立起以学生核心素养为中心的新课程体系，这将是学校追求课程发展的一条关键途径，也是我们建设一所理想的新学校的必经道路[①]。

三、核心素养对新课堂的影响

基于核心素养的新课堂主要完成了两个重大转变：一是教学模式的改变，更加突出育

---

① 陈琦，张建伟.建构主义与教学改革[J].教育研究与实验，1998（04）.

人目标；二是完善评价体系，推动新课堂的发展。教学模式的改变主要是指建立自主、合作、探究的、跨学科融合的新课堂和"未来教室"的出现及影响。同时，基于核心素养的新课堂，要求完善评价体系、倡导评价主体的多元化，真正落实学生核心素养的培育。

（一）核心素养影响课堂教学模式和育人目标

在以"学生发展核心素养"为主的课程改革当中，课堂教学强调更加关注学生的主体地位。在教学模式上，推行自主、合作、探究的学习方式，以此来达到自主发展、合作参与的核心素养目标，进而实现育人功能。核心素养对课堂模式的改造主要集中在跨学科的课堂模式，力求在学科之间形成合作与创新，突破传统课堂的呆板化和模式化，寻求多元化和多样性的改变。同时，课堂教学结合现代信息化与未来教室，从而改进了课堂上的教学方式，使之符合当代学生对个性化的追求。现代化模式的课堂教学随着时代的发展而不断前进，也适应了时代的步伐，具有前瞻性。

1. 自主、合作、探究型新课堂

核心素养不仅能够在课堂、学校获得，也需要在与人沟通、团队合作、社会交流当中习得。因此，教学模式需要从传统的"以教为主"的单向传输教学转变为"以学生为主体，教师为主导"的双向教学模式。我国学者提出了"自主、合作、探究"的学习模式。

2. 垮学科融合式新课堂

"跨学科融合式新课堂"是将国家教育政策从宏观政策进一步具体化、系统化和细化，转化为学生应该具备的、适应终身发展和社会要求的素养要求，贯穿到各学段，融合到各学科，最后体现在学生的身上。这要求通过建立跨学科课堂，借助教学来帮助学生形成学科综合的核心素养。"跨学科融合式新课堂"是指向非线性思维的，能够培养学生调动多种要素、跨界连接各类知识和经验、培养解决复杂问题的能力和创新思维能力。同时，"跨学科融合式课堂"为学生提供了相对完整的教学情境，进而强调学生的主体地位。

3. 现代信息化课堂与未来教室

信息技术素养、数字化素养是21世纪学生发展核心素质的重要方面教师能够互动地使用信息、技术，培养学生创造科技的能力，这对新时期的课堂学习提出了新的要求。课堂教学需要在利用日益进步的科学技术设备和理论的基础上，改变教学模式，创设良好的教学环境，从而提高教学效率和教学质量。

（二）核心素养要求完善课堂评价体系

学生发展核心素养的课堂评价体系需要明确学生在各个学年阶段具体所要达到的可操作的目标，再加上评价主体的多元化，来促进课堂教学中核心素养的落实，推动课堂教学

不断发展 [①] 。

四、核心素养对学校管理的影响

管理是一门艺术，学校管理更是一份讲究方法与艺术的"脑力活"。在核心素养这一大背景之下，学校管理应当如何体现核心素养理念呢？这就要求管理者能够"以人为本"，能够做到建立"以人为本"理念的管理目标，在实施学校管理的过程中，注重管理绩效和管理制度的科学民主性。

学校管理改革是新课改实施的内在需求。早在2001年，我国部分地区就已经开始启动新课程改革，这是教育发展史上的深刻变革。学校管理改革的核心是课程改革，它不仅会引导基础教育改革的方向，还会对学生可持续发展的方向和水平产生影响。随着新课程改革的不断发展，学生学习的方法、教师的教育手法以及学校的管理机制都发生了很大的转变，从客观上要求学校的管理方式也要进行改革。毫无疑问，若依旧使用旧的管理体制来实施课程改革，那么新课改和管理体制之间则会产生难以调和的矛盾，同时，若缺乏一套完善的管理体系，教育改革便很难实现。

第三节 核心素养理论的教学意义

一、核心素养理论

核心素养描绘了我们对新时代人才的美好愿景，而一线教师更加关心的是核心素养的理论如何落地的问题。换句话说，就是核心素养的理论对教学而言具有什么样的现实意义。

一个不容乐观的事实是，从理论到现实，就像从理想到现实一样，距离并不短。近年来，随着新课程的实施和推进，我们接受了一个又一个新的理论，这些理论的现实意义在于，我们发现教师的话语系统发生了明显的变化：突出学生主体，倡导自主、合作、探究学习，运用对话式、讨论式教学，注重知识与技能、过程与方法、情感态度与价值观三维目标的达成 这些渗透在教师的教案里，弥散在教学设计、教学案例、教学论文里，成为教师教学准备、教学研讨、教学反思等活动中使用最频繁、最具说服力，也最显先进性、时代性、前瞻性的活跃语汇。然而，只要深入教学现场，我们就会发现绝大部分教师的绝大部分教学还是以教师讲解为主，学生用耳听、用笔记，很少有真正的互动。学生以书本知识为主，按部就班，机械训练，熟记僵死的答案。即便公开课、展示课，也不过是多问一些问题，多分一些小组，进行一些所谓的合作、讨论、互动。事实上，还是教师牢牢掌控着教学过程，学生没有一点自主活动、自由思想的权利和空间；即使有，也实在少

① 常珊珊. 李家清. 课程改革深化背景下的核心素养体系构建[J]. 课程·教材·教法, 2015 (9)：29-35.

得可怜。

是否可以这样认为：教师话语系统中体现出来的先进的思想和理论，仅仅是专家倡导的理论，不是教师实际运用的理论？事实上，教师还没有真正把握新的现实条件、新的教学语境中教学活动的内在规律，教师对教学活动的态度、观念以及从事教学活动的信念与专家倡导的理论存在着巨大的差异。

核心素养理论的提出，显然有更扎实的现实基础。张华教授认为，近些年来，我国最重要的课程改革有两次：一次是1922年的新学制与新课程改革，另一次是2001年的新课程改革。1922年的新学制与新课学生发展核心素养视域下的课堂教学革新程改革系我国历史上第一次教育启蒙和教育民主化运动，它既是民国时期新教育改革运动的有机构成，又是20世纪初世界教育民主化运动的组成部分。2001年的新课程改革是我国在千年转换时期为实现素质教育理想并最终完成教育启蒙和教育民主百年大业的又一次努力。这次课程改革大致可分为两个阶段，2001年—2014年为第一阶段，旨在构建我国素质教育课程体系；2015年以后为第二阶段，旨在构建我国信息时代的课程体系。正是在这样的背景下，教育部自2015年初开始，既借鉴国际课程改革的先进经验，又直面我国基础教育的紧迫问题，确立了以发展学生核心素养为目标的课程改革方向。[①] 这两年，也可以明显看出，国家对于新青年的教育越来越重视，也已经出台很多有倾斜性的政策，只为了纠正社会风气，给学生一个更好的学习环境。可见，核心素养理论的提出，一方面坚持了素质教育的方向和理念，一方面回应了信息时代对个人、社会和教育发展提出的新挑战。

二、教学的教育性

抽象地说，教学是提示某种文化内容必须被儿童掌握的一种活动。教学必须借助某种文化内容的习得（学力的形成），同作为生存能力的人格的形成（教学的教育性）联系起来。从我们对核心素养的定义中可以看出，核心素养理论既重视"关键能力"，又重视"必备品格"，这必将对教学现实产生积极的意义。

德国教育家赫尔巴特在"教育的最高目的是道德"的价值定位下，提出了"教育性教学"的著名论断。换个角度说，就是"教学的教育性"。赫尔巴特认为，不存在没有教学的教育，也不存在没有教育的教学。"教育性教学"就是指作为"思想圈"的形成的"教学"有助于作为"陶冶德行"的"教育"，而"教育"受到"教学"的支撑，才成为各自本来意义上的"教学"与"教育"。换成更易理解的语言来说，"学力"是同作为生存能力的"人格"联系在一起的，这种"学力"被称为"能动的学力"。确实，"能动的学力"是借助解释、设想、验证等来展开自己的生存世界的一种活动，因而这种形成过程对于儿童而言，不是单纯的苦役的连续，而是受基于生活需求的真正的学习积极性所支配的。[②]

---

① 张华.核心素养与我国基础教育课程改革"再出发"[J].华东师范大学学报（教育科学版），2016（01）.
② 钟启泉.课堂研究[M].上海：华东师范大学出版社，2016.

三、教学的在场性

"教"与"学"是教学活动中一对最重要的关系。在这对关系中，"学"无疑处于核心地位，"教"是为"学"服务的。在我们传统的语境中，"学"又往往是与"习"紧密相连的。所以，对教学活动中"学习"的认识，能够反映对教学本质的理解。人文主义学习观重视学习主体经验，认为学习的本质在于"意义"，是个人意义的发现或主体意义的形成。我们要注意到，这里的意义有社会意义和个人意义两种。社会意义是指已经确立起来的，不是能够为个人随意地解释的意义，传统的学校教育中的学习就是"正确"地获得这种社会意义。但在现代的学校教育中，个人意义特别受到重视。个人意义指的是学生发现种种事件与观念同自身的关系。学习是意义的建构，意义不是由教材或者教师之类外在的"权威"赋予的，而首先是经由学生自身引申出来的。

苏格拉底的"产婆术"至今仍为教育领域津津乐道。"产婆术"源于苏格拉底的"先天观念"，在他看来，人的观念是天生的，不是后天培育的。因此，教师的教学就类似于产婆将胎儿"引出"，产婆无法由外而内地赐给产妇婴儿，只能由内而外将婴儿接生下来。苏格拉底拥有知识，但他并不教授真理，而是让学生接受他的帮助，凭借自己的力量去探究真理，产出真理，抵达真理的彼岸。换言之，必须有学生个人的"在场"的教学，才能使学习真正发生。

在场包括了此时此地个人所具体经验的包括自身世界在内的整个世界。或许在教师和其他人的眼里，这个在场充满了错误、错觉，充满了"事实的不完全解释"，但对于学生来说，这个在场是他能够知道的唯一的现实。在场常常是同学生自身相关的，所以学习总是离不开自我。倘若学习称得上是名副其实的学习，那么，这种学习一定浸透着学生的自我概念。没有了学生的在场，就一定不会有学习发生。夸美纽斯认为，传统的教学方法就是"用别人的眼睛去看，用别人的脑筋去使自己聪明"，教师传授的仅仅是带着坚硬外壳的明确知识，学生难以打破知识的外壳，不能获得知识中有价值的内核，当然无法将其内化成为自己的知识，自然无法形成自己的能力和素养。核心素养理论重在引导学生自己去发现知识，而且把发现了的知识通过"经验的能动再建或者统整"视为真理。这种经验的能动再建或者统整之能量，英国哲学家波兰尼谓之"默会知识"，而"默会知识"才代表着在场的学生个体真正的学习和理解。

四、教学的交互性

在教学中，学生与教材如何相遇？学习什么？怎样学习？在这些问题上，教师起着十分重要的引导作用。收集信息后照本宣科地传递给学生这样机械的行为，对教师而言并不困难。真正困难的既不是呈现教材，也不是提供信息，而是帮助学生发现、理解教材的意义，并且付诸行动。为了有助于探究意义、发现意义，学生和教师之间的交互作用就显得尤其重要。

核心素养理论十分强调学习共同体的创建，意在通过师生之间、生生之间的交互作用，通过个人知识和学科知识的对话互动，使教学的过程成为学生核心素养生成的过程，使教学和学习的过程成为知识创造的过程、真理发现的过程。

教学活动是借助教材、教具等媒介而展开的活动，是师生、生生之间的交互活动，这一过程中浸润着对话性实践。学习共同体的教学从本质上说就是一种对话性实践。日本学者佐藤举把这样一种学习界定为三个维度的对话性实践。第一维度是同客观世界（题材、教材）的对话性实践。这种实践是认知性、文化性的实践。第二维度是同教师与伙伴的对话性实践。学习绝不是单枪匹马，而是通过师生之间的沟通来展开的。这种实践是人际性、社会性的实践。第三维度是同自身的对话性实践。学生不仅同题材、教师以及课堂里的伙伴展开对话，而且在同自身的对话中形成着自我的主体性来展开学习。这种实践是自我内在的存在性实践。这样看来，学习就是同客观世界对话、同他者对话、同自我对话的交互性实践，是以三位一体的方式来寻求建构世界、建构伙伴、建构自我的对话性实践。

第二章　思维型教学基础认知

第一节　思维型科学探究教学的理论构建

一、科学探究的历史回溯与本质剖析

进入 20 世纪以来，科学探究一直是各国课程改革的核心主题。然而，由于教育工作者对科学探究本质的理解不足，科学探究教学未能达到预期的效果。这里通过对科学探究的历史回溯和本质剖析，明确了思维是科学探究的核心；基于当代学习理论和国际科学教育改革趋势，提出科学探究教学改革的五个基本原则；以思维型教学理论为指导，从教学目标、教学过程、教学评价三个方面构建了思维型科学探究教学的理想模型，以期为科学探究教学的实施提供系统有效的指导。

科学探究起源于 20 世纪初叶，历经百年发展，在当今世界各国的学校教育中占有非常重要的地位。当前，我国的科学探究教学仍囿于对学生操作能力的培养，忽视学生的思维发展，造成学生解决复杂问题的能力不足。究其根源，在于教师和学生对科学探究存在误解。大部分教师将科学探究看作一种提供自然现象解释的教学手段，而学生则将其理解为一套标准化的操作程序，专注于探究过程中操作性技能的掌握。

把握科学探究的本质，需要对科学探究提出的初衷、发展和内涵进行深度解读。这里将通过对科学探究内涵的历史梳理和本质剖析，阐述科学探究提出的初衷及其核心特征。基于当代学习理论和国际科学教育改革趋势，找到突破科学探究教学困境的关键，提出思维型科学探究的教学模型，以推进科学探究教学的实践革新。

（一）科学探究的历史回溯

受社会发展背景和科学教育价值观的影响，不同历史时期的教育工作者对科学探究的理解有所不同。目前，关于科学探究的内涵理解可以分为以下三种：

一是将科学探究视为一种教学方法，认为教师应引导学生通过收集和分析证据等过程来自主建构科学解释。19 世纪末，科学教育以促进个体的发展为主要目标。为了有效地培养学生的思维能力，使其成为有思想的独立公民，赫胥黎、斯宾塞等人首次提出了探究

式教学的理念。20 世纪上半叶，科学教育价值观转向实用价值与人文价值并重。由此，探究式教学开始注重在社会问题和项目背景下教给学生科学的思维方式。自 20 世纪中叶开始，科学教育以培养科学精英为宗旨，这一时期的教育工作者期望学生能通过探究式教学学会以严谨的思维方式来理解科学内容和方法之间的联系。

二是将科学探究视为一种学习过程，强调学习者作为科学探究的主体，在学习活动中主动形成科学观念，理解科学本质。这一观点产生于 20 世纪 80 年代。当时，构建主义理论的兴起使人们开始关注学生在学习过程中的主体地位，科学探究也因此作为学生的学习过程开始受到关注。这一时期，科学教育领域出现了很多关于科学探究学习路径和内容的研究。

三是将科学探究视为一种育人目标，强调科学教育要培养学生的科学探究能力，加深学生对科学探究本质的理解。进入 21 世纪以来，全球各国都提出以核心素养作为人才培养的主要目标，体现了当前科学教育同时关注人的发展本位和社会发展本位。科学探究作为素养培养的首要目标出现在各国的课程标准中。教育研究者强调让学生感受和理解科学探究的过程和本质，培养科学探究所需的关键能力，进而形成并运用科学的思维方式解决日常生活中的问题，以改善生活质量。

（二）科学探究的本质剖析

如前所述，科学教育领域提出科学探究的初衷是以科学探究教学来达到训练学生思维之目的。随着不同时期教育价值观的转变，教育研究者虽从不同视角阐释了科学探究的内涵，但都将思维视为科学探究的核心。为此，我们需要从不同维度进一步分析思维与科学探究的关系。

一是从过程来看，科学探究本质上是一种复杂的教与学活动，是由行为、思维和情感活动交互构成的发现新的因果关系的循环过程。在科学探究过程中，教师需要激活并维持学生的思维和情感活动，使学生产生强烈的求知欲，主动参与到与科学家相似的思维活动中完成数据分析、建构科学解释等一系列逻辑上相连的实践行为。因此，思维活动是科学探究教与学的核心。

二是从目标来看，科学探究即学生在探究过程中发展起来的科学探究能力，以及学生对科学探究的理解。科学思维是促进学生科学探究能力发展，加深学生对科学探究理解的关键。例如，科学探究能力中的"数据分析"涉及科学推理和模型建构能力，"表达交流"涉及科学论证能力。

由此可见，无论是作为教与学的活动过程，还是作为育人目标，科学探究都以科学思维为核心。迄今为止，实际的科学探究教学仍然简单地聚焦操作技能训练。思维能力培养的不足导致学生无法真正理解科学探究的本质，无法灵活解决现实情境中的真实问题。为此，我们必须了解如何在科学探究教学中激发学生的积极思维，培养学生的思维能力，从而全面发展学生的核心素养。

二、当代学习理论和国际科学教育改革趋势

学习理论解释了个体发展的特征及规律，能够为教学实践提供一套行之有效的科学指导。科学教育必须同时满足个人发展和社会发展的需求。因此，分析当代不同学习理论的形成与发展以及当前国际科学教育改革趋势，可以为科学探究教学改革提供借鉴与指导。

第一，科学教育的核心目标是促进高阶思维能力的发展。从教育改革趋势来看，当前的社会环境变化和发展导致课堂教学的目标已经由传统的信息传递转变为高阶思维培养。从理论视角来看，只有当教学干预与学生思维发展相一致时才能达到有效教学的目的；只有学生形成了科学的思维，才能将科学观念和实践能力相结合以达到解决问题的目的。

第二，创设能够激发学生认知冲突的情境，促进学生主动学习。无论是早期的实用主义教育思想，还是当前占据主流的建构主义思想，均强调学习者在学习过程中主动构建自己对周围世界的理解。主动性产生的核心在于思维的激发，而思维又根植于情境中。基于此，赫尔巴特和杜威等人都提出要在学习过程中创造一个可以激发人们思维的情境作为学习的起点。皮亚杰和布鲁纳等人则进一步指出学生意识到自己思维上产生的冲突是促使其主动进行思维活动的必要条件。因此，创设激活学生思维的学习情境的关键是产生认知冲突。

第三，强调自我监控在学习过程中的关键作用，注重元认知能力的培养。随着学习科学研究的不断深入，认知研究领域和新行为主义都开始关注自我监控在学习过程中的重要作用，认为自我监控能够使个人的认知和行为系统地指向学习目标的实现。对各种认知的监控则是通过元认知、行为及任务之间的互动来实现的。因此，科学教育领域越来越关注学习过程中元认知能力的掌握，即学生能概括并描述他何时、为何以及如何使用了哪些思维过程。

第四，强调合作问题解决能力在适应社会发展中的必要性，重视合作学习过程中思维互动的核心作用。从20世纪70年代开始，合作学习由于能够激发不同个体之间的思维碰撞、促使学生思维活动外显化，受到了学校教育的关注。进入21世纪以来，随着复杂的社会性问题的不断出现，人们越来越重视由具备不同专业知识的人来合作解决这些复杂的问题。因此，面向个体发展和社会发展的现实需求，科学教育领域对合作学习的关注与日俱增。然而，富有成效的合作要求学生参与到彼此的思维活动中，只有具备批判性思维，才能不断改进和提升合作学习的质量。

第五，建构思维能力的学习进阶模型，强调个体思维发展的连续性和递进性。学习进阶作为一系列连续的且相互关联的认知模型，是关于学生的思维如何随着时间发展的假设，对课程设计、教学实践以及评价体系建立都具有指导性的作用。从早期的学习理论到当前的建构主义理论都指出，学习者的认知结构是不断发展变化的，学习在本质上是一个从直觉思维向科学思维不断发展的进阶过程。

从繁杂的学习理论和不同的改革趋势中可以发现，思维是教与学的核心，是学生核心

素养整体发展的基础。科学探究教学的改革，归根结底是在探究过程中激发学生的思维，实现知识与能力之间、不同学科之间、不同发展阶段之间的衔接和整合，最终促进学生核心素养的协调发展。

三、思维型科学探究教学改革的基本原则

结合前文分析，基于思维型课堂教学理论，以动机激发、认知冲突、自主建构、自我监控、应用迁移为基础，提出思维型科学探究教学的理论模型，以解决当前科学探究教学中忽视学生思维发展的关键问题。

第一，以思维能力的培养为核心，引领核心素养的协调发展。面对技术的快速发展以及全球化带来的威胁和挑战，当前社会更加强调培养学生的创造力以及科学的思维习惯。当代人才必须理解科学观念，掌握科学的思维方法，具备探究实践能力，形成科学的态度与责任感，发展解决复杂问题必备的核心素养。思维是衔接不同维度素养的核心，多维素养的发展需要以思维的发展为基础。因此，应当以思维培养为核心目标，辐射其他素养的发展，以此来整合多维素养的协同发展。

第二，创设能够引起学生认知冲突的教学情境，激发学生的学习动机，引发学生的积极思维。积极思维的前提条件是具有良好的思维环境。教学情境的创设是帮助学生理解科学知识及其应用规范、激发学习动机、主动进行科学探究的先决条件。因此，科学探究教学应注意创设问题情境，引发学生的认知冲突，从而使学生明确教学活动的目标，激发其积极主动的思维。

第三，灵活协同自主学习与合作学习，支撑探究过程中学生的自主建构。科学探究是个体为所学知识建构意义的积极过程，包括认知建构（个人建构）和社会建构。为了帮助学生完成自主建构，教师一方面需要激发学生进行独立的高层次思维活动，确保每个学生都参与到科学探究的过程中；另一方面需要创设有利于学生合作交流的社会文化环境，促使学生通过与他人交流来建构社会意义，丰富自己的理解，发展现代人才必备的合作素养。

第四，通过应用迁移加深学生对知识的理解，培养学生良好的科学情感、态度与价值观。从知识形成机制的视角来看，新旧知识的联系过程实际上也是旧知识的应用和迁移过程；学习的迁移过程是知识相互作用、逐渐整合的过程。从学习结果的视角来看，核心素养强调在真实情境中解决复杂的问题。因此，要真正达到发展核心素养的目的，教师必须帮助学生学会如何将科学探究过程中学到的知识、方法和态度迁移应用到真实情境和其他领域中。

第五，以学生的思维进阶为理论依据，科学系统地促进学生的发展。当前关于学习进阶的研究主要包括两个方面：核心概念的学习进阶和科学思维能力的进阶。因此，学习进阶理论模型可以帮助教师了解学生对某个核心概念的理解如何由简单向复杂不断发展，明

确如何在最近发展区内创设学习情境，从而有效合理地激发学生的认知冲突；能够为教师在教学过程中整合跨学科概念、协调多元能力的发展提供理论指导；还可用于指导科学探究教学的评估，帮助教师判断学生的学习结果是否达到预期。

四、思维型科学探究教学的基本模式

基于思维型科学探究教学的基本原则，从教学目标、教学过程、教学评估三个方面构建教学模式的理论框架，其目标与过程模型如图 2-1 所示。

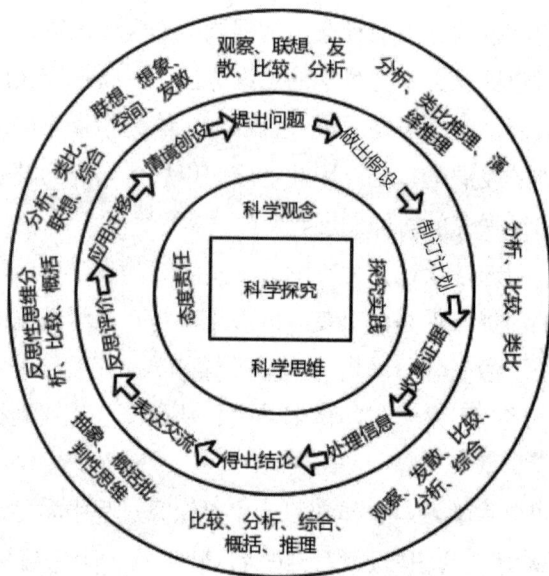

图 2-1　思维型科学探究教学的目标与过程模型

（一）思维型科学探究的教学目标

在思维型科学探究过程中，我们期望学生能够在民主的学习环境中，通过参与探究实践，学会使用科学语言与他人进行交流，感受到个人需求、兴趣、价值观和经验，可以在探究实践中得到表达，从而主动建构科学探究的意义，自主完成并理解科学探究的过程，进而实现核心素养的全面发展。具体的培养目标包含科学观念、科学思维、探究实践、态度责任四个方面。

1. 科学观念

学生能够在科学探究过程中理解科学的本质，生成关于客观事物的本质及规律的观点与见解；能够形成学科观念与跨学科观念，并将其应用于科学现象的解释与实际问题的解决。

2. 科学思维

学生能够掌握分析、综合、分类、比较、概括等抽象思维方法，空间认知、想象、联想等形象思维方法和发散、迁移、重组等创造性思维方法，并将其合理地应用于科学学习过程；能够基于经验事实抽象概括出理想模型，发展模型建构能力；能够运用推理与论证提出问题、做出假设、建构解释，发展推理论证能力；能够批判地看待不同观点和结论，通过不断检验和修正提出创造性见解，发展创新思维能力。

3. 探究实践

通过亲身参与科学探究，学生能够形成科学探究的意识，理解科学探究的本质；具备制订计划、收集证据、处理信息、得出结论、表达交流和反思评价等科学探究能力；能够学会设定学习目标、计划、监控并调整自己的学习过程，发展自主学习能力。

4. 态度责任

学生能够对科学持有积极的态度，保有对自然世界的好奇心；以批判的眼光看待权威知识，敢于质疑、勇于探究、善于创新、乐于合作、积极分享；形成热爱自然、珍惜生命、保护环境、节约资源的社会责任感；能综合考虑社会责任、伦理道德、公共规范与法律法规等，对社会性科学问题做出正确的价值判断。

上述四方面素养相互依存，共同构成一个完整的体系。科学观念作为科学本质属性的集中体现，是其他素养发展的基础；科学思维作为科学探究所需的关键能力与核心思维方式，是素养发展的核心；探究实践不仅是学生通过科学探究形成的关键能力与对科学探究的本质理解，也是其他素养发展的关键途径；态度责任是在探究实践和科学思维支撑下科学观念内化形成的品格，是社会主义核心价值观的集中体现。

（二）思维型科学探究的基本过程

在探究过程中，学生的主要任务如下：在情境中产生并明确问题，围绕问题做出假设，制订调查计划、收集证据、处理信息、得出结论、表达交流、反思评价、应用迁移。这些过程不是一套死板的步骤和线性方法，而是一种以科学的思维方式连接起来的探究活动，具有很强的灵活性。教师的主要作用是为学生创设学习情境，在探究过程中精选和设计学习材料，为学生搭建"脚手架"以引导其达成学习目标。

1. 情境创设与问题提出

情境创设的目的是使学生能够联系已有知识和经验去解决问题，鼓励学生独立思考、挑战权威、合作互动，形成主动学习、积极参与的教学氛围。情境创设应满足以下三点要求。首先，情境应与学生的生活背景相关联，能引起学生的学习兴趣，激发学生学习的内在动机。其次，情境应围绕教学内容进行创设，贴合学生的最近发展区。最后，情境应能够引起学生的认知冲突，以便激发学生的积极思维，促使其提出问题。

提出问题是学生感知情境，进行科学探究的导入阶段。在这一阶段，学生主要通过观察科学现象，将其与相关科学概念进行联想以激活先验知识；结合对现象或环境中变量间关系的分析，通过发散性思维从多个视角提出不同的问题；比较和区分所提问题的可行性，进一步确定自己的研究问题，明晰学习目标。概言之，学生需要通过观察、联想、比较、类比、分析、发散等思维方式抽取、识别和明确可探究的科学问题。

2. 作出假设并制订计划

做出假设是基于研究问题提出假设的过程，其目的是阐明变量之间的关系。学生需要通过因果推理、类比推理、演绎推理等逻辑思维，在已具备的科学观念基础上，提出可验证的假设，通过不断测试和修正假设来构建知识。

为了对假设进行证实或证伪，学生需要综合利用联想、发散、重组和辩证等多种思维方式制订调查计划，以便在后续探究过程中合理地分配时间、材料等资源。制订计划时，学生需要考虑五个方面的基本内容：明确信息需求，确定调查的类型；明确控制和操作变量；设计具体的实验步骤；选择合适的测量方法和数据记录方案；明确使用何种元认知策略有计划地监控和评价自己的学习过程。

3. 收集证据与信息处理

在计划实施的初始阶段，学生使用不同的调查手段和工具，借助观察、发散、比较、分析、综合等思维方式收集证据。利用发散思维，从类型、收集方式等多维视角考虑证据的收集；基于比较、分析、综合等思维方式，对证据的准确性和可靠性及其对主张支持的切合性和充足性进行综合评估。

信息处理是信息的加工编码阶段，涉及使用分析、综合、推理等思维方式对信息进行选取、表征（可视化或文字化）、协调和存储。具体而言，学生需要使用图表等统计分析工具来理解数据，查找数据中隐含的相关关系和因果关系；利用类比推理、编码等信息处理能力，获取、协调和存储观察到的现象和数据。

在这一阶段，教师需要引导学生进行有目的、有计划的观察，向他们介绍数据处理方式和策略，帮助他们学会对数据信息进行加工。

4. 得出结论与表达交流

得出结论主要是为了建立证据和主张之间的联系，阐释探究的基本结论。学生需要对实验现象、数据和相关文本信息进行推理；通过分析和综合多元因果关系进行假设检验和修正；考虑最初的研究问题或假设是否得到了研究结果的回答或支持。为此，学生通常需要在科学推理的基础上，从收集的信息中得出某现象如何发生或为什么发生的合理解释；

基于批判性思维，比较和分析不同的观点、解释与证据，进一步评估和修正自己在调查过程中建构的解释。

表达交流是一个合作学习的探究过程，包括明确地与他人分享自己的证据和观点；通过与他人交流和辩论来捍卫自己的观点。实际上，促进学生使用科学语言进行表达交流主要有两个方面的目的：一是让学生将自己的探究结果进行抽象概括，从而简洁明了地使用科学语言与他人分享自己的观察和解释，明确地表达自己的主张，并阐明自己的证据如何支持自己的主张；二是让学生基于批判性思维对他人的解释和主张进行提问、批判地评估他人的证据、识别他人的错误推理。

在这一阶段，教师的作用是组织学生通过合作交流来构建对科学观念和科学探究的理解；引导和帮助学生辩证地从正反两方面看待同伴的观点和意见，明白不同观点是个体对问题生成的不同理解；帮助学生学会通过协作来找到最佳的问题解释或解决方案。

5.总结反思与成用迁移

在一个探究周期完成之后，学生需要从背景知识出发，联系学习目标，以严谨的态度系统地对探究过程进行批判性回顾；以分析、比较、概括等思维方法为基础，对探究过程进行反思和自我评价，同时为下一轮科学探究提出新的问题。通过总结反思，学生能获取对知识的深层次和概括性理解，有效防止科学探究被局限为操作性步骤的执行。

在一个探究周期完成之后，教师还应该为学生创建一个新的相关情境，以便他们将原有探究过程中形成的科学思维、实践能力、科学观念、科学态度与价值观应用到新的情境中。在创建迁移情境时，教师需要明确连接新旧情境的相关内容具体包括哪些方面，预估学生能够在多大程度上将先前的经验迁移到新的情境中。

（三）思维型科学探究的教学评价

教学评价对于改进和优化教学具有至关重要的作用。由于思维型科学探究教学具有目标多维性和过程复杂性的特征，应建立一个主体多元、方法多样、内容全面的综合评价体系。教学评价要重视学生的关键能力和必备品格，全面考查学生的科学观念、科学思维、探究实践、态度责任等素养的发展；充分激发教师、学生、家长等参与评价的主动性与积极性，促进教学质量的提升；综合利用诊断性评价、过程性评价和总结性评价，满足不同教学阶段的需求。

在教学开始前，教师可通过诊断性评价了解学生已经掌握的知识、感兴趣的话题以及所处的能力水平，以便创设良好的教学情境，设置适当的问题情境，激发学生积极的学习情感和态度。

科学探究是一个灵活的过程，涉及某些活动的迭代循环和结论的不断修订，学生的学习内容、使用的方法以及采取的问题解决方案都具有开放性。因此，教学实施阶段的评价以过程性评价为主，一方面帮助学生实时监控自己阶段性目标的完成情况，提供即时反馈，指导下一步学习，从而帮助和推动学生达成最终的学习目标；另一方面协助教师监控学生的学习表现，以便及时为学生提供学习指导与帮助。评估方式包括教师评估、同伴互评以及学生自评。评估内容包括学生的表现和教师提供的"脚手架"的有效性。

在科学探究教学结束后，可通过总结性评价了解学生对总体学习目标的掌握程度，为判断教学有效性和改进教学提供依据。总结性评价不是传统的碎片化的知识测试，应该从多个维度设计评价细目表，全面评价学生的素养发展水平。

第二节　思维型教学的内源性形成条件

一、学生心理上的积极准备

学生思维能力的发展受到多方面因素的影响，学生和教师作为教学主体，在思维型课堂教学活动过程中起到了决定性的作用，是思维型教学发展的内源性动力。

学生思维活动的发展需要学生思维情感的有效参与，只有学生思维情感与思维活动得以共同培育完善，才能使学生的思维良好发展。学生情感、意志因素对其思维能力的发展起到动力、辅助的作用，使学生处于机警、探究的状态，积极进行思索性探究活动。心理上的积极准备包括学生对问题所形成的思想上的关注，引起学生注意，从而明晰思维的目的，并以此为基础引导思维活动的展开。

（一）引起学生思想上的注意

学习是学生主动进行的活动，它包含着心理活动的积极展开。记忆只是一种低级的脑力活动，思考才是大脑的高级运作方式，因此，课堂教学的主要目的不是让学生记忆大量的事实性知识，而要让学生学会如何思考，在思考的过程中需要运用哪些思维策略，从被动的吸收知识到主动发现问题，并尝试创造性地解决问题。很多研究者认为思维能力培养过程中，除要培养技能，也要培养人们使用技能的意愿，一个好的思考者除拥有思维策略和技能外，还应有探索、询问等意愿。因此，教师在教学活动中要激发学生的学习兴趣和求知的欲望，引起学生内在的学习动机，使学生积极参加各项学习活动，充分发展其思维能力。为学之道的起点是格物致知，学生只有自己意识到了知识的不足与不知，从而能诚心正意，发心向学，这是无比重要的。教育是用一个灵魂陪伴另一个灵魂的过程。

学生心理上的准备表现为学生面对问题引起心理上的注意。课前学生意识和思想上的准备有助于学生在课堂活动中处于机警、探究的状态，积极进行思索性探究。思维活动一开始就有注意活动的产生，整个思维过程一刻也不能缺少注意活动的参与。学生心理上的注意可以保证学生思维活动不会轻易间断，有助于学生形成完整的思维过程与思考体系。

在任何一个实际的思维过程中，个体首先要对思维的背景情境及相关思维材料予以关注，在此基础上确定问题解决的方式并给予假设验证，按照自身所设计的问题解决思路尝试分析解决实际问题，并辅以思维意志的持续关注，最终使问题得以解决。

思维的目的影响思维的进程。思维开始后，居于持续和主导地位的因素是解决问题的心理需要，对问题的解决首先需要树立目标。教学活动开始前，教师应引起学生心理状态的积极准备，即让学生对需要解释、学习的知识形成心理感知。明确的思维目的，使思维处于持续探究的状态。要使学生在学习过程中能够通过对所学知识的回忆，形成对现有问题性质的认知并进一步获得解决问题的方法，前提条件就是要使学生获得心理状态的积极准备，使思维顺利进入准备阶段。学生能否筹划问题解决过程中自身的思维方式是判断其是否学会思维的关键要素，教师应让学生在实践活动中主动获取基本的思维方法，激发学生思维活动并促进思维不断深入发展。

（二）激发学生思维活动的开展

思维型教学的展开需要激发学生的积极思维。学生学会学习的首要条件之一就是需要学生在学习活动过程中积极主动思考，与教师形成良好的课堂互动，师生双方都能全身心地投入课堂活动中去。

首先，教师需创设自由的学习氛围，运用灵活的教学方式实现学生的多元化发展。自由的学习氛围有助于学生个性解放，表现为学生敢于表达自己的观点，主动与他人交流。敢于表达主要表现在师生、生生之间就某一主题或具体问题进行交流时，能做到充分尊重与理解对方，乐于参与其中与人交流，并大胆提出自己的见解。师生之间通过相互交流探讨，真诚沟通，在自由的氛围中使思维能力得以发展。教师应分析学生的实际情况，关注学生发展状态，使学生产生良好的学习意愿，教师在教学活动中应主动向学生展示自己的思考过程，让学生体会到思考的乐趣，切身感受到学习与思考的价值，引起学生思想情感上的起伏共鸣，给予学生自主解决问题的信心，保持学生思考的积极性与主动探索的精神。

依据学生特点因材施教。教师需要对所在班级学生的具体情况进行全面且充分的理解，并能依照学生的实际发展状况，为学生提供具有针对性的思维培育指导，依据学生具体的思维发展情状与生活经验储备，进行富有特色的思维培养。在课堂教学的不同环节中设置富有特色并相互关联的教学活动，以促进学生思维活动持续且深入的发展。教师要依据班级学生的特点，灵活选取教学方式，并结合学生实际情况，对学生的思维方式提出修正建议，使学生学会思考问题的程式，形成完善的思维活动结构。

教师要以教学目标为原则，依据学生情况，将主要目标拆分为不同层级，让学生逐层实现教学目标，并根据学生间的差异，为学生创设与其学习实际情况相符的认知任务。不同的学生因其生活背景、知识积累以及思维习惯的不同，学生思维发展的成果也不尽相同，因此需要教师结合学生自身的思维发展情况与已有思维习惯进行个性化的思维活动干预，从而使学生的思维能力得以有效发展与完善。

其次，教学活动中倡导思维型课堂生活方式。

第一，教师在教学活动中应向学生提出开放性的问题，激发学生思维的发散性，使学生能够从多种角度对问题进行探索与思考。教师根据教学的规律和学生的发展特点与需要进行适度的学习指导，适时而巧妙地给学生以启迪、开导、点拨，帮助他们独立思考。教师应教会学生正确的思维方法，通过范例的讲解培养学生思维的逻辑性以及推理的严密性，并指出推理过程中关键性的思路要点。

第二，教师对待学生提问的态度会在一定程度上影响学生学习的积极性。对待学生的提问，教师应用鼓励的态度，激发学生探究的主动性。因为缺乏沟通的耐心与诚信，思维的过程在教学活动中常常被完全简化了，思维最大的敌人就是没有经过理性论证而得出的结论，任何一种结论，来得太快的时候就会变成思维的敌人。结论有时会让思维失去活力，给学生结论并非不好，可是当得出结论太过急迫时，这个结论也就失去了意义。因此，面对学生的提问，教师不要立即给予学生答案，而是应告知学生解决问题的相关材料以及问题解决的思路方向。在学生面前不以教师的权威压制学生，对学生提出的问题认真思考，并做出耐心细致的解答。教师应为学生创设情境，激发学生的好奇心，并鼓励学生多维度探究，敢于打破固有思维方式去分析、解决问题。一方面可以培养学生学习的自主性，养成主动探究的学习习惯；另一方面，可以让学生在问题解决的过程中使学生的思维能力得到锻炼。教师需要用心倾听学生的回答，并以学生的回答为依据作为进一步提问的基础，引导学生的思维的深入发展。通过对学生回答的追问，使学生能够不断反思并完善对问题的解答。真诚地关怀帮助学生，真诚地表明态度，传达思想，提出问题，用合理恰当的方式表达和沟通。

第三，鼓励学生大胆质疑。首先，在教学过程中教师要看学生是否敢于提出问题、发表见解。其次，教师要以学生提出的质疑为依据，判断学生提出的问题与见解是否有挑战性与独创性。教师在教学活动中既要考虑到学生思维的特性，也要赋予学生思维的创造性发展，使学生在学习的过程中能够感受得到思维的价值与魅力，激发学生学习的积极性，为学生的思想表达创造良好的平台。在思维型教学活动中，要求教师刻意引导学生去主动发现、探究问题，培育学生主动思考的习惯，自主建构并完善自身的知识网络体系，不断内化延伸已有的知识结构，从而培养学生思维的发散性与创新能力。

二、教师教学操作的有效推进

（一）以学生已有知识经验为背景

课堂教学活动中，教师倾向于将所学教材内容同先前教授的课本知识联系起来，而并非以学生的经验作为统觉基础，故而学生形成的多为孤立的、独立性较强的学校知识体系，日常生活经验被遮蔽。学生已有的知识及个体生活经验对其建构知识，促进思维发展具有重要作用。学生的个体经验是一种重要的思维材料。现代教学如何回归生活，引导学生参与社会活动，进行生活体验显得愈发重要，直接的生活体验将会促进学生的学习动机，掌握自主的学习方式，更有助于学生在学习的过程中领悟学习的快乐。课堂教学中要使学生进行积极主动的思考，教师需要在平日的校园生活环境中发掘可以丰富学生经验知识的学校教学材料，并在教学过程中将新知识与学生已有知识经验动态连接，引导学生主动观察生活，拓展生活经验，丰富学生感性认知。此外，教师还需要联系学生已有生活经验及已有知识开展教学环节。在具体的教学中，学生已具备一定的学科知识和经验。因此，教师首先要创设合适的外部环境，并使外部环境激活学生已有知识、技能、情感，使学生产生强烈的思考动机和理性的思考方式，从而调动学生主动思维。

教师在创设情境的过程中，应考虑到与学生实际生活的联系，使学生认识到教师所传授的技巧是与日常生活相关联的，且为将这些技巧运用到日常生活中做准备。在教学活动中，教师可采用类比的方法，将生活中的事例与教材知识相关联，联系学生已有生活经验和知识进行新知导入。通过丰富学生感性认识，联系学生已有知识，将新旧知识相连，有利于学生掌握知识间的关系及学科基本结构。

对学生思维的训练需在对问题的思考解决过程中进行。因此，教师在创设问题情境的过程中，需要考虑到学生自身的认知状况。只有创设适合学生思维发展的情境，才能促进学生思维活动的有效开展。倘若教师为学生提供了过量的情境材料，可能会因为超出了学生现有的认知范围，而导致学生过多关注于情境材料，无法对问题进行主动且深入的思考。因此，教师在创设问题情境的过程中，要对设置的情况进行分析与反思，再依据学生现有的认知水平对问题情境进行修改，减少干扰学生思维活动的因素。从而保证学生能够进行力所能及的思考。

（二）以问题为导向激发学生思维活动的开展

思维型教学的目的在于培养学生良好的思维能力与品质，并使学生形成主动学习的习惯。弗雷莱认为，对话是教育的主要途径之一，要使对话有成效，提问是关键。[1] 因此，教师应以问题作为激发学生积极思考的燃点，并在教学过程中唤醒学生的好奇心，激发学生的学习欲望，使学生在学习活动中主动发现并深入探究问题，通过连续性的引疑、设问引发学生更为深入的思考，获得深层的感悟体验，挖掘与呈现知识背后的思维规律。因此，教师可采用课前设疑，课中抛疑，课后存疑的教学方式，来促进学生思维的发展，让学生的思维活动贯彻于课堂教学的整个过程。此外，教师应设置梯级性的认知难度，逐步让学生习惯于接受和敢于完成具有挑战性的认知任务。

课前导入设疑，激发学生思维兴趣。教学就是教师引导学生思维的过程，要引导学生思维活动的展开，首先要激发学生的思维兴趣。教师在教学活动中进行提问，可以刺激学

---

① ［巴西］保罗·弗莱雷.被压迫者教育学[M].顾建新，译.上海，华东师范大学出版社，2001.

生思维，讨论。教师通过创设认识冲突引发学生积极思考的兴趣，认知冲突是促进学生积极思维和主动学习的动力①。教师通过认知冲突的设置引起学生原有认知结构的矛盾，激发学生的探求欲望，在解决问题的过程中积极思考。

在课堂导入阶段给学生设疑，可使学生的注意力有效集中于新的课程内容当中，排除外界干扰，通过设疑、追问，彻底激发学生思维的热情。教师在提问的过程中要注意问题是否有引发学生持续思考的可能，问题的提出与推进应成为学生不断思考讨论的助推器。

课中讲授抛疑，诊断学生思维状态。教师在课程讲授的过程中，随着知识的不断引出，适时向学生抛出疑问，不单起到对思维深入发展的作用，还可以及时了解学生对所学知识的掌握程度及应用能力，起到掌控课堂节奏的效用。

课后思考存疑，引导学生思维深入。一堂课的结束并不意味着教学活动的完结，教师应在课后合理使学生存疑，从而养成其深入思考问题的思维习惯。

课堂教学中教师要依据教学内容引导学生思维的连续展开，因此，教师要进行合理的提问。首先，提问的目的在于使学生关注教材所给出的内容本身，通过厘清文本信息间的关系，获得暗示形成对材料的理解，最终得出解决问题的方案，教师对学生的提问应使学生能够运用先前掌握的知识去解决新问题；其次，教师在提问的过程中要注意问题是否有引发学生持续思考的可能，问题的提出应成为学生不断思考讨论的助推器。假如教师提出的问题各自独立，问题与问题间毫无承接关系，那么将会打乱学生思路，使思维陷于混乱；最后，在提问的过程中，教师应给予学生专注思考的时间，提问要适时、适量，使学生通过文本信息间的关系对问题进行连续且深入的思考。若教师只关注于学生的答案，期待学生能够迅速而准确地做出反应，这绝对无助于学生良好思维习惯的培养。

教师在进行提问时还需要分析学生的思维过程。不同年龄阶段的学生其思维发展水平也有所差异，教师在教学活动中要考虑到不同年龄阶段学生思考问题方式的差异。教师不仅要关注问题内容本身，而且要预判学生思考问题时采用的思考方式。教师需要以学生现有思维水平为参照标准，根据学生学龄及心理发展水平，进行思维活动的引导，完善学生思维体系的架构，实现发展学生思维能力的最终目的。

（三）以语言为中介外显思维的运作方式

虽然头脑中的思维活动的过程不能被直接外显，但却可通过观察、分析学生的外在行为方式来推断学生思维的发展状态。语言是表达一定思想内容的载体，而内容本身的组织又需要思维能力作为前提。尽管思维是一种内部心智操作，但是伴随着某种外部活动和操作的学习方法是外显的，可用语言描述的。语言是思维的载体，是思维活动的一种外部表现形式。语言对于人们的思维具有重要作用，语言影响着思维的进行，是思维的外在体现。思维的发展在一定程度上也需要借助语言的表达。

教师教学语言的思维示范作用。语言是教师教学表达的重要途径，是课堂教学活动的

① 黄庭键.反思"热闹"式课堂构建思维型课堂[J].现代中小学教育，2011.1.20.

重要因素之一。语言有自身的规律，选词造句要讲究语法，教师在教学活动中应准确使用学科语言，防止学生产生对知识的混淆与歧义。教师应注意对课堂教学用语的严谨使用，这样既可以使学生养成缜密的思考方式，也有助于学生掌握学科知识内在的逻辑结构。教师要注意课堂教学用语的准确性，使学生在学习教师讲授的知识的过程中感到知识体系的条理清晰，层次分明。教师在课堂教学活动中要具备教学语言的艺术性，如善于运用启发式、启迪式的语言，激发学生思考的积极性，帮助学生进行思维的发散训练；教师的课堂用语应深入浅出，使原本晦涩深奥的知识变得简易明了，贴近生活。

教师在教学活动中要关注学生语言的发展情态，通过学生的语言表达，掌握学生的思维发展状况，因此，教师要注意学生语言表达的能力，并为学生搭建互相交流与合作的平台，并使学生在彼此的交流谈话中学习他人独到的思维方式，从而扩宽自身思考问题的角度，主动修复自身思维结构的缺陷，让学生了解他人在思考问题时选取的角度和思考问题的步骤，并通过交流，借鉴别人优秀的想法。此外，教师应鼓励学生通过不同的语言形式将思维外化，为学生营造良好的合作学习氛围，学生清晰地表达和自我解释是最为关键的因素，只有思维清晰，才能有明确的表述。

（四）教学活动中突出知识的形成过程

实际教学活动中，学校及社会更关心的是教师对知识的传授效果及学生对知识的接受结果。课堂教学中，教师在讲授知识时，经过对课本知识的推论、证明等一系列思维活动后，将知识以简明的方式讲授予学生，教师思考时的思维过程被内隐化了，学生通过教师的讲解，在多数情况下只能获得最后的结论信息，却并不能了解知识结论背后，隐含于头脑中的整个思维步骤。倘若教学活动中师生只关注对结论的讲授，却忽视了向学生展示结论背后的思维过程，那么这样的教学对学生思维能力的发展将是无益的。因此，教师应在对知识讲解的过程中，为学生做出系统性的思维示范。

教师应当有意识地引导学生关注教师在知识传授过程中的思维过程，而不仅限于课本材料的知识内容。假如学生能够获得知识结论推演的整个思维过程，那么学生可以顺利推论相关知识，甚至可以创造出新的结论。在教学过程中培养思维能力与培养知识技能所采取的方式是不同的，在培养学生思维能力的过程中，教师应将自己常用的思维方式，如归纳、演绎、判断、推理等方法教授予学生，并指导学生在解决问题的过程中，选择合适的思维方式。此外，各个学科中特有的思维方法，也应在学习的过程中传授给学生。

教师不仅要向学生传授知识，更应使其掌握对问题的自主思考能力。所以教师在授课过程中，不单向学生呈现知识，还应向学生展示隐藏在知识背后完整的思考过程。如讲授概念、理论等知识的形成过程。在传授某一概念性知识时，教师不应将概念仅作为既定的事实性知识讲述予学生，教师需向学生展示概念引入的缘由，概念引入的方式，并进一步解释概念的内涵和外延，此概念与相关概念的区别联系为何，如何运用所学概念解决实际生活问题。思考是知识必经的生产过程，是一种动态的学习对象，学生对知识背后思维过程的把握是较为复杂的过程。因而，教师应首先将知识讲授的过程进行结构化处理，使动态的思考过程以静态的形式展现于学生面前，使隐藏在知识背后的思考过程外显化，将知识的动态产生过程以静态的结构化形式转化，将问题解决的思维过程条理性地呈现给学生，实际上就是让学生掌握了思考问题的基本方法。

教师也可以借助先进的教学技术工具，将学科知识的结构或教师头脑内部的思维过程外显化。教师在教学活动中可采用图表架构模式，帮助学生将已有知识与需要学习的知识进行连接，使两类知识间形成一个相互联系且系统的整体。教师可利用思维导图、概念图等思维可视化工具，将思维背后的逻辑结构以图表方式向学生展示。

教师在运用思维导图进行教学的过程中，也可以让学生自己绘制思维导图，从而使学生对所学知识进行结构化分类、整理，优化自身知识结构体系，并使学生在绘制思维导图的过程中，能够厘清已有知识主干与脉络，加深对所学知识的理解与掌握。思维导图对于改进学生学习能力并养成清晰的思维方式具有重要作用，思维导图有助于调动学生思维活动的积极展开，使复杂的思维结构外显为结构严谨的网状谱系。教师若将思维导图有效运用于课堂教学过程中，可以使学生将所学知识通过自身思维活动内化并使新旧知识间形成有效连接，此外，还可启发学生的创造力，培养学生的创新性思维能力。思维导图有助于在教学活动中将原本内隐的思维活动过程以可视化的方式呈现，学生可通过思维导图还原教师对某一问题的思考程式，厘清整个思维活动的脉络，并对整个思维过程进行回顾与反思。

概念图是一种通过图表形式来组织和表达知识的工具，作为知识表征的工具，以简洁明了的图形形式，表现复杂的知识结构，形象地呈现各知识点间的关系，使学生注意到概念之间的关系。概念图能够使学生对已学习的概念知识形成整体的知识结构框架，并能够借助概念图了解某一概念体系。因此，教师在教学活动中根据使用目的选择不同类型的概念图，向学生呈现知识间的逻辑层次关系。

第三节　思维型教学的保障性运行条件

一、思维型教学生活文化建设

思维型教学生活文化建设及思维型教学生态环境建设，虽然只是思维型教学的保障性条件，但是两者却对思维型教学活动的实施运作具有重要作用。只有思维型教学生活文化和教学生态环境的良好建设，才能保障思维型教学真正有效施行。

思维型课堂教学的全面展开需要有与之相匹配的教学文化建设，使思维教学活动拥有生存与发展的文化土壤。① 思维型教学生活文化的建设有助于教师和学生发现思维教学的价值意义，并自觉遵从思维教学的理念、行为规范体系及价值规范体系。思维型课堂教学生活文化建设由课堂教学精神文化和课堂教学行为文化共同构成②。

（一）传递思维型教学精神文化

课堂教学精神文化是教学生活文化的重要组成部分。教学活动中价值信念的传承以及教学活动中的行为方式是精神文化的重要体现因素。思维型教学精神文化的建设使教师和学生在教学活动过程中形成对思维型教学的价值认同，并逐步形成与思维型教学价值观相匹配的行为方式。

思维型教学精神文化的形成有助于教师教学观念的转变，教师在课堂教学活动中将知识结论背后的思维逻辑以体系化的形式展现于学生面前，主动为学生做思维示范，运用生动且严谨的教学语言，为学生创设具有发散性的思维情境，让学生认同思维型教学的理念，形成主动思维的学习方式。思维型教学精神文化有助于学生形成合作、主动的学习行为方式，在分析、解决问题的过程中能够积极主动思考问题，并运用创造性思维，尝试多角度解决问题。思维型教学精神文化的建设还有助于教学改革的推进，精神文化是支持并维系课堂价值观及行为方式的重要因素，只有形成思维型教学精神文化，营造思维型教学的环境，才能使思维型教学得到逐步推广。

（二）塑造课堂教学行为文化

教学生活方式即师生教学生活的形式和行为特征。思维教学文化下的教学生活方式是一种以师生互动交流为背景，教师为学生的思维能力的形成与发展提出建设性指导的教学生活。在师生之间传递并形成对思维教学的价值认同，并基于此教学文化进行一系列的行为活动。课堂教学活动中所蕴含的行为文化，是以教师和学生为主体，共同形成的班级行为文化、教师的教学风格和学生的行为风格。教学生活总是存在于某种文化中，创设有利于思维型教学发展的环境与氛围，对思维型教学的深入开展与学生思维能力的有效培养是极为必要的。

第一，教师教学生活的重塑。思维教学文化背景下的教学生活消解了以往教师的权威地位，教师以中介者、合作者、指导者的角色进行教学活动。教师在教学活动中自觉运用启发、对话的教学方式，以问题为导向积极引导学生思维活动的展开，并向学生呈现知识背后所隐含的思维过程，为学生做出范例展示，让学生学会思维。教师依据学生个体经验创设思维情境，注重语言在思维教学中的作用，师生积极互动交流。教师应依据学科知识及课堂教学目标，将学生现有知识水平与思考方式纳入教学设计环节中。而这整个过程都是思维化的，是以学生思维能力的发展为主旨的。

---

① 樊萍，谢延龙.教学文化：内涵、价值与路径选择.教育理论与实践，2009，6，43.
② 刘庆昌.教学文化：内涵与构成[J].教育研究，2008，4，48-49.

第二，学生学习生活的转换。传统课堂教学活动中注重对学生的约束与管制，对学生统一化的要求约束了学生个性思维的发展，学生因害怕自己思维异质化的体现，逐渐丧失了思维的个性与色彩。思维型教学文化鼓励学生学习的主动性，倡导以小组合作、探究的方式就某一问题深入交流探讨，学生的思维的积极性得以调动，对所学知识充满兴趣，让学生在知识习得的过程中，掌握了体系化的思维运作程式，提升了学习效率，从而激发学生进一步主动思考问题的态势，使学生在教学生活中，通过教学情境、教师课堂中的思维展示过程以及自身运用所学思维策略对实际问题进行有效解决，并充分感受到思维教学的意义和价值。

二、思维型教学生态环境建设

思维型教学的生态环境建设是思维型教学能够有效运作的重要支撑与保障，思维型教学的生态环境建设包括注重对各类思维资源的开发与完善，以及实施思维倾向性评价标准两方面。

（一）注重思维资源的开发与完善

符合学生思维发展的课堂活动材料是进行思维教学的重要资源，在教学生态环境建设过程中对各类思维资源进行开发时，教师需考虑到所选择的思维材料对学生的思维发展是否具有启发性，能否促进学生思维的发散练习，拓展学生思考的角度，拓宽学生思维的广度。一方面使得教师对学科知识的讲解传授，另一方面使得学生思维活动得以发展完善。教师需要在实际生活情境中观察并挖掘能够促进学生思维发展的资源，注重各类思维材料的选取以及隐性课堂资源对学生思维活动的影响。

教师在思维材料选取的过程中首先要保证材料的适切性，根据学生的学龄阶段与思维发展阶段，所选思维材料应适合多数学生思维能力的发展与提升。其次，思维材料的选择应贴近学生的实际生活并带有一定的启发性，不仅可以激发学生的探究热情，培养学生非智力因素的发展，也有利于培养学生思维的发散性，激发学生思维的创造性。最后，思维材料的选取应当具有综合性并贴合时代的发展，材料的综合性有助于培养学生思维的迁移能力，能够使学生主动探索各学科知识间的关联性。思维材料贴合时代发展使得学生在思维能力提升的同时，了解周遭环境的变化，并对生活保持热情。

（二）实施思维倾向性评价标准

评价制度是制约思维型教学深入发展的重要因素，学校教学评价制度对教师教学活动起到约束与规范的作用。实施思维倾向性的评价标准有助于将思维型教学的理念以制度形式规定下来，从而使师生形成对思维型教学理念的价值认同。此外，知识的创作是为了应用并解决问题改变处境，因而知识的实用价值广为关注。实际教学活动中却将知识的获得等同于智慧的生成，大多数教师只是自在地呈现知识，并未自觉地帮助学生学习，学生自身的能力发展则被忽视。倘若对学生思维发展的评价标准未能纳入现有学业测量评价标准中，那么对学生思维能力的培养与发展很可能无法得到真正的落实，设立对学生思维能力发展的测量与评价制度制度，从政策上给予思维教学以支持，才能使思维型教学得到有效的制度保障。

教学评价标准着重于学生思维方式的养成和行为实践。教学评价标准着重于对学生思维方式的养成以及行为实践的评价，即看学生参与的实质情况并关注学生在学习活动中的思维参与质量状况①。首先，学生能否以积极主动的态度参与到学习活动中去，并在学习的过程中显现出较高的兴趣，思维过程是否具备逻辑性，思维结构的发展是否完善。其次，学生能否形成良好的思维迁移能力，并依据已经习得的知识，通过思考与反思，使新旧知识间形成体系化连接，形成主动建构自身知识网络体系的能力。最后，关注学生在思考问题的过程中能否主动运用新的学习方法，并形成良好的思维活动意志体验。教学评价应从多方面考量学生学习的发展状况，运用多元的评价方式，在教学活动中注重对学生思维能力的评价。实施思维倾向型的评价标准有利于教师在教学活动中关注学生的思维发展状况，主动为学生做出思维示范，对于学生而言，思维倾向型评价标准有利于学生养成主动思考、主动学习的良好品质。

---

① 钟启泉，姜美玲.新课程背景下教学改革的价值取向及路径[J].教育研究，2004，8，23.

第三章 高中语文核心素养背景下的思维型教学

第一节 高中语文核心素养的基础认识

一、语文审美鉴赏与创造能力的特质

语文的"审美鉴赏与创造"主要是使学生通过阅读优秀作品来对语言艺术进行品味和欣赏，从而获得较好的审美体验，感受文学作品的思想魅力，进而形成自己的审美意识，养成一定的审美品位，最终学会通过语言的灵活运用来表现和创造美。与美术、音乐等课程不同，语文的审美把语文作为中介，通过语文教材中的优秀作品来实施，它是审美活动与语言活动相互统一的过程，这一点决定了语文审美鉴赏与创造相比于其他学科有自己独特的个性，即情感性、形象性和愉悦性等特点。

（一）形象性

形象性是语文审美在审美观照上的一个明显特征。语文审美采用的内容一般具有直觉形象、鲜明等特点，容易感染和诱发学生。杜勃洛留波夫说："我们的感情总是被生动的形象所引起的，而不是被一般的概念所引起的 为了让诗歌满足我们的情感，那些生动而明确的形象，对诗来说，就是很必要的。"[1]语文的审美活动实际上是通过对语言描述出来的艺术形象进行感受、想象和联想来进行的，本质上是对艺术形象的某种认识。当然，这种认识并非是对抽象概念的认识，而是对语言刻画的具体形象的认识。通过对作者描述的具体形象的感知和联想来领悟作品的本质意义。比如温庭筠《商山早行》中"鸡声茅店月，人迹板桥霜"这句诗，并没有有意地向人们诉说旅人如何辛苦、艰难，只是通过寥寥数语来描写大清早的鸡鸣声、朦胧月色下的茅舍店以及铺满白霜的木桥上留下一长串旅人的鞋迹。读者通过诗句描述的形象，很容易自己构思并想象出诗中所描绘的立体画面，更能够深刻体会到旅人途中所经历的艰辛，领会诗中所包含的意蕴和情感。这不正是司空图"不着一字，尽得风流""语不涉难，已不堪忧"所表达的意思吗？欧阳修曾经赞美这两句诗，说它对于羁旅愁思和道路辛苦的描写"见于言外"，即诗中所表达的感情思想并不是直接

---

[1] 转引王松泉、王柏勋、王静义《语文教育心理学基础》，社会科学文献出版社2002年版，第340页。

表达，而是通过对形象的间接描写来抒发情感的。

语文审美主要是通过展示课文中的丰富形象来进行的。语文教材中描绘出丰富的艺术形象，组成绚丽多姿的社会生活和丰富多彩的人生画卷，它吸引读者去感受和欣赏。例如《荷塘月色》用优美的语言描绘出月色下的荷塘及荷塘下的月色等美丽的景色；老舍的《济南的冬天》让学生从城、山、人等具体可感的形象中领略济南冬天的温情，这都是自然景色美。《记梁任公先生的一次演讲》写出了幽默风趣、博闻强记、率真投入的学者形象；《小狗包弟》写了对"包弟"及人性的忏悔，对自我的解剖，正是老舍先生崇高的精神境界的体现，这是人物形象美。语文审美就需要充分开发和利用语文教材中语言形象化的特点，使学生通过景色、人物等形象来体会其中所包含的思想价值、领略语言的魅力，进而更好地发挥形象带给学生的感化作用。

（二）情感性

情感是文学作品的灵魂。优秀的文学作品能够具有永久的生命力，在很大程度上是由它的饱满的感情所决定的。只要作者把自己深刻的思想与丰富的感情注入了作品里，那无声的语言就永远闪耀着不可磨灭的光辉。语文审美的情感性主要体现在两个方面，即审美主体的情感性和审美对象的情感性。

刘勰在《文心雕龙》里说："春秋代序，阴阳惨舒。物色之动，心亦摇焉"。[①] 因感知到自然景色的变化，而引起我们内心情绪的活跃。在审美活动中，审美主体都充满着感情，这就是审美主体的情感性。真正意义上的欣赏不能没有感情的参与。别林斯基说："科学是通过思想直截了当地对理智发生作用；艺术则是直接地对一个人的感情发生作用。"这就表明，艺术想要实现它的审美功能，审美主体的感情必然会发挥作用。狄德罗也曾说过，读者在阅读理查生的小说时，会情不自禁地扮演一个角色，仿佛自己就是小说中的某个人，是他自己在责难，在钦佩，在赞成，在愤慨，在生气，心灵随之激动。[②] 这再次印证了审美活动离不开审美主体的参与，是以在语文教学中教师要激发学生的情感，因为学生是语文教学活动的主体，也是审美鉴赏与创造的主体。我国语文特级教师于漪在教学时就善于运用充沛的情感，给学生营造出良好的情境，以此激发学生的情感，也因此被称为"激情教学"。例如于漪老师在教《春》时，就设计了优美的、能使学生进入春的意境的导语，引起学生内心对美的感受，达到了很好的效果。[③]

我们再来看审美对象的情感性。语文的审美对象是教材中文质兼美、意蕴丰富的文章。教材中大多课文都包含着作者强烈的感情。刘勰在《文心雕龙》里面已经论述过情感在创作中的重要作用。刘勰认为要"为情而造文"（《情采》），文学是"情文"，作者在创作时必须抒发强烈而真挚的感情；他认为创作是"情动而辞发"（《知音》），感情是创作的前提条件，因情动而创作，创作是为了抒发感情；还认为艺术作品中的形象是"情变所

① 范文澜·《文心雕龙注》[M].北京：人民文学出版社，1958.
② 狄德罗·《狄德罗美学论文选》[M].北京：人民文学出版社，2008.
③ 于漪·《于漪与教育教学求索》[M].北京：北京师范大学出版社，2006.

孕"（《神思》），形象是感情变化所孕育出来的。从作家的创作实际来看，这些看法都是相符合的。《谁是最可爱的人》的作者魏巍，谈到自己能写出这篇文章，是因为被我们战士伟大的英雄气概、英雄事迹感动了，这个主题一直在脑子里面翻腾，是内在感情的长期积累，才写出这样的作品。而曹雪芹写《红楼梦》时也是增删五次，披阅十载，以诗自序："十年辛苦不寻常，字字看来皆是血。"作者增删批阅的艰难，就凝聚着作者在作品中投注的深厚情感。由此可见，正是作家在创作时将自己强烈的感情渗入作品中去，才使得语文教材中的优秀作品有了浓烈的感情色彩，才有了"以情动人"的巨大审美感染力。

（三）愉悦性

愉悦性是人们在审美的过程中自然而然地产生的一种令人愉快、舒适的感受。在阅读优秀的文学作品时，人们经常会全身心投入作者所描绘的世界中，为作品中的某些形象所感动和倾倒，并能感受到自己心理功能的所有活动均处在一个和谐、自由的状态，完全沉浸在无比喜悦的一种精神世界中，这种表现就是审美的愉悦性。一般来说，愉悦性的产生肯定会有感情的参与，并且是情感两极性中的积极感情起主要作用，是人的物质和精神需求在审美情景中得到了充分满足时所产生的一种愉悦的心理体验。

列夫·托尔斯泰认为："一件艺术品能作为真正的艺术品，只有当人们看它的时候，好像，不，不但是好像，而且真正地能够实在唤起人们的愉悦，觉得作品完成了一件美的作品。"[①] 这句话是说，真正的艺术品可以充分唤醒人们审美的愉悦情感，当然文学作品也不例外。人们对于优秀的文学作品所表现出来的浓厚兴趣，并不是为了使自身的生理需求得到满足，而是对精神层次的追求，希望得到精神的愉悦。比如宋代欧阳修在阅读梅尧臣的诗时，读到兴奋之处，感到"陶畅酣达，不知手足之将鼓舞也"。高尔基在他的回忆录中记载，在读福楼拜的小说《朴素的心》时，他自己深深地被小说中所描述的人物、事件和相关场景所吸引，好像着魔了一样，对外界的所有声音和事物视而不见，简直变成了瞎子、聋子，并且兴奋地跑进阳光下展开书页，希望能够从纸背后面找到那些让他不能自拔的秘密。

语文审美就是要充分挖掘和利用教材中美的因素，通过教学过程中对学生的引导，让他们发现和欣赏语文中的思想情操美、理想境界美、艺术形象美、文章结构美、语言形式美、谋篇布局美、风格情调美等，从而受到语文美的感动，获得启示，从内心深处体会和享受到语文作品所带来美感的愉悦，并陶醉其中。

充分了解和掌握语文审美观照的上述特点，我们才能更好地在语文教学过程中实施审美教育，学生的核心素养才能得到更好的发展。因为，在语文的审美过程中，学生不仅需要具备良好的思维、想象、观察、记忆等众多智力因素，也需要意志、情感、动机、兴趣等非智力因素的参与和融入。从这个角度来讲，培养语文审美能力对学生智力发展和非智力因素的发展，都有着非常重要的意义，也是促进学生全面发展的需要。

---

① ［俄］托尔斯泰·托尔斯泰读书随笔[M].王志耕，译.上海三联书店，1999.

二、理论基础

任何实践活动都离不开科学的理论支撑，探讨高中语文核心素养下的审美鉴赏与创造能力培养策略，自然也离不开先进理论的支撑。其理论依据主要有三个：接受美学理论是从文学接受是一种审美交流活动的角度出发，而文学交流又具有平等对话的性质，因此对话理论是它的基础，再从建构主义理论出发，强调审美鉴赏与创造主体——高中生经验世界的丰富性和差异性，以及教学应当情境化等来激发学生审美。

（一）接受美学理论

美学思潮最早出现在上世纪六七十年代的联邦德国，康茨坦斯大学的姚斯教授在1967年提出了"接受美学"的概念。接受美学的核心观点是从受众出发，从接受出发。在姚斯看来，一部出版成册的书籍作品，在读者阅读它之前，它依然只是一部半成品。法国作家法朗士在《乐图之花》中曾经说过这样一段话："书是什么？主要的只是一连串小的印成的记号而已，它是要读者自己添补形成色彩和情感，才好使那些记号相应地活跃起来，一本书是否呆板乏味，或是生气盎然，情感是否热如火，冷如冰，还要靠读者自己的体验。"[①] 这段精彩的论述生动形象地阐述了接受美学的主旨，即读者的理解和作品文本之间存在差异以及两者的内容互补，书中的情感因读者的体验而活跃。从这一点讲，在高中语文课堂上，要突出学生在阅读过程中作为审美主体的作用，学生积极能动地对作品进行审美感知、审美理解等，最终实现文学作品的审美价值。

根据接受美学理论，"任何文本的意义都是不确定的，都是读者在解读文本时填充空白而得的，因此，没有唯一的、权威的解释，只要不是牵强附会、断章取义的解释，只要是立足于文本的解释都是正确的"[②]。这就促进了个性化解读的产生，一部作品一般具有清晰的框架结构，除此之外都是开放性的、不确定的、充满召唤的，需要读者在解读文本时发挥想象来确定作品含义。经过不同读者的解读，一部作品才是完整的、有意义的。由于不同读者有着不同的人生阅历和视野，对于同一作品，他们的解读也会不尽相同。读者在对作品进行解读时，作品所表现出来的价值和意义也会对读者的情感和思维方式产生或多或少的影响，影响着他的态度、行为和社会观。接受美学理论告诉我们，在进行文学活动时，要让学生抓住其中的"空白点"，发挥想象和联想，将自己的经验、感情和知识等与之对接，获得独特的审美体验和理解。同时，在教学中也启示教师要给学生留有空白，让学生有思考和感受的空间，这样才能更好地进行审美鉴赏与创造。

（二）对话理论

对话是人类之间进行信息交流的重要方式，在整个西方历史发展中，最早可以追溯到古希腊时期非常盛行的哲学辩论，在当时，对话在哲学家之间的学术研讨和思想交流中着

① 安治国·高中语文古诗词鉴赏教学研究[D].成都：四川师范大学，2007.
② 宋泽华·创新教育视野下的审美》[D].西安：陕西师范大学，2013.

非常重要的作用。其中，苏格拉底是最早在教学中采用对话方式的人，并把自己这种独特的教学方式称作"产婆术"，即寓意启发心智、循循诱导。这种教学方式也是现代对话教育的早期雏形。

对话教育理论发展至今，共经历过三个重要阶段，最早是俄国的文艺理论家巴赫金提出对话理论的概念，由有着"对话理论之父"称号的马丁·布伯将对话理论发扬光大，再由巴西教育家保罗·弗莱雷将对话理论引入教育领域，最终形成了当代的对话教育理论。

"对话"用于教学既可以是一种教学方法，又可以是一种教学原则。对话教学是主体间性的民主的、平等的、沟通的、合作的、互动的、交往的教学，又是创造的、生成的教学，构成对话教学的不是两个对话者，而是多个对话者，这些对话者有教师、学生、文本、教材编著者等。这些对话既可以发生在教师与学生之间，也发生在教师与文本、学生与文本之间，还可以发生在学生与学生之间、师生与教材编著者之间。对话教学的目的是学生主体性的、全面的、均衡的、个性化的发展，是学生的终身学习。

审美活动是在自由平等的状态下进行的，当审美主体的心灵受到束缚的时候，是不会感知到外界的美的存在的。对于文学作品的审美，读者不是一个被动的接受者，而是对话者、诠释者、再创造者甚至是批评者。在语文课堂上，学生是一个自由的审美主体，可以积极主动地进行欣赏和阅读，学生与作者、学生与作品中的人物、学生与学生、学生与老师之间等，是平等的艺术主体之间内在心灵的沟通，自由个性之间的际会，是审美情感的共鸣、智慧的碰撞和审美体验的融合。

（三）建构主义学习理论

建构主义心理学被视为"教育心理学的一场革命"，兴起于 20 世纪 80 年代，是心理学发展史从行为主义到认知主义后的进一步发展。建构主义创始人为瑞士著名心理学家皮亚杰，这一理论后来在维果茨基、奥苏贝尔、布鲁纳等人的推动下得到充分发展，并形成了较为完整的体系。

建构主义认为，学习是学生自己建构知识的过程，包括"同化"和"顺应"等过程；并且强调学生经验世界的丰富性和差异性；建构主义学习观还强调学习的主动建构性、社会互动性和情境性。"最近发展区"是维果茨基对社会建构主义的最大贡献之一。这一概念表明"儿童现有的发展水准与可能发展水准之间的落差，亦即儿童借助自力能够解决课题的前者，和在成人指导或是儿童伙伴的合作之下能够解决课题的后者之间的落差"。[①]"最近发展区"告诉我们应该在"现在"和"未来"之间搭个桥。给学生跑几块跑脚石，让学生"跳一跳"就能过去，对于"最近发展区"的处理教师不是要全权代办，而是给学生提供帮助，提供支架，让学生在"支架"的帮助下自己到"最近发展区"，再由"最近发展区"

---

① 王慧·试论维果斯基"最近发展区"理论的现代教学启示[J].聊城大学教育科学学院，2006（4）.

跳到"未来"去。

将建构主义理论运用到语文审美活动中，那就强调语文课堂的主体应该是学生，学生才是意义的建构者，是审美主体，而教师是引导者，教师要做的就是要在学生已有经验世界中找到审美的生长点，创造情境，激发学生的审美感受，让学生能够主动地去进行审美鉴赏与创造活动。

三、现实依据

（一）中国教育思想中的美育

审美鉴赏与创造语文核心素养的培养，符合我国美育的传统，只不过语文审美是针对言语作品而言的。早在先秦时期，孔子就有了通过"诗"和"乐"来教化天下、治民安邦的美育思想，后来孟子主张"充实之谓美"，荀子说"君子知夫不全不粹之不足以为美"，皆是从伦理角度赋予美以道德的内涵。在古代，学校教育中逐渐出现了一些具有美育特点的课程设置，例如东汉末年创立的世界上最早的研究文学艺术的专门学校—鸿都门学，开设有辞赋、小说、尺牍、书画等课程，打破了专习儒家经典的惯例。

真正看到美育的深刻价值，突出其在教育中的特殊地位的是近现代的一些思想家们。王国维在《论教育之宗旨》一文中说："真者知力之理想，美者感情之理想，善者意志之理想也。不可不具备真美善之三德，欲达此理想，于是教育之事起。"[①]1912年，蔡元培任教育总长后，发表了《论教育之方针》，明确将美育列为教育的一部分。而王国维、梁启超、蔡元培、鲁迅、丰子恺等近现代知识分子美育思想的出现却是意在开启民智、唤醒国民。

当下我国处于一个社会稳定、物质充裕的时代，没有在战乱频繁、危机四伏的社会环境下对"安邦"和"救国"的需求。因此，当代社会环境下，对学生进行美育，是为了充分满足人们日益增长的精神需求，提升人们的内在境界，美化自身，促进人的全面发展。当代美育相比于以往任何时期来说，最大的特点在于它得到了人们普遍的价值认同，美育思想也由不自觉的、零星的，发展为自觉的、普遍的一种教育思想。

"审美教育，包括审美形态教育和美感教育两个方面。审美形态教育主要培养人们对自然中千变万化的美的形态和结构(包括艺术品的形态、形式、风格)的鉴赏、辨识能力，它侧重于对象之客观形态的描述和认识；美感教育主要培养人们健全的审美心理结构，包括感觉、知觉、情感、想象、理解诸心理能力的提高和相互协调。最终落实为某种敏锐的审美知觉和对美的欣赏力和创造力"[②]。而语文学科承担的美育的部分内容便是针对言语作品，进行文学的审美鉴赏与创造，并在语文教学的过程中潜移默化地促进审美心理结构的成熟。

① 李峰·试谈王国维《论教育之宗旨》[J].辽宁教育学院学报，1990(3)．
② 滕守尧·审美心理描述》[M].成都：四川人民出版社，1998．

（二）高中语文课程标准的要求

《普通高中语文课程标准(实验)》中提出要"注重语文应用、审美与探究能力的培养，促进学生均衡而有个性的发展""审美教育有助于促进人的知、情、意全面发展。文学艺术的鉴赏和创造是重要的审美活动""语文具有重要的审美教育功能，高中语文课程应关注学生情感的发展，让学生感受到美的熏陶，培养自觉的审美意识和高尚的审美情趣，培养审美感知和审美创造的能力"。《普通高中语文课程标准（征求意见稿）》也提出进一步提高语文素养与应用、审美、探究能力，促进学生全面而有个性地发展。从语文课程标准中我们可以看到，语文课程非常重视学生的审美能力，并且在即将颁布的高中语文课程标准中，"审美鉴赏与创造"是语文核心素养的重要维度。提升学生的语文核心素养，做到真正实现学生的主体地位，从而实现语文课程标准"坚持立德树人，充分发挥语文课程的育人功能"的基本理念。

第二节　语文思维型课堂教学的理论探讨

一、语文思维型课堂教学的界定

语文教学不仅是教知识，学生思维的发展也是其基本要求之一。要界定语文思维型课堂，首先应该明白思维、思维型课堂教学的内涵。什么是思维呢？思维这个概念具有多义性。思维问题原是属于哲学范畴，后来其他学科也对思维进行研究，如逻辑学、脑科学、心理学、语言学等学科。从哲学角度来说，思维是意识或精神，是对客观事物的能动反映，这对具体学科的思维研究具有指导意义。逻辑学从哲学分离出去后，也有人将思维作为研究对象，揭示的是思维的形式和规律，具有认识方法和论证方法的作用，但是逻辑学却不对思维的具体内容问题进行研究。脑科学则主要是针对思维活动的心理机制进行研究，研究表明人的大脑左右两个半球各有不同的功能，可以分别进行独立的思维活动。因为思维是人的高级心理活动，因此心理学从更抽象的层面对思维进行研究，认为智力的核心是思维，但是心理学上对思维定义也有一定的分歧。因为我们不是对思维进行专门的研究，所以我们采取朱智贤与林崇德教授在《思维与发展心理学》一书中给思维下的定义："思维，这是人脑对客观事物的一种概括的、间接的反映，是客观事物的本质和规律的反映，换句话说，它是人脑对客观事物的本质和事物内在的规律性关系的概括与间接的反映。"[1]根据这个定义，我们可以看出思维具有概括性和间接性的特点，通过分析、综合、联想、想象等各种智力操作去反映事物本质以及事物内在联系，目的是解决某一理论或实践问题。在反映事物本质规律的过程中，思维以已有知识为基础，以语言为媒介。语言是

[1] 朱智贤，林崇德.思维发展心理学[M].北京：北京师范大学出版社，1986.

直接与思维联系的，所以语言学从语言和思维的关系方面来研究思维，一般认为语言是人们进行思维的工具。关于这个问题，自古希腊柏拉图、亚里士多德到现在的学者都有相关的论述，但是郅庭瑾教授在《教会学生思维》一书中却提出这样的追问："语言仅仅是思维的工具吗？语言是否可以反过来将思维作为工具呢？"①我们认为，这个追问有意义，语言和思维是相互影响的，一方面语言是思维工具，另一方面语言学习和运用与思维有着密切联系。刑福义先生《语言学概论》中指出，语言系统的各个要素如语音、语义以及语法等的产生、变化都与思维有极大的关系，比如语法就是人类的思维在长期发展中抽象出来的结果，语言习得的基础就是思维认知，且思维在言语的选择、组织和表达中起着积极的作用。②可见，思维功能也是语言非常重要的功能，人掌握语言的能力与思维发展的能力是相互促进的。

以上各学科对思维的理解存在的差异恰恰说明了思维现象的复杂性。这里研究语文教育的问题，因此我们以心理学上的关于思维的认识为基础，结合语言学相关研究，将思维看成思考，一种理性的认知加工活动，学习者在学习过程中凭借语言来进行思考、解决问题、表达思维，又可凭借思维来提升语言能力和素养。

根据心理学观点，智力的核心是思维。教学中师生的活动都有思维参与，所以林崇德教授、胡卫平教授以此为切入点，以思维心理结构智力理论研究为基础，提出了思维型课堂教学理论。什么是思维型课堂教学呢？胡卫平教授认为，"在课堂教学中，注重学思结合，突出学生的积极思维，培养学生的思维能力、学习能力和创造力，这样的课堂可以称为'思维型课堂教学'。"③从这个概念我们可以看出，思维型课堂教学提倡将学习知识与发展思维结合起来，重视学生主体地位，强调课堂教学应激发学生的积极思维。

那么我们如何将知识的学习与发展思维结合起来呢？如何激发学生的积极思维呢？林崇德教授和胡卫平教授提出的思维型课堂教学四个基本原理为我们指明了方向，这四个基本原理分别是："认知冲突、自主建构、自我监控和应用迁移。"④首先，思维型课堂教学强调要引发学生认知冲突，因为认知冲突是激发学生主动积极思维的内在动力。在思维型课堂教学中，教师需创设情境使得学生产生认知冲突，激发学生思维的积极性，引导学生在探究中完善自己的认知结构。其次，思维型课堂教学提倡教师要引导学生自主建构。建构主义认为，学习者可根据自己先前的认知结构对新信息或新知识进行理解。在思维型课堂教学中，教师应联系学生的已有的认知，选择恰当的生活实例，列举典型的事例，唤起其感性认知，激发学生积极思考，促进学生思维结构的不断发展和完善。此外，思维型课堂提倡要进行思维监控，重视教师在教学过程中的反思与学生在学习过程中的反思。同时，思维型课堂教学非常注重知识的应用与迁移，主张将习得的知识、能力迁移到新的问题情境中。在此基础上，形成了思维型课堂的四个基本环节，即导入、过程、反

---

① 郅庭瑾.教会学生思维[M].北京：教育科学出版社，2001.
② 邢福义，吴振国.语言学概论[M].华中师范大学出版社，2002.
③ 胡卫平，刘丽雅.中国古代教育家思维型课堂教学思想及其启示［J］.教育理论与实践，2011（31）：45.
④ 林崇德，胡卫平.思维型课堂教学的理论与实践［J］.北京大学学报（社会科学版），2010（1）：29-35.

思、应用迁移。

综上所述，思维型课堂教学反映出我国教育改革深化的方向，将师生思维活动作为核心，主张将学生已有的知识经验作为激发学生思维的基础，强调学生自主建构认知。思维型课堂教学理论为我们研究语文思维型课堂提供了宏观理论基础和实践框架，但是，每个学科都有其独有的特质，具体学科课堂教学中对思维的培养也是不同的，所以接下来我们以思维型课堂教学理论为指导，结合语文教学的特点，对语文思维型课堂教学进行界定。

什么是语文思维型课堂教学呢？语文思维型课堂教学，与语文知识型课堂教学相对，指在语文课堂教学中注重思维的内化功能、着力激发师生思维的主动性和创造性，通过思维把"知识和能力""过程和方法""情感态度和价值观"联成一个有机整体，并以此来提升课堂运用语言文字能力和素养的教学形态。

二、语文思维型课堂教学的基本内涵

语文思维型课堂教学是与语文知识型课堂教学相对的一种教学形态，其内在是思维活动。首先我们来简要地介绍一下语文知识型课堂教学。所谓的语文知识型课堂教学是指在语文课堂教学中以语言外在层面的知识为中心，通过教师讲授学生被动接受知识的方式，提高学生知识掌握容量的教学形态。语文知识型课堂教学具有知识本位的特点，其将知识当成既定的真理，教师的教停留在知识的层面，把语文文本切分成不同的知识模块，以问题的形式教给学生，学生的所获大多都不是自己思维所得，因此在很大程度上也不会去应用知识。针对这一点，我们提出语文思维型课堂教学理念，主张以思维活动统筹整个课堂教学。从语文本身来说，其内在本质是思维。什么是语文呢？语文包含着语和文，长期以来人们对语文的理解有三种观念：语文学是语言文字之学；语文学是语言文章学；语言学是语文文学。[①]叶圣陶先生对"语文"这一学科内涵有过一段论述，他指出无论将语文理解为语言、文字还是文学，都离不开包括口头语言和书面语言在内的广义的"语言"。[②]从语言内部来看，语言自身是一个能思、能想的心智活动类型。杨敏教授将语言这种心智活动类型称为语言思维，认为语言思维包含两层含义，一是凭借语言思维；二是语言思维在大脑中自主运行，使得语言单位联结成有意义的话语。[③]王元华教授在《语用学视野下的语文教学》一书中指出：说话总是前后关联的，文本话语（文章）的前后话语之间有明显的关联性。[④]这种所谓的关联性，就是语言思维的表现。既然语文无论是语言、文学或文字，其都离不开广义上的语言，我们不妨将语言思维看成是语文内部的思维，也就是说，语文的本质是思维。卫灿金先生在《语文思维培育学》一书中说："语文的内在本质是语

---

① 曾祥芹.文章学与语文教育[M].上海：上海教育出版社，1995.
② 叶圣陶.语文教育论集（下）[M].北京：教育科学出版社，1980.
③ 杨敏，赵静，管晓霞.中国学生英语语言思维与语言意识培养研究[M].北京：人民教育出版社，2014.
④ 王元华.语用学视野下的语文教学[M].北京：北京师范大学出版社，2012.

言和思维的辩证统一。"① 由此可以看出，思维是语文科的本质属性。教师所教的是思维经验所凝结成的文本、材料，学生所学的是思维层次的东西，又因教师和学生也是会思维的主体，因此我们可以说语文教学实际上就是一个思维活动。

语文思维型课堂强调思维的内化功能，突出知识的形成过程。什么是思维的内化？内化是心理学的概念，简单来讲就是社会意识转化为个人观念、外部的东西转化为内在的东西的过程。对语文思维型课堂教学而言，思维的内化功能具体指的是通过思维把所见、所想转化为内部的认知或意识。举个例子，我们学了十几年的英语，但是依然学不会英语思维，但是我们在很小的时候就能用汉语思维，这种现象就是典型的思维内化功能的表现。上文我们提到，语言思维使得语言单位各个部分相互关联，连接成了一个有意义的整体，然而这种关联性的显现则是各方主体通过思维来确立、建立的，这个过程需要思维的内化功能。例如，学生学习《琵琶行（并序）》中音乐描写的部分"大弦嘈嘈如急雨"这一句，语文知识型课堂教学中，教师引导学生掌握作者所运用的比喻的修辞手法，结合课下注释，知道这样写能形象生动地表现出琵琶声的粗重。可是为什么这样写能生动地表现出粗重？这点语文知识型课堂教学却没有涉及，因为其过于注重知识传授和结论，忽视了语文科的思维本质。与其相对，语文思维型课堂教学注重以思维来引导学生把语言文字之外的知识层面内化为学生内在的认知或意识。"大弦"与"急雨""大珠"如何联系在一起的呢？学生联系自己已有的知识知道是比喻，但是更需要发挥想象、联想、分析、推理等一系列的思维活动确立这种关联。由"急雨"联想到夏天的雨，雨大且急促，与大弦在声音上有着相关性，因此可以形象生动地说明大弦弹奏声具有粗重的特点。突出知识的形成过程，我们要注意引发学生的认知冲突。思维的内化功能是通过思维将外在的东西转化为内在的东西，在这个过程中学生在原有的认知结构基础上对外部刺激进行吸收与接纳，其主要矛盾就是认知冲突。换句话说，认知冲突是激发学生思维积极性的内在动力，因此我们在语文课堂教学中要引发认知冲突，将语文知识学习与思维的提升结合起来。

语文思维型课堂教学强调师生思维主动性和创造性。语文知识型课堂教学中，教师往往以教参解释为权威，对文本缺乏独特思考；学生在教师灌溉式的讲授下思维单一、僵化。课堂教学的核心是思维，我们在这里强调师生双主体的思维活动其实是结合语文教学特点，对思维型课堂教学理论的继承。语文思维型课堂教学的内在是思维活动，这要求教师要对材料、文本进行自己独立的思考或创造行动思考，改变知识型课堂教学中照搬照抄教参解释的现状，并且重视学生对文本、材料或问题的认识和看法，创造有利条件促进学生主动思维，培养学生创造性思维。

语文思维型课堂教学以人为本，通过思维把"知识和能力""过程和方法""情感态度和价值观"联成一个有机整体，其价值追求是塑造素养人。语文知识型教学以知识和教师为中心，重视问题的结论，割裂了三维目标的统一，塑造的是知识人。鲁洁教授曾指出，今天教育的实质是知识教育，目的是塑造知识人，将认知看成人的主要功能，把知识当作

---

① 卫金灿. 语文思维培育学[M]. 北京：语文出版社，1994.

认知的唯一结果。①虽然鲁洁教授的观点是针对普遍意义的教育而言，不是针对语文教育，可是语文教育塑造知识人的现象依然存在。与语文知识型教学塑造知识人不同，语文思维型课堂教学以人为本，以思维使得三维目标有机关联起来塑造素养人，即拥有语文素养的人。语文新课程改革的三维目标的设计就是要改变我们语文课堂教学注重知识传授以及过于强调学科本位的倾向，使得学生获得语文知识和能力过程同时成为学生学会学习和形成情感态度价值观的过程，这个过程也是学生思维发展的过程。语文新课程改革的三维目标体现了以人为本的理念，把人的发展提到核心地位。王元华教授在《人的发展对语文学科的结构发展作用——谈语文新课程人文理念》一文中指出，新课程改革将"人的发展"代替了以前的"学科本位""知识本位"的提法，更加关注学生和教师的发展。②因此，我们认为，语文思维型课堂教学要以人为本，以思维来将三维目标有机统一起来，重视学生的课堂参与性，关注学生的自主体验和思维活动，通过引发学生积极思考、主动探究来促进学生主动建构自己的认知，而不只是关注死记硬背和简单的机械训练。语文思维型课堂教学以提升学生语言文字运用能力和素养为目标，以期促进学生的全面发展和终身发展。

三、语文思维型课堂教学的基本特征

（一）问题的启发性与思维的深刻性相结合

语文思维型课堂教学的研究是一个开放的、发展的、动态的过程，需要语文研究者和教育者从理论和实践两个方面不断丰富完整。问题的启发性是语文思维型课堂教学的基础，是教师激发学生思维的基本方式，因为思维往往以完成某个任务为目的，具体指向解决某个或某几个问题。彭华生教授在《语文教学思维论》一书中指出："思维具有'问题'的性质，并往往表现为一种有组织、有目的、颇为紧张的过程。"③可见，课堂教学中教师的提问是引起学生思维的不可或缺的因素，如果课堂教学缺失了问题或问题产生的情景，就不会引起学生的思维。例如，《奥斯维辛没有新闻》一文，题目好在哪里呢？好就好在抓住了阅读思考的难点：既然没有新闻，作者为什么还要写？这篇文章不仅是个新闻，还获了奖，为什么呢？学生在阅读中通过一番紧张的思考才能解决这一系列的问题，理解作者说的"奥斯维新没有什么新闻"。其次，从教学过程的角度来讲，教学过程的本质是交流和对话，其必要的组成部分便是提问。学生具有思维的主动性，这就要求我们的教学应是基于以思维为基础的问题对话教学。斯滕伯格和史渥林在《思维教学——培养聪明的学习者》一书中就明确指出，以思维为基础的问答策略最适合思维教学，在这样的策略中，教师提出的问题要能激发学生的思维和讨论。④这里的"能激发学生的思维和讨论"的问题就是我们所说的启发性问题。语文思维型课堂教学中，问题的启发性往往是与思维

① 鲁洁.值得反思的教育信条：塑造知识人[J].教育研究，2004（6）：3.
② 王元华.人的发展对语文学科的结构发展作用——谈语文新课程人文理念[J].中国民族教育，2004（4）：31.
③ 彭华生.语文教学思维论[M].南宁：广西教育出版社，1996.
④ 斯滕伯格，史渥林.思维教学：培养聪明的饿学习者[M].北京：赵海燕，译.中国轻工业出版社，2001.

的深刻性相结合。所谓的思维深刻性，就是指能深入地思考问题进而把握事物本质和规律的一种思维品质。[①] 在语文教学中，学生往往需要对文本或材料进行深入的思考以把握文本或材料的内在本质规律，这就是思维深刻性的体现。语文思维型课堂教学中，问题的启发性和思维的深刻性相结合的特征，要求我们要精心地设计问题，以激发学生思考和讨论的问题引领学生对文本或材料进行深入的思考，把握文本或材料的本质，培养学生思维的深度。例如，教师在讲《鸿门宴》一课时，在引导学生分析了刘邦和项羽的性格特点后，教师可列举一些名人对这两个人的不同评价，引导学生："历史上，我们常常将项羽看成是失败的英雄，把刘邦当成是小混混，请同学们结合课文内容以及相关资料交流一下，谈谈自己对英雄的认识，看看刘邦和项羽谁才是真的英雄。"这样的问题没有明确的条件和结论，通过分析、综合、归纳等深层次的探索活动才能得到答案，我们可以把它称为探究性问题。总之，在语文思维型课堂教学中，课堂上教师的提问应有启发性，能激发学生思考的主动性。

（二）多元思维碰撞，学生参与性高

语文知识型课堂教学，学生课堂参与性低。与之相反，语文思维型课堂教学注重师生思维的主动性和创造性，因此语文思维型课堂教学往往是以多重的对话进行多元思维碰撞，学生在课堂上有着高度的参与性。根据对话教学理论，教学本质是一个对话和交往的过程，是师生在民主、和谐的氛围中凭借着言语、理解、倾听、反思等互动的方式，通过分享经验、碰撞思维共同创生意义的过程。[②] 郅庭瑾教授在《教会学生思维》一书中就曾指出，为思维而教的教学方式要打破传统的"教师独白"，走向"对话式教学"，教学中没有学生与教师的对话，也就没有学生思维的发展。[③] 可见，教学中的对话可促进思维碰撞，对学生思维的发展具有重要意义。就语文思维型课堂教学来说，对话主要发生在教师、学生以及文本之间，是这三者之间的精神交流。从这个角度讲，语文思维型课堂教学的对话主体应是多元的，类型包括"教师—学生的对话、学生—学生的对话、教师—文本的对话、学生—文本的对话"[④]。在教师—学生对话中，教师是民主的，与学生之间是平等的对话；教学中，教师会自觉地关注学生的思维发展和情感表达需要，给学生一定的言说空间，认真倾听他们的理解和认识，引导学生解决问题。生生对话中，教师为学生创造相互对话的机会，增加开放性或者探究性问题的分量，并将问题的解决交给学生去探讨，这些问题具有启发性，不是记忆型的知识，学生在课文中也找不到答案，学生之间通过交流、沟通进行思想的碰撞，使得课堂充满活力。在教师—文本的对话中，语文思维型课堂教学反对知识型课堂教学中教师以教参的解释来理解文本的现象，提倡教师将教参作为一种辅助性的工具，视文本为与自己平等的主体，对文本进行个性化解读，表达出自己的特殊体

① 卫灿金.语文思维培育学[M].北京：语文出版社，1994.
② 张增田，靳玉乐.论新课程背景下的对话教学[J].西南师范大学学报（人文社科版），2004（5）：77-80.
③ 郅庭瑾.教会学生思维[M].北京：教育科学出版社，2001.
④ 程亮，刘耀明，杨海燕.对话教学[M].福州：福建教育出版社，2007.

验。在学生—文本的对话中，语文思维型课堂教学提倡通过学生自身对文本的解读、体验和领悟真正认识到文本的内在价值，正如夏正江在《教育理论哲学基础的反思》一书中所说："当对话发生在现实的理解主体与符号化的历史'文本'之间时，符号化的历史文本并不是死的东西，同样是过去时代主体思维与意识的产物，有它的独特视界，当理解者试图去理解它时，它就像一个活生生的'你'，在对人说话。"[①]

（三）教师的预设与学生思维的独创性相结合

课堂的基本特征是预设。然而，学习者不是被动地接受知识的容器，具有思维的主动性和独创性，因此课程上会有动态生成的部分。与语文知识型课堂教学不同的是，语文思维型课堂教学在不忽视合理、适度的预设的前提下，注重课堂教学的动态生成和学生发散思维的培养，凸显学生思维的独创性。思维的独创性包括两个方面，即思维的独立性和创造性。[②]课堂教学有生成，在某种程度上意味着学生对文本或材料有着自己的独创性。课堂教学的生成是一个相对于课堂教学预设的概念，指的是在教师预设的引领下产生出新资源的创造过程。预设与生成是相互关联的实践过程，生成基于预设，往往是以预设为基础的，是预设的提高和创造过程。语文思维型课堂教学以人为本，要求课堂教学中教师能根据学生的反馈和需求对预设的方案做出调整，使其更富有弹性，摒弃以教师、教参为权威的唯一的标准答案，培养学生发散思维，鼓励学生质疑，开放地接受学生合理的思考成果或探究结论，使得教学过程呈现出动态生成的创生性质。

（四）非智力因素与智力因素的统一

语文思维型课堂教学强调通过思维将知识与能力、过程与方法以及情感态度价值观统一起来，发展学生的语言运用能力和素养，可见，语文思维型课堂教学不仅关注学生的智力，而是更注重学生语文综合素质的培养，主张将智力因素与非智力因素结合起来。非智力因素包括动机、意志、信念、理想、兴趣、情感等，在人们的认知过程中对思维水平的发挥起着一定的影响和制约作用。朱智贤教授和林崇德教授的《思维发展心理学》一书指出，思维中的认知因素与非认知因素之间存在着十分密切的关系，思维在人的心理现象大系统中，带有浓厚的个性色彩，受到非认知因素的制约。[③]由此可见，人们思维的发展要受到非认知因素制约。语文思维型课堂教学中，教师注重教学过程中学生兴趣、自信、动机、信念、情感等非智力因素参与，力求长久、稳定地促进学生主动、深入学习语文，并在语文学习中体会快乐和满足。

---

① 夏正江.教育理论哲学基础的反思——关于"人"的问题[M].上海：上海教育出版社，2001.©卫灿金.语文思维培育学[M].北京：语文出版社，1994：89.
② 卫灿金.语文思维培育学[M].北京：语文出版社，1994.
③ 朱智贤，林崇德.思维发展心理学[M].北京：北京师范大学出版社，1986.

第三节　语文思维型课堂教学构建的必要性

一、以知识和教师为中心，学生缺乏思维的积极性

知识的学习与思维是密切相关的，我国古代的教育家孔子就曾说"学而不思则罔，思而不学则殆"。学生在知识的学习过程中获得知识，又在知识的获得中提升思维。在课堂教学中，激发学生思维积极性是促进其思维发展与提升的前提。然而，在实际的语文课堂教学中，学生思维的积极性并没有得到应有的激发，学生思维懒惰。

（一）教师停留在教知识的层面，不重视学生思维的培养

因为升学和考试的压力，教师的教学多带有功利化的性质，语文课堂上非常注重语文知识的传授。拿语文阅读教学来说，很多教师将文本的各个组成部分拆成许许多多的知识来教。面对一篇文本，教师总是会有一套近乎模式化的教学流程：知人论世（作者介绍与写作背景）、字音字形、段落或层次、分析课文、小结中心思想、写作手法。同时，教师也要求学生掌握其中与考试有关的知识，如语言知识、背景知识，写作手法、修辞知识、文化常识、论证的技巧知识等。教师教的是知识，布置的也是知识型、识记类型的作业，如背诵、抄写、默写古诗文、文言文翻译等，复习阶段更是如此，而这些作业考察的是学生的记忆力，学生的思维被忽视。整个课堂教学以知识为中心，对学生在学习过程中的思考却未给予足够的重视。

教师花了较多时间引导学生归纳、总结古今异义、文言句式等知识，却忽视学生自身对课文的理解、感受和思考，显然是不重视学生思维的培养。这样的课堂，使得学生的思维变得单一，学生遇到自己学过的情境时，很容易解决，遇到新的问题情境时，不知所措。以小说单元为例，教师每每讲到小说就会强调小说三要素，即情节、人物和环境。可是，拿一篇新的小说让学生去分析时，学生不知道如何去探究文本的内涵；遇到李清照的诗词，就马上以夫妇离散之孤独或家国沦丧的忧愁等来分析。这些表现从本质上看，与我们在语文课堂教学中过于重视知识忽视学生思维培养有很大的关系。

（二）以教师讲授为主，学生缺乏思维主动性

课堂上，教师为了最大限度地教给学生与考试相关的知识，则青睐于教授式的、灌输式的教学方式，学生通过单纯的接受知识来学习，将老师的讲解内容抄书上或笔记上，进行记忆和理解。在这样的课堂教学中，学生获得的是结论，不是自己思维的成果，因此在

很多情况下也不会迁移、应用知识。

（三）以教师预设为主，学生缺乏思维的创造性

自新课程改革以来，有些语文教师注重践行三维目标，重视学生的学，教学方式开始多元化，以期促进学生思维的发展。然而，这些方式却仅仅停留在形式上，实质上却是以教师的预设为中心，没能给学生充分思考的时间和碰撞思想的机会。整个课堂上，教师对学生的引导更多的是执行自己教案的过程，学生则是配合教师完成任务的角色，自身的体验和思考未引起教师足够的重视，缺乏充分思维的时间和空间。

从教学的过程来看，在自主学习阶段，学生往往没有完全熟悉文本，教师就让学生谈谈自己对文本内容的认识；在合作阶段，教师以小组的方式让学生对问题进行讨论研究，学生还没有深入进去，就让学生展示讨论的结果。学生为了回答教师的问题，从参考书上找答案，自身并没有进行深入的思考。显然，学生只是在形式上进行了自主、合作的学习，实质上因缺乏充分思维的时间而未进入深入思考的层面。另一方面，这些语文教师往往以教材为中心，将教学参考书上的答案作为权威的解释，不注重自己的对文本的思考，依据教参组织教学内容。然而，教参往往只是提供答案，并没有给出得到那个答案的过程，所以在教学活动中，教师这种执行自己教案的过程，实际上是为了完成教参的使命，期望学生按照自己的预设来回答。在这样的课堂上，教师以自己备课的思路为指导，严格地执行着自己的教案，更加关注自己的预设，学生则是按着教师的思路来走，无法在对话交流中进行充足的思维的碰撞和新的意义的生成，久而久之学生思维缺乏创造性。

二、问题启发性不足，引不起学生思考

提问是语文课堂上师生互动的主要方式。然而，一些语文教师因对学生了解不够，在课堂教学上提出一些流于表面和形式的问题，启发性不足。提问是师生对话交流的主要方式，也是激发学生积极思维的重要手段。在教学中，教师具有启发性的提问，往往可以使学生思潮万千，从而引发学生的认知冲突，激发他们积极思维，促进学生思维发展。教师缺乏启发性的提问使得师生之间的互动仅仅停留在行为互动的层面，学生的思维没有真正活跃起来。

三、重视问题的结论，忽视学生解决问题过程

语文知识型课堂中教师注重知识的传授，为了让学生掌握更多的知识，教师更重视学生对结论的获得，对学生是如何解决问题未给予关注。根据心理学的观点，学习者解决问题的过程实际上是一个思维过程，在问题的解决过程中，学生以已有的认知为基础，要进行一系列的思维操作，运用一些技巧和方法。由此可见，我们忽视学生解决问题的过程，其实就是不重视学生思维的外在表现。学生在解决问题的过程中探求问题的本源，寻求解

决方法和途径，会深化学生对文本的理解，而教师仅仅关注结论，忽视学生解决问题的过程，往往使学生知道正确的结论却不知道这个结论是如何得到的，限制了学生思维发展。忽视学生的解决问题的过程还表现在教师给了学生思维的机会，却没有对学生进行一些思维工具和方法的教育，学生在探讨中不知道如何去解决问题。学生为了解决问题，会进行一系列的思维操作，运用一些认知的技巧，然而实际教学中我们往往更加关注结论，忽视了引导学生运用思维方法和工具，学生缺乏解决问题的能力。

以上问题在现在国家紧抓教育的时代背景下，已有许多对应措施，实施力度也在逐渐加强，现在老师和学生整体素质都在不断增强，这也体现我国在教育方面的重视程度，但是这些问题仍有些许残留，构建语文思维教学课堂是非常有必要的。

第四节 语文思维型课堂教学的基本策略

一、教师应树立思维教学观念

教师树立思维教学观念是语文思维型课堂教学的前提。在语文知识型课堂教学重知识轻视思维的状况下，语文思维型课堂教学强调，教师要树立在语文教学中促进学生思维发展的观念，即树立思维教学的观念，改变自己的教育教学行为。

教师作为课堂教学中的主体，其理念会以某种形式转化为教学行为，一个语文教师如果有在课堂上促进学生思维发展的意识，那么这个教师将会尽可能尝试一些激发学生思维积极性的教学手段或方法来促进学生思维的发展。

教师想促进学生思维发展，其首先应是一名思考者，需具备较高的思维水平，摒弃以教参或教材的解释为唯一正确答案的做法，对语文文本进行合理的个性化解读。这样的解读既是基于文本，也体现了教师对文本深入的思考。其次，教师应转变自身讲授者的角色，给学生一定的思考空间，允许学生发生错误。在语文知识型课堂教学中，我们往往以知识和教师为中心，对学生学习活动进行了强有力的干预，要求学生向所谓的标准答案看齐，学生跟着教师的思路或预设进行学习，这既违背了新课程的生本意识，也限制了学生思维的发展。建构主义认为教学过程实际上是学生在教师引导下自主建构认知结构的过程。在语文思维型课堂教学中，教师应对学生学习需求和自身能动性给予关注，由课堂主宰者向引导者、参与者转变，既参与到学生解决问题过程中，也给学生预留一定的自主思考和表达的空间，给予学生能够发挥主动积极性的机会，倾听学生思想以及对问题的看法，培养学生独立思考能力。比如，有教师引导学生进行语言运用的练习，出了道"海水是咸的，河水是＿＿的"的题目。按照一般的理解，"咸"与"淡"相对，因此大多数学生认为，河水是淡的。突然，有学生却站起来对老师说，他认为河水是甜的，而他的看法遭到了大多数学生的反对。这时，老师并没有直接否定学生的观点，而是让这个学生说说自己的理由，这名学生用自己踢完球找不到水喝而喝了小河的水的例子证明了自己的观点。听完解释后，教师肯定了这名学生的回答，并启发学生在看问题时可以换个方式或角度去思考。后来，还有学生以环境污染为由说河水是苦的。从这个例子中，我们可以看出，这个老师并没有要求学生向所谓的标准答案看齐，而是给了学生开放表达思维的空间，引导学生发散思考，有利于培养学生创造性思维。在语文思维型课堂教学中，教师既要鼓励学生独立思考，对学生的创造性思考成果给予表扬，同时还要宽容地对待学生错误的认识。如果学生的认识是错误的，我们不妨收起责备或者批评的语气，为学生提供较多的心理安全和自由，用包容的态度对待老师的错误，允许学生发生错误。学生对这个问题有错误的认识正暴露了其在思考问题时出现的偏差，教师要善于抓住学生的错误，引导学生从问题的表面深入问题的本质，促进课堂教学的生成。此外，教师应对如何在语文教学中培养学生思维做具体的规划，以保证学生思维培养的连贯性。

二、以认知冲突激发学生思维积极性

"思维型课堂教学"理论认为，认知冲突是激发学生思维发展的内在因素，也是学生思维不断向前发展的不竭动力，强调在课堂教学中创设认知冲突。所谓认知冲突是指在认知过程中认知主体已建立的认知结构与新情境不符时心理上产生的冲突或矛盾。皮亚杰的认知发展理论为认知冲突提供了理论依据，皮亚杰认为个体心理的发展是通过同化和顺应达到平衡的过程，学习者是在认知平衡与不平衡相互交替中进行认知结构的不断建构和完善，进而发展其认知。所谓的同化就是"把外界元素整合到一个正在形成或已经形成的结构中"，也就是说在个体面对新经验或新刺激时，可通过已存在图式将新经验纳入原有认知结构中。所谓的顺应则是"同化性的结构受到所同化的元素的影响而发生的改变"，即当个体面对一个新的刺激或经验时，自己原有的图式无法接受或解释它，且因为新的刺激或经验的影响，自己的认知结构发生质的变化，得到发展。[①] 根据皮亚杰认知发展理论，同化、顺化和平衡影响着个人认知发展，而认知冲突引发和解决却刚好体现了这三个基本过程。学习时，学生通过认知冲突，将新情境纳入自己原有认知中，如果实现不了，学生会调整和完善自己的认知结构，以期与新学习情境达到新平衡，学生认知在认知矛盾中获得不断发展。

语文思维型课堂教学要求，以认知冲突来启发学生积极思维，语文教学中的认知冲突需要一定的问题支撑。需要强调，引发学生认知冲突的难度应在学生的最近发展区内，因为难度过高或过低会让学生力不能及进而挫伤学生的思维的主动性和积极性，只有既高于学生当前水平又在学生潜在水平之内的难度，在有效支架帮助下才可达成。

---

① 莫雷.教育心理学[M].北京：教育科学出版社，2007.

（一）联系学生的生活经验，引发认知冲突

我们常说，语文来源于生活却高于生活，李镇西老师就曾说过"语文生活化"，新课程也强调，语文教学要与学生生活贴近。学生受年龄、阅历以及环境限制，每个学生的生活体验是有差异的。因为时代的变化，作品中所展现的时代与学生如今生活的时代是有一定距离的，很多学生对于不熟悉的体验会出现理解不了或感受不了的冲突，即学生原有生活体验不能解决问题时就形成了冲突。教师可以寻找课本内容与学生生活的结合点，贴近其生活营造与学习内容密切相关的情境，引发学生认知冲突。因此，我们在语文思维型课堂教学中，联系学生已有的生活经验，引发其认知冲突，激发其求知欲和思维主动性。

（二）利用学生已有的知识与新知识的矛盾引发认知冲突

当学习者面对新知识或新问题的时候，尝试着用头脑中已有的认知图式来解释，因自身认知结构不完整，新知识与已有知识之间就会产生矛盾，此时便形成了认知冲突。为了解除认知失和带来的紧张、不舒服的感觉，就会产生强烈的探知欲望。在此过程中，学生的主体性活动得到有效的体现，思维也得到了发展。祝新华在《语文能力发展心理学》一书中提到，"学生学习新课文时，必然会有旧的知识、经验的参与，当原有的知识、经验与新教材之间存在差距，就会造成学生心理上的矛盾，只有注意诱发，解决这些矛盾，才能使学生的认识向前发展。"[①] 这里的矛盾指的就是认知冲突。

在语文思维型课堂教学中，语文教师要充分利用学生原有知识的局限性，以处于学生认知结构发展区的问题素材，将学生置于矛盾的氛围中，引发学生的认知冲突，激活学生的思维，唤起学生的求知欲，提高学生学习语文的兴趣。

需要强调的是，学生已有知识与知识的矛盾可以是结论上的矛盾，也可以是学生用原有知识结构解释新问题时产生的矛盾，更可以是比较学生原有知识与新知识之间联系与区别产生的矛盾。这种认知冲突，需要教师了解学生原有的认知和经验，挖掘教材，利用新知识和旧知识之间的关联，引发学生的认知冲突，促进学生主动思维。

（三）抓住学生的错误引发认知冲突

在学习中，学生不可避免地会出现错误，因为学生以原有知识、观念和生活经验去认识新知识，学生认知结构的不完善造成了其在认知新知识时产生偏差。教师这时需要抓住学生偏差或错误，创设一些具有引导性的问题，诱发学生思维内部矛盾，引发学生认知冲突。因为经过教师的引发，学生思维内部的矛盾逐步深化，当学生发现用原有的认知图式认识这个新问题是错误的时，便产生认知失衡，为达到新平衡的状态，涌起强烈的探究精神，调整或更改自己的认知结构，实现认知的发展。这个过程也有利于学生思维的发展和提升。

---

① 祝新华.语文能力发展心理学[M].杭州：杭州大学出版社，1993.

（四）利用学生主体间观点的矛盾引发认知冲突

不同的学生对于同一问题有着不同的理解，因为从心理学角度讲，个体的心理发展在认知方式、智能以及个性方面存在着差异。处于不同的生活背景下的个体有着不同的经历和经验，这些经历和经验又使得个体建构不同于他人的个性化的理解和见识。基于此，语文思维型课堂教学强调课堂教学中要关注学生认识上的差异，留给学生一定的思维空间，给予学生表达自己观点的机会，在这个过程中，学生听到与自己不同或有分歧的观点时，会再次思考、审视自己的认识，引起思维碰撞，形成认知冲突。

语文思维型课堂教学要求关注学生主体间认识的差异，从而引发学生思维碰撞，促进学生重新审视自己或他人的观点，促进学生对知识的主动建构，培育学生的分析和思辨能力。

三、重视探究式教学，促进学生自主建构

语文思维型课堂教学以认知冲突来引发学生积极思考，那么认知冲突发生后，我们如何引导学生积极主动探究以解决问题呢？换句话说，我们应该采取怎样的方式引导学生自主建构认知结构，促进学生思维结构的不断发展和完善呢？根据语文知识型课堂教学中教师讲授或灌输知识，学生被动接受知识，注重学生对结论的获得的误区，高中语文思维型课堂教学需要教师转变教学方式，重视探究式教学，突出语文知识和能力的形成过程，促进学生自主建构认知。

所谓探究式教学就是指在老师的指导下，以教材为基本探究内容，把学生周围世界和生活作为参照对象，通过自主、合作和探究的方式，给学生提供充分讨论、探究、表达以及质疑问题的机会，将自己所学知识应用于解决实际问题的教学形式。[①]学生在探究的过程实际上也是发展思维的过程。胡卫平教授和魏云华博士在《思维结构与课堂教学——聚焦思维结构的智力理论对课堂教学的指导》一文中也指出，探究是课堂教学中体现知识形成过程的重要教学方法，体现了思维活动的框架，即明确目标—接受信息—加工编码—抽象概括—获得成功。[②]可见，探究式教学对学生的思维发展和提升有着不可忽视的作用。语文思维型课堂教主张教师结合语文教学的特点，重视探究式教学方法的运用，鼓励学生大胆质疑问难，以自主、合作和探究的方式促进学生主动探究而达成解决问题，在不同思维的碰撞中建构语文知识，在认知冲突的不断平衡中提升语文能力和素养。

根据靳玉乐的《探究教学论》，探究式教学实质主要包括两个相互联系的方面，一是以学为中心的探究学习环境，二是给学生提供必要的帮助和指导。[③]因此，在语文思维型课堂教学中实施探究式教学，首先要求教师要营造民主、开放、和谐的学习环境。在这样

---

① 张崇善.探究式：课堂教学改革之理想选择[J].教育理论与实践.2001（11）：39.
② 胡卫平，魏云华.思维结构与课堂教学聚焦思维的智力理论对课堂教学的指导[J].课程·教材·教法，2010（6）：33-34.
③ 靳玉乐.探究教学论[M].重庆：西南师范大学出版社，2001.

的环境中，师生之间是平等的"我—你"关系，相互尊重和信任，学生在心理上获得安全，能自由地寻找信息、提出自己的见解以及论证自己的观点，学生拥有独立探究的机会。其次，要给学生必要的指导和帮助，要求教师改变教师角色，注重师生双主体作用，改变语文知识型教学中的以教师为中心的讲授式教学方法，引导学生自主建构知识，突出语文能力的形成过程，给予学生方法指导。一方面，教师要构建师生双方的主体性，将教师的教和学生的学统一起来，教师由权威者变成引导者、组织者和协助者，学生的主体地位，促进教师、学生、文本三者之间的多元对话，使得师生互动具有多维性；另一方面，改变语文知识型课堂教学学生被动学习的问题，语文思维型课堂教学更注重学生的学习兴趣，以学生已有的知识和生活体验为基点，找到问题探究的着眼点，提倡学生在独立思考、合作交流以及讨论探究中沟通、理解和表达，鼓励学生大胆质疑，关注探究过程中的生成。此外，教师可引导学生运用思维方法挖掘文本话语内在的关联。在语文思维型课堂教学中，我们不妨引导生运用思维方法去挖掘或建构文本的关联，如分析与综合、联想与想象、比较与分类、抽象与概括等，促进学生挖掘文本中的有机关联，实现对文本和作者所要表达意义的深化理解，培养学生解决问题的能力。

四、指导学生用思维导图表达思维

思维导图（Mind mapping）最初由英国学者托尼·巴赞发明，简单来讲，就是把思维通过图形的方式形象地表现出来，是表达发散性思维的有效的图形思维工具，是促进思维激发和整理的可视化的思维认知工具。[①] 从外在形态来讲，它是图文并重、重点突出的树枝状结构图；从本质上说，它是运用图文并重的技巧，清晰地集中于中心主题，由中心主题向四周发散形成众多分支，将众多分支以围绕着中心主题的方式按相互隶属或层级的关系有序地表现出来的可视化思维工具。

思维导图以人类大脑构造为依据，将形象思维和抽象思维结合起来，由中心词开始联想一系列与之相关的事物，并以一种非线性的、空间的笔记的形式将出现的思想进一步扩展和深化，从而形成辐射发散的结构形态。思维导图强调用发散的联想思维，展现出思维认知发展过程的多元性。思维导图具有突出重点，凸显主题之间的联系，激活使用者的思维，将思维过程可视化的特点。在语文思维型课堂教学中，教师可依照教学内容的特点，指导学生用思维导图表达自己的思维成果，有利于将学生的思维引向更多的视角、更多的方向、更多的思路，在表达实践中发展创新思维。

目前已经有一些研究者和语文教师对思维导图在语文教学中应用问题进行了探讨，语文课堂教学的重要环节是阅读和写作，因此我们在这里简要地介绍一下思维导图在这两方面的应用。

我们传统的老师进行阅读教学时，首先就是引导学生对文章进行分段，总结段落大

---

① 茅育青.学习科学与教育技术[M].杭州：浙江大学出版社，2013.

意，虽然对学生理解文章意义有一定的作用，但是却忽视了文章整体的关联性，不符合语文科思维的本质关联性。思维导图的特点之一就是能清晰地突出重点，凸显各分支的联系，因此在学习较长或较为复杂的文章时，教师可指导学生利用思维导图来展现课文脉络结构，呈现文章的重点、思路，促进学生明晰语言文字的内部关联，加深对文本话语的理解。

高中的作文一般是以一个词或者一个短语为话题，让学生以此为中心自拟题目，这样的话题往往会有多个中心思想。在实习期间通过跟学生交流和作文评阅反馈，面对这样的话题作文，大部分学生的立意过于统一化，聚焦于一个问题来写，缺乏新意和整体性；也有一些学生仅仅抓住词和短语来写，局限自己的思维，感觉没有内容或观点可写；还有一些学生则是中心不明确，文中的一些素材和观点与中心关联不紧密。究其原因，有学生个人的原因，也有教师指导的原因。就作文课而言，教师在课堂上较为注重的是学生对于文章的结构、论证方法的技巧训练，忽视了学生在立意方面的训练，学生在这样的学习中思维发展受限，思维单一或模式化。语文科的思维基本属性是关联，写作就是学生通过自己的语用体验把生活体验关联成为一个相对独立的意义整体。[①] 写作教学中，学生往往不缺乏生活体验，但是缺乏整理自己的思考以及加工、转化生活体验的能力。

思维导图是一种将思维显性化的工具，可以有效地表达发散思维，将其用于作文教学，培养学生发散思维，促进学生围绕主题拓展、延伸自己的思考，确立立意，挖掘写作素材，梳理写作思路。因为写作总是围绕着一个中心进行，各组成部分与中心紧密联系着，这和思维导图的树状结构相似，我们可以指导学生运用思维导图确定自己的立意，搜集和整理各种素材，安排自己的文章结构。比如，以确立立意为例，有教师让学生以"冷和热"为话题写作文，在学生弄清冷与热的辩证统一的关系后，教师可引导学生以"冷和热"为中心进行发散思维，制作思维导图，确立自己所写文章的立意。学生进行了多元的思考，从五个角度对"冷和热"的关系进行了思考，分别是国家关系、自然现象、文化现象、人生态度和人际关系等。[②]

五、以知识、方法的类比迁移实现思维的延伸

"思维型课堂教学"理论，很重视知识和方法的迁移与应用，因为在解决新的问题的过程中，将已获得的知识和方法应用迁移到新的情境中会进一步加深对知识的理解。基于此，在语文思维型课堂教学中，我们可采取一些方法促进学生知识、方法的类比迁移，如读写能力的转化、有针对性的作业设计、比较阅读等，实现学生思维的延伸。从作业的布置类型上看，教师最重视的是学生的背诵积累，忽略或不重视学生思维的培养，所以语文思维型课堂教学提倡教师可适当设计一些能训练学生思维的练习题。将重点文字摘录出来，从描写的重点、运用的手法以及表达作用等方面进行比较。布置这样的作业，与背诵、默写等记忆型作业相比，能更好地启发学生的思维，使得学生在完成作业的过程中将已掌握的知识和方法迁移到新情境中，增进他们对知识、方法的理解，延伸其思维。

---

① 王元华. 语用教学视野下的语文教学[M]. 北京：北京师范大学出版社，2012.
② 王颖. 思维导图在高中语文教学中的应用[J]. 广西教育，2014（10）：121.

第四章　教师思维对思维型教学的作用

第一节　教师思维概述

一、什么是教师思维

教师思维之所以能得到专家学者们的高度重视并成为教师研究的焦点，主要得益于认知心理学的迅猛发展。伴随着 20 世纪 70 年代以来认知心理学的兴盛，人们发现教师头脑内部的复杂的认知加工过程对其教学有着重要影响，认为"教学是一种复杂的认知活动"，也是"高度理性的活动"。值得一提的是，为促进全球教育研究人员积极探讨和研究教师思维和教师决策，并加强彼此之间的沟通和交流，1985 年，在荷兰的蒂尔堡大学成立了"国际教师思维研究协会"。这一协会的成立极大地推动了对教师思维过程的研究，此后国内外有关教师思维的研究成果也越来越多。然而尽管如此，关于教师思维，目前还没有统一的定义，综合现有的对这一概念的各种解释，可以认为，大凡关于教师可观察行为背后的内部加工过程的研究都可以看成是对教师思维的研究。在教师思维视角下的教师研究者，有的把教师看成是决策者；有的把教师看成是假设检验者；有的把教师看成是信息加工人员；有的把教师看成是问题解决者；也有的把教师看成是计划人员，不管是决策、假设检验、信息加工、问题解决或者是计划，都是思维。由此看来，教师首先应该是善于思考的人。

在国内，更多的是以能力去考察教师思维。比如，张学民、林崇德、申继亮等教育家就把教师思维看成是一种能力，认为教师思维是教师在对课堂信息知觉加工的基础上，对课堂信息与学科教学内容进行计划、组织、决策、实施与反馈调节的过程，是教师解决课堂教学问题的重要认知能力。教师课堂信息加工能力发展的实质是课堂教学问题解决能力的提高。教学思维是一种基于教师个人的教学信念、问题视角、课程和学生知识，在课堂实践活动中做出判断、推理和决策的思维方式。教学判断能力、推理能力和决策能力是教学思维中重要且复杂的部分，是教师解决教学问题的基础。著名教育家顾明远教授则认为，教师的思维能力既不是知识，也不是技能，但它支配着教师的一切行为，是属于更高层次的能力，而且是不可或缺的。

综合上述各种观点和解释，如果把教师思维看作名词，那么它是一种能力，即教师思维能力；如果把教师思维看成动词，那么它是一个复杂的思维过程。不管读者将教师思维看成名词还是动词，教师思维研究的重要意义都是显而易见的。深入研究教师复杂的思维过程可以使我们更好地认识教师的教学行为是如何产生、发展和变化的，又是如何影响学生的学习和发展的。那么，教师思维作为复杂的认知加工过程包括了哪些认知加工形式呢？这就得先考察一下教师在教学过程中要思考些什么，要解决什么问题。在一个完整的教学过程中，教师要通过头脑内部复杂的思维活动，思考并解决如下几个问题：

第一，对构成教学活动的各种要素（主要是教师、学生、教科书和教学大纲）及其相互关系的分析；

第二，确定教学目标；

第三，选择教学组织形式和方法；

第四，计划和安排好整个教学活动；

第五，在教学过程中及时发现、分析和解决问题；

第六，实施与监控教学活动；

第七，评估与反思教学活动。

基于这些思考和前述相关研究，可以将教师思维定义为：教师在分析思考、综合考察各种教学构成要素的基础上确定教学目标，并围绕教学目标的实现进行推理、计划、判断、决策、评估和反思的头脑内部复杂的认知加工过程。

二、教师思维的特点

除具有一般思维的特点外，教师思维由于教育教学工作的特殊性，又具自身的独特性。教师思维的主要特点有：

（一）高度综合性

教师在教学的全过程中要综合考虑课堂内外各种可能影响教学的因素。这些因素包括课程的具体内容与性质，学生的知识基础、能力、兴趣、学习动机等；政府的教育行政管理，学校的行政管理；教师所处社会的政治、经济和文化背景；可选择使用的教学方法，可利用的教学资源；以及评判学生成绩的工具、方法和技术等等。教师在计划、判断和决策等思维活动中，应全面地综合思考这些因素。教师在这方面的分析综合水平越高，其教学决策、判断、计划、实施、评估与反思的质量就会越高，教学效果就会越好。如果教师对可能影响教学的因素考虑不全面，或者虽然全面但分析综合水平不高，也不可能产生良好的教学效果。

（二）探赜与甄别性

钻研教材，深入分析教材，透彻理解和掌握教材是教师的基本思维活动。教材内容是系统的知识经验，是人类的认识成果，蕴含深奥的道理，因此需要教师对其进行深入的探讨，切实弄清楚其中的道理。学生的成长发展有其自身规律，有一般性的共同规律，也有不同特点的学生的特殊发展和成长规律；教师同样要通过深入的研究和探讨去掌握自己所教学生的成长发展规律。因此，教师对深奥道理的探讨，即探赜，是教师思维的显著特点。

另外，教师在进行教学设计时，要确定教学目标，选择教学方法。不管是确定教学目标还是选择教学方法，都不是简单的思维活动，这是一个辨别优劣的甄别过程，有明显的甄别性。

（三）洞察与诊断性

前面提到，教师思维作为一种能力，是教师解决课堂教学问题的重要认知能力。教师思维的过程从实质上看是教师解决"如何教"的问题。教师在整个教学思考过程中都要洞察问题和诊断问题。教师在上课前的准备、计划过程中要确定教学目标，这是一个回答和解决教给学生什么的问题；要明确教学的重点和难点，这是一个回答和解决教学的重点是什么，教学的难点又在哪里的问题；要把握教学的关键，这是一个发现和寻找教学的关键环节在哪里的问题。所有这些问题的回答和解决都要求教师要有洞察力和诊断力。

在教学过程中，学生作为一个积极的思维者，其知识建构、技能习得和能力发展，从实质上看也是一个问题解决的过程。这是因为学生只有解决好了在学习过程中所碰到的问题之后才会有所获、有所长。但是，并非所有学生都能顺利解决好自己所面对的问题，搞不清楚自己所碰到的问题是怎样一种问题的学生恐怕也不是少数。这就要求教师能洞察学生在学习过程中出现的各种问题，并帮助他们解决好问题。因此，从学生学习的角度来看，也要求教师有洞察力和诊断力。

再进一步来看，整个课堂教学环境是一个动态变化的环境，是不断出现各种问题和变化的复杂环境，这要求教师在课堂教学过程中要善于洞察各种问题，并诊断其实质。

（四）推理与决策性

教师在教学中的所有表现，包括一言一行都是决策的结果。因为，对某一特定的教学内容，学生学什么、怎么学，要实现的目标是什么，都是教师自己确定和选择的，即教师自己决策的结果。教师的这一决策又是其科学合理的推理结果。在整个教学过程中，教师都要做出大量的推理与决策。仅在课堂教学中，教师就要频繁地进行推理和决策，平均每隔两分钟就会出现需要教师根据即时的教学情况做出一个教学互动决策的情境。因此，推理与决策性是教师思维的又一显著特点。

（五）评估与反思性

教师思维也是评估与反思性的思维，教师在整个教学思维过程中都要进行评估与反思。在制订教学计划的过程中，要对所确定的教学目标的合理性、恰当性进行评估和反思；要对拟用教学组织形式和方法的可行性和适用性进行评估和反思；要对各教学环节的安排的条理性、连贯性和逻辑性进行评估和反思；要对拟向学生提出的问题的难度、价值性和思考性进行评估和反思。在课堂教学活动中，要对自己的即时教学表现，学生的反应和师生互动的效果等进行评估和反思；在课堂教学结束后，要对教学计划的执行情况、效率和效果，课堂教学总体布局情况等进行评估与反思。而且，课后的评估和反思是教师进一步提高教学质量必不可少的思维形式。通过分析和评估教学成功与失败的方面、值得肯定的有益做法、应当吸取的教训等，可以提高教师自身的教学思维能力。所以，教师思维也是评估与反思性的思维。

综上所述，教师思维除具有一般思维的特点，如间接性和概括性等特点以外，还有由教学活动的内容和性质等所决定的高度综合性、探赜与甄别性、洞察与诊断性、推理与决策性、评估与反思性等特点。

第二节　影响教师教学思维的主观因素

一、教师知识是影响教师教学思维的基本因素

思维是我们间接地认识事物本质和规律的高级认知过程，人们头脑中的知识是影响这一过程的最基本因素。有些事物我们想不到它，考虑不到它，认识不到它的固有本质，最主要的原因是我们缺乏必要的知识或经验（广义而言，经验也是知识）；有些问题我们觉察到了，却找不到问题的根源，难以对问题做出正确的分析，导致解决不了教学问题，很重要的原因也是我们缺乏相应的知识和经验。不同群体的人，甚至是同一群体中的不同个体，对同一事物也有不同的看法。比如，小孩是怎么成长起来的？怎么做才能让小孩在特定的条件下获得最好的发展？"严师出高徒"是否有效？教育经历不同、成长经历不同的家长对此就会有不同的看法，也就会出现对"虎妈""狼爸"等主张褒贬不一的情况。不同家长面对同一件事情的处事态度不同，老师也是这样，专家教师拥有的知识以脚本、命题结构和图式形式出现，比新教师的知识整合更加完整。因此，教师知识是影响教师教学思维的最基本因素。

作为影响教师教学思维的最基本因素的教师知识结构，从其功能考虑，可以分为四个方面的结构内容：本体性知识、条件性知识、实践性知识和文化知识，这四个方面共同构成了教师的知识结构。

教师的本体性知识是指教师所具有的特定的学科知识，如语文知识、数学知识等，这是人们所普遍熟知的一种教师知识。教师的条件性知识是指教师所具有的教育学与心理学知识。教师的实践性知识是指教师在面临实现有目的的行为中所具有的课堂情景知识以及

与之相关的知识，或者更具体地说，这种知识是教师教学经验的积累。[①]

二、教育教学观对教师教学思维起到航标性的作用

真正的思维应该是主动的、积极的高级认知加工活动；被动的、出于无可奈何的想一想不能算是思维。这一主动、积极的高级认知加工活动是有目标、有方向的，而作为个体思维活动的目标、方向，主要是受到个体头脑中的观念影响。不少专家持有这样一种假设：观念是个体一生中做出决定的最好指标。[②] 这是很有道理的，因为现实中的很多事实和现象都可以用来支持这种假设。比如，持不同观念的人就有不同的行为，持有"棍棒底下出孝子"观念的父母，一见孩子犯了错误，出了差错，就会对孩子大发雷霆；相反，信奉"一次甘言悦耳胜过千百次棍棒"的父母，发现孩子犯了错，即使怒火中烧，也不会怒气冲天，这是持不同观念的父母的不同教养行为，后一种观念是更为合理、恰当、可取的家庭教育观。

教师的教学思维也存在一个"教学思维航标"的东西，这就是教师头脑中的教育教学观念。教师的教学思维活动，不管是教学计划、教学决策、教学反思、教学监控，抑或是其他教学思维形式，都受其教育观念这一"教学思维航标"的影响。所谓教师的教育观念，是指教师在教育、教学实践中形成的，对相关教育对象，特别是对自己的教学能力和所教学生的主体性认识。[③] 它被认为是构成教师素质的重要组成部分，是教师从事教育工作的心理背景。[④] 这一心理背景影响着教师对教学目标、学生发展、教学效能以及师生关系等问题的分析、思考和判断，影响着教师对教学内容的取舍，对教学方法的选择和运用。因此，教师的教育观念对其教学思维起到了航标性的作用。

要促进教师的教学思维，就要更新教师的教育观念；唯有教育观念的更新，教学思维才有新的航标，教学才会有改革和创新。所以说，教育教学观对教师的教学思维起到了航标性的作用。然而，更新教育观念的口号呼喊了多年，大多数教师的观念就是脱不了胎、换不了骨；在课堂教学中，只有教师为中心，没有学生的学习主体地位；重知识传授，轻思想方法的训练；重智育，轻心理发展等方面的教育等等。这些深受陈旧观念影响的教学现象，在现实中仍然普遍存在。这是专家学者和广大教师都应高度重视和寻求解决方法的老大难问题。

三、教师的教学问题意识对其教学思维有关键性的影响

教师的教学问题意识作为其对教学问题的认识，是教师教学思维的重要构成成分之一，它对教师的教学思维水平也有着关键性的影响。这是因为问题性思维是高水平思维的

① 辛涛，申继亮，林崇德.从教师的知识结构看师范教育的改革[J].高等师范教育研究，1999（6）：12-17.
② 申继亮，辛涛.教师素质论纲[J].北京：华艺出版社，1999.
③ 申继亮，辛涛.教师素质论纲[J].北京：华艺出版社，1999.
④ 林崇德，申继亮，辛涛.教师素质的构成及其培养途径[J].中国教育学刊，1996（6）：16-22.

显著特点，个体进行思维活动时，是否带着问题和带着什么样的问题，对其思维活动的深度和广度有重要影响。思考时能否发现隐藏于事物或现象背后的问题更是衡量教师思维水平高低的重要标志。因为发现问题往往是比解决具体的问题更复杂、难度更大、综合性更强的思维活动之一。

四、工作积极性是推动教师教学思维的内部力量

个体的任何活动都有一个动力问题，推动个体进行活动的内部力量称为动机。从实质上看，动机就是积极性。工作积极性是人们对工作产生的一种主动而自觉的心理活动状态。[①] 因此，教师的工作积极性也就是教师对教育教学工作产生的一种主动而自觉的心理状态。它是教师主动进行教学思维、积极开展教学改革、促进自主专业发展的内在动力。教师的教学思维活动不能没有这种动力。教师没有这种动力，也就不会有教学思维。这是因为：一方面，教师教学思维的启动要求教师首先要有工作积极性；另一方面，教师的教学思维活动会受到其教学情绪与情感，以及教学意志的影响，不能没有工作积极性这一支撑力量。教师的教学反思更是如此。教学反思是一个能动的、审慎的认知加工过程，也是一个与情感和认知都密切相关并相互作用的过程，在此过程中，不仅需要有智力加工，而且需要有情感、态度等动力系统的支持。[②] 其实，不止教学反思是这样，其他所有的教学思维活动也都是这样一个过程。因为教学思维作为一种高级的、复杂的教学认知活动，不可能被动地发生，也很难由教师主体以外的压力或其他力量来"启动"，只能由教师自身的内部动力——工作积极性去启动，并始终受其影响。

教师的工作积极性越高，就意味着其进行教学思维、提升自身专业化水平的动力越强，决心也越大。如果一个教师自己不愿分析、研究教学，而是被外力强制，不得已而为之，是不可能对教学进行全面、深入的分析的，也就不可能有良好的教学思维效果。研究表明，教师的工作积极性对其教学问题诊断能力有显著的预测作用。[③] 教师的工作积极性对其教学思维会有积极的显著影响。教师工作积极性是推动教师教学思维的内部力量。要提高教师的教学思维水平，促进教师的自主专业发展，就要切实激发和调动广大教师的工作积极性。

---

① 刘海燕.影响经济不发达地区中小学教师工作积极性诸因素分析[J].心理发展与教育，1995（1）：45-49.
② 申继亮，刘加霞.论教师的教学反思[J].华东师范大学学报（教育科学版），2004（3）：44-49.
③ 曾拓.教师的工作积极性、教学效能感与其教学问题诊断能力关系的研究[J].教育研究与实验，2008（4）：57-60.

第三节　影响教师教学思维的客观因素

一、社会风气与环境是教师教学思维的外部力量

教师工作虽然有其特殊性，比如自主性强、自律要求高等，但教师并不是在世外桃源工作和生活，客观存在的多种因素都会影响教师的教学思维。这些客观因素包括社会风气与环境、学校管理与文化、校园群体心理，以及教师个人的家庭生活等等。

教师跟一般人一样，在一定的社会环境中生活、工作，其教学思维必然会受到社会风气与环境的影响。在一个人人尊重教师，不管是社会精英、名流还是普通百姓都关心教师、认可教师的社会环境中，教师可以充分感受到整个社会对自己工作的认可，以及对自己工作价值的肯定。这样的社会环境也就从外部给予了教师无穷的力量。在这巨大的社会力量的支持下，教师就会觉得自己是广受社会欢迎的人、有价值的人，就会以师为荣，自觉主动地展开教学思维，努力把教育教学工作做好。因此，把社会风气与环境看成是教师教学思维的外部力量是合情合理的。有良好的尊师重教风气的社会与环境，对教师的教学思维起到正向的牵引作用。相反，则起到阻碍作用。要促进教师的教学思维，就要营造全民尊师重教的良好社会环境。

二、学校管理与文化是教师教学思维的孵化器

不管愿意还是不愿意，教师都要接受学校领导和职能部门的管理。学校管理的理念、规章制度和方式方法等，必然会影响教师的教学思维。每一所学校都有自己的文化，任何一个人都会受到文化，尤其是身边文化的影响。管理与文化也是紧密地联系在一起，相互影响的。学校管理与学校文化是学校变革与发展过程中，不同而又存在交互影响的两种重要力量。学校的管理离不开文化，学校的文化也离不开管理。管理讲求制度和规范，文化讲求契约和氛围，两者有机融合，规范中出文化，文化中有规范。学校的管理文化是学校在管理过程中形成的一种特殊的文化倾向，是以学校教育价值观为核心的观念、制度、组织架构、行为方式的集合体，对师生具有正面导向、凝聚激励、约束规范、同化辐射等作用。[①]

如果我们把教师的教学思维活动及其产品，包括经教师个人积极主动而又严密、审慎

---

① 范国睿，赵瑞情，王加强.历史文化名校的现代化转型——上海市浦东新区百年老校扫描[J].教育发展研究，2007（4A）：57-61.

思考出来的各种教育教学观念和思想方法等，看成是学校孵化出来的"雏鸟"，那么，学校的管理与文化就是学校孵化"雏鸟"的孵化器。学校不同的管理与文化给予教师的"温度"是不同的：优秀的管理与文化给了教师春天般的温暖；低劣的管理与文化给了教师酷热或严寒。我们知道，卵内的胚胎发育成雏鸟要有良好的孵化器给予适宜的温度。同样，希望教师积极主动地展开教学思维活动并产生优质产品，也要有良好的孵化器给予其春天般的温暖。学校的管理与文化就是孵化教师教学思维的孵化器。如果这个孵化器的功能良好，亦即学校领导能关爱教师、信任教师、支持教师；学校的规章制度中蕴含着丰富的教书育人的文化，能激励教师努力教研；管理的方式人性化，能让教师舒心地工作，教师就可以在这良好的环境中健康发展，积极进行教学思维活动，不断提高教育教学水平。相反，如果学校领导以"家长"自居，只会支使、监督，甚至强逼教师，动辄以学校的硬性规定来约束教师，教师是不会积极主动去思考教学、研究教学的。

三、教师群体心理是教师教学思维的调节器

社会心理学认为，人类具有强烈的依附于他人的需要，并通过归属于群体和发展亲密的人际关系来满足这种需要。我们关于自己的所有知识、技巧、能力、知觉和态度，都来自我们能够与他人进行比较。[1] 因此，人是高度社会化的最高等的动物，每个人都属于某一个群体（正式群体或非正式群体）；在群体工作、生活过程中，任一个体的思维活动必然会受到他人的思维活动和成果的影响。每一位教师也都属于某一群体的教师，教师群体成员之间在感知、判断、决策、需要、动机、兴趣、情绪、情感、意志和行动等方面都会产生相互影响，从而产生从众以及群体凝聚力等群体心理现象。群体心理现象是客观存在的，每一位教师的教学思维活动都会受到教师群体心理的影响。如果一个教师认同并归属于一个努力工作，乐于奉献，善于分析教学、研究教学的群体，他就会受群体心理的影响而积极开展教学思维活动。反之，如果一个教师依附于一个对教学工作深感倦怠，没有积极性，更谈不上分析、研究教学的群体，他同样不可能有积极的教学思维活动。另外，群体成员间的有些观点、看法以及思维方式也会对个体产生影响。可以说，教师群体心理对教师的教学思维起到了调节器的作用。教师教学思维的目标、深广度、思维方式等都会受到这个调节器的影响。

---

① 鲍利克，罗森茨维格.国际心理学手册[M].张厚粲，译.上海：华东师范大学出版社，2002.

第四节　促进教师教学思维的途径与方法

一、在全社会营造浓厚的尊师重教氛围

社会要不断地发展，人类要不断地进步，教育教学就要不断地改革。因此，教育教学改革是永无止境的征程。行走在这一征程上的人主要是教师。教师的教学思维决定了他们在这一征程上行走的方向、目标、速度和方式。所以，我们要高度重视促进教师教学思维的工作。

任何一个社会都不能没有教师，教师的教育教学工作归根到底也是为社会服务的。如果把社会看作大家庭，学校就是其中的小家庭；在校学生是大家庭中的"子女"，教师就是这大家庭聘请来抚养、教育子女，使之健康成长的"养育员"。如果要让"养育员"安心工作，开动脑筋去思考如何抚养、教育"子女"们才能让他们健康成长，社会这个大家庭中的所有家庭成员，包括学校这个小家庭的"家长"，就都应该尊重他们、信任他们。否则，"养育员"就会顾虑重重，无心思考"养育"的方法、策略，更谈不上创造性地抚养教育"子女"。因此，如果要教师积极主动地思考教学，不断提高教学思维能力和水平，就要营造一个良好的社会环境，形成一个全民尊师重教的良好社会氛围。

全民尊师重教的氛围要由全社会所有成员来共同营造，而不是由部分社会成员来完成。就政府而言，在财政预算方面要依法保障教师的工资、津贴、医疗保险等收入能随经济发展而相应提高；教育行政部门在管理学校方面不能有太多的条条框框，对学校统得太死、统得太多，更不能对学校进行瞎指挥。作为社会公众，不能用钱来评价教师，即不能根据教师的工薪收入多少来判断教师的价值。学生家长则不能只看子女的考试分数去认可或否定教师，要多角度综合各种因素，客观地评价教师，真诚地对待教师。大众传媒也应为营造良好的尊师重教社会氛围承担义务，对各级各类学校的优秀教师要进行广泛的宣传报道，特别是要报道教师的优良教学思想观念、高尚的人格以及学术思想和学术造诣等。全社会各阶层人员都要有社会责任感，以社会主人翁的精神自觉行动起来，尊重教师，关心教师，信任教师，认可教师的社会价值，为广大教师营造浓厚的尊师重教社会氛围。这样，广大教师才有一个主动、积极去思考教学、研究教学的良好外部条件。

二、在学校创建宽松自由、公平民主、和谐竞争的环境氛围

良好的尊师重教社会氛围是促进教师思维的必要条件之一，但不是充分条件。教师思维还会受到其他客观因素的影响。校园环境氛围就对教师思维有直接的重要影响。暂且不

考虑影响教师思维的其他因素，仅就从调动教师的工作积极性、激励教师积极主动思维这一方面来考虑，对教师思维有着更为直接的影响的外因是校园环境氛围。而且，校园环境和社会环境是相互影响的，良好的社会环境也要有相应的良好校园环境，才能真正发挥其助推教师思维的作用。因此，学校也要努力创建有利于激发、维持甚至强化教师的教学工作积极性的校园环境氛围。

教师作为活生生的人，人所共有的心理活动，如需要、价值观念、情绪情感等，他（她）们也有；但教师的劳动又有其自身的特点，教师的劳动特点决定了教师的心理活动动力系统与其他人群的心理活动动力系统有所不同。学校管理在激发和调动教师的工作积极性方面，不能完全模仿企业管理的成功经验，而应结合教师的劳动特点，灵活运用科学管理的理论和成功管理的经验，创造性地激励教师。学习过管理心理学（或管理学）的人都知道，在如何激励，即调动人的积极性方面，心理学家们提出了不同的理论，有的从人的需要去考虑，有的从人的目标追求去思考，有的从社会比较的角度去分析，也有的从教师归因方面去解释。应该说，各种不同的理论观点都有其合理性，都可以运用到现实中去，但具体运用时又不能生搬硬套这些理论。学校管理在激励教师方面既要了解教师的重点需要，又要考虑教师进行社会比较的特点，还要分析教师的目标追求和价值观念等。

在需要方面，教师在基本的物质需要上有了一定满足之后，可能更看重的是精神上的需要。比如，希望能与学校领导、同事和学生自由交往，和谐相处，互相尊重，以及获得劳动价值的认可等。教师作为受教育程度较高，又从事着教书育人工作的专业人员，在进行社会比较时可能会特别看重"公平"二字，要求学校领导在教学质量评估、奖惩规定、教师职务晋升和工资福利待遇等方面公平对待。此外，教师主要是用自己的智慧能力和人格力量去工作的脑力劳动者，工作的自主性要求也很高。这就使得教师在工作的过程中，特别是在进行教学思维活动过程中，对宽松自由环境的要求特别高。当然，教师在要求宽松自由的工作环境的同时，恐怕也不会反对在他们内部引入竞争机制。毕竟，教师是希望学校和社会都能在公平竞争中能有不断的创新和发展的。内部竞争机制只有是合理的公平竞争机制才能真正激励教师进行教学思维活动。怎样的竞争是合理的公平竞争？这没有统一的规范化的机制，关键在于能否增强教师的公平感受。学校领导和其他管理人员在教学任务的安排、工资待遇，特别是当前实施的绩效工资分配及其分配方法的制定、执行等方面都要充分征求广大教师的意见，体现学校的公平；在与普通教师的日常交往过程中，要互相尊重，以礼相待。

如果学校领导和管理人员能从教师的精神需要重于物质需要，对社会比较的公平感敏感且期待高，以及普遍看重教育教学工作价值的认可等特点出发，努力创建宽松自由、公平民主、和谐竞争的环境氛围，无疑会为促进教师教学思维提供强大的正能量。

三、与时俱进，更新教师教育体系

影响教师教学思维的各种因素中，教师头脑中的知识被认为是最有影响力的因素。因为专家分析解决问题效率高、效果好，根本原因就在于专家头脑里的知识跟非专家的不一样。在知识丰富的领域中，这一特征更为明显。在知识丰富的领域中，专家主要是以他们在该领域中非凡的问题解决能力和理解相关实体的能力为特征的。[①] 教师所从事的是专业技术工作，教师头脑中的知识是专业知识。对教师分析、解决教育教学领域中的问题的能力，以及对这一领域中的人、事、物的理解，起关键作用的是其头脑中的知识。教师的专业知识越扎实、系统，其教学思维水平就可能越高；反之，教学思维水平就可能越低。因此，要促进教师的教学思维，与时俱进，更新教师教育体系是非常关键的。

事实上，教师教育体系一直处在改革推进中，它有一个从无到有，从单一到多样，从满足于职前培养到既立足于职前培养，又高度重视职后培训，并将二者统一起来的发展过程。这一体系是一直在更新改造的，且这个更新改造或许是不会终结的，是一个永恒的过程。因为社会的发展离不开教育的发展，教育的发展也不能没有社会发展作为保障；社会发展的步伐越快，要求教育发展的步伐也要越快，甚至要快速领先于社会其他各方面的发展。所以，人类社会发展到今天，世界各国都比以前更加重视教师教育，专家学者们也都更全面、深入、系统地思考如何更新教师教育以适应当今时代的要求，思考如何提高教师职业的专业化水平。教育大计，教师为本。有好的教师，才有好的教育。提高教师地位，维护教师权益，改善教师待遇，使教师成为受人尊重的职业。严格教师资质，提升教师素质，努力造就一支师德高尚、业务精湛、结构合理、充满活力的高素质专业化教师队伍。完善培养培训体系，做好培养培训规划，优化队伍结构，提高教师专业水平和教学能力。通过研修培训、学术交流、项目资助等方式，培养教育教学骨干、"双师型"教师、学术带头人和校长，造就一批教学名师和学科领军人才。

四、教师教学问题意识的增强是促进教师思维的关键

思维水平的提高只有通过思维活动才能实现，教师教学思维水平的提高也只有通过教学思维活动才能实现。因此，要促进教师的教学思维，就教师个人来说，经常展开教学思维活动是非常重要的。有人可能会问，在职在岗的教师不是经常进行教学思维活动吗？的确，教师的整个教学过程都与教学思维活动紧密联系在一起，不可能不进行教学思维这一认知活动。然而，大多数教师天天进行的教学思维活动，很多都是简单地做教学计划，简单地分析学生情况，以及对挑选教学方法等进行浅显的思考，甚至可能是简单地习惯性重复。这种简单的、习惯性的，甚至可能是对教学工作的刻板的、重复的思考，是无助于促进教学思维水平的提高的。因为教师的教学思维一旦离开了教学问题的发现和解决，就谈不上对教学的深刻理解和把握；只有当教师在强烈的教学问题意识的驱动下，发现并解决

---

① 鲍利克，罗森茨维格.国际心理学手册[M].张厚粲，译.上海：华东师范大学出版社，2002.

了教学问题，才会对教学有更深入的理解和更好的把握，这样才能有助于教学思维水平的真正提高。要知道，科学知识的增长始于问题，终于问题。教学的改革和发展同样如此。在不同的社会历史条件下，在不同的国家和地区，甚至在同一个地方的不同学校的教学可能很不一样；但可以肯定的是，都同样会有教学问题的存在。任何教学的改革和发展都要解决教学问题，教学的改革和发展就是一个不断地发现教学问题、解决教学问题的过程。教师在强烈的教学问题意识的驱动下不断地发现教学问题、解决教学问题，才能真正提高教学思维水平。

（一）提高教师的教学问题察觉能力

教师教学问题意识的形成和发展有一个过程，这一过程的起点是教师对教学问题的觉察能力。因此，教师教学问题意识的培养，应从发展和提高教师对教学问题的觉察能力开始。而教师这一能力的发展和提高，首先要求教师对教学问题的存在有正确的认识和态度。作为教师，要认识到教学活动中存在教学问题是有其客观必然性的，教学的发展和提高就是一个不断发现教学问题、解决教学问题的过程；教学问题意识的发展和提高本身就是教学能力提高的重要体现。如果教师认识不到解决教学问题的重要性，觉察不到教学问题，其教学问题意识是无从发展和提高的。只有当教师能觉察到教学问题的存在，继而从整体上综合地分析教学问题，解决教学问题，其教学问题意识才能得到提高。因此，在教师教育和学校管理实践中，都要重视提高教师对教学问题的觉察能力。在教师教育（包括职前教育和职后教育）方面，可通过组织教师对教学问题的讨论、教学问题诊断的训练等多种形式来提高教师对教学问题的觉察能力。而在学校管理实践中，要为教师提供宽松自由的教学人文环境，让他们能积极地面对教学问题，增强他们在教育教学工作过程中"打问号"的勇气、智慧和习惯。

（二）积极帮助教师构建优良的知识结构，更新观念

教师所掌握的职业知识——本体性知识、条件性知识和实践性知识等，以及教师的教育教学观念是其正确诊断教学问题的能力基础。教师对职业知识的学习掌握得越好，头脑中建构的知识结构越优，形成的教育教学观念越符合学生身心发展的规律和创新人才成长的规律，就越善于诊断教学问题。因此，教师要加强"教师知识"的学习。政府教育行政部门和学校领导要为教师培训及其他形式的学习提供优质服务，积极帮助教师构建优良的知识结构，帮助他们形成符合学生身心发展的规律和创新人才成长的规律的良好教育教学观念。这是提高教师的教学问题意识的重要条件。

（三）组织教师主动、积极地开展教研活动

教学问题意识的实质就是教师观察教学问题，分析、解决教学问题的能力。这一能力是可以经实践来提高的，而这一实践的主要形式就是教师的教研活动。教师的教研活动包

括对课程、教材、教法的研究，学科学法研究，教学管理研究，学生状况的研究，尤其是针对教学问题的专题研究。毫无疑问，教师通过开展教研活动可以提高自己的教学问题觉察能力，使自己更迅捷、全面、准确、深入地认识教学问题，提高自己分析教学问题、解决教学问题的能力。另外，教师通过开展教研活动也可以提高自己的科研能力，这是专家型教师应具备的能力。因此，组织教师主动、积极地开展教研活动，是提高教师的教学问题意识的重要途径。

五、教师加强教学反思实践是促进教师思维的根本途径

在教学过程中，真正能从根本上促进教师教学思维的是教学反思。因为教学反思不是应付日常教学的简单思考，它是教师自觉的、主动的、严肃认真而又审慎的，在强烈的教学问题意识驱动下进行的，对教学活动全面的分析思考。这样的教学思维活动过程要对教学计划、教学选择和教学决策等及其背后的理论或事实依据都进行严格的逻辑推敲或审察，可谓对教学思维的思维。另外，教学反思的根本特征是教学问题意识，教师的教学反思是以解决问题的思维方式去思考教学的。教师进行教学反思时，是用怀疑的眼光，批判性的分析、推理、判断去发现教学问题、解决教学问题的一个过程。这是一个能真正促进教学思维的教学认知加工活动。因此，教师加强教学反思实践是促进教师思维的根本途径。

（一）真正认识教学反思很重要

认识是行动的基础，也是行动的先导，而且行动自始至终都会受到认识的制约。教师能否加强教学反思实践，很大程度上就看他（她）对教学反思有没有真正的认识，包括对教学反思实质的理解，对教学反思在教学思维发展方面的重要性的认识。从实质上看，所谓教学反思，就是教师为了提高教育教学水平，积极主动地对已经发生或正在发生的教育、教学活动以及这些活动背后的理论、假设，进行积极、持续、周密、深入、自我调节性的，而且是力求发现并解决其中的教学问题的审慎的、执着的思考。而教师能否真正认识教学反思的这一实质，决定了他（她）会不会进行教学反思。

（二）教师教学反思要有专业引领

现如今，大部分教师是会进行教学反思的，但仍有部分教师是不会这样做的，甚至是经验丰富的老教师也未必都能有效地进行教学反思。如果要切实加强教师的教学反思实践，就要引领教师进行教学反思。

（三）开发教师心理资本非常必要

著名组织行为学家、美国前管理学会主席弗雷德·鲁森斯于 2004 年在积极心理学运动的影响下，提出积极心理资本的概念后，作为不同于经济资本、人力资本和社会资本而新

提出的资本—心理资本，得到了国内外专家学者的普遍关注和研究。心理资本是符合积极组织行为学标准（可测量、可开发和可用来提高工作绩效）的积极心理能力或要素。教师进行教学反思，要求他（她）持有开明态度、赤诚心和责任心，强烈的成就需要和动机，以及积极情感品质和意志品质等优良非智力心理品质的介入也是不能缺少的。而心理资本中的自信或自我效能感、希望、乐观和坚韧性正是积极开展有效教学反思所需要的优良非智力心理品质。如果我们在教师教育与培训、教师管理与激励等方面能充分开发并利用好他们的心理资本，使广大教师能对自己的教育教学有自信，对教育教学充满希望，乐意为不断提高自己的教育教学水平而坚持不懈地进行教学反思。这样，教师的教学反思能力和水平就会得以不断提高，其教师思维水平也就会相应提高。因此，开发教师心理资本对促进教师思维是非常有必要的。

（四）建立教学反思激励机制才有长效

人有本能行为，但更多的是习得行为，即受环境和教育的影响学习得来的行为。而特定行为的出现往往需要激励。激励是引导人们作做出特定行为而不是另一种行为的力量的组合。这样看来，要引导教师的教学反思行为恐怕不能没有激励。而且，由于教师的教学反思是艰辛的、复杂的，需要以系统学习掌握好扎实的教师知识为基础的；需要有良好态度和责任心，全身心投入进去的；需要审慎地、执着地、绞尽脑汁地发现教学问题、分析和解决教学问题的艰辛劳动过程，完成这样复杂而又艰巨的劳动任务的行为更是少不了激励。

六、主体性教学理念中包含的教学思维

（一）教学思维的概念界定

思维在认识过程中处于最高的阶段，它是基于感性认识的基础上，又加之深刻的理性分析，来得到关于认识对象的本质与内部发展规律的。

教育思维是关于教育的思维，是以"教育"为对象，基于实际经验以及理性的分析来思考的有关教育的问题。那么，可以先设想一下，以"教育"为对象的话，它的思考应该会包括：教育是什么，对教育的认识与理解应该包括什么；认识了教育以后，接下来该怎么做教育。这是两大重点思考的问题，从这两方面来分析教育思维的话，可以看出教育思维是关于教育是什么，教育应该怎么做的两大基本问题的思考。对于"教育是什么"的思考，其实就是人们对教育的基本目标与具体内容的认识与看法，究其本质这是一种教育观。对"教育怎么做"的思考，其实是在想教育这种特殊的认识活动的具体实现方法，也就是具体的操作思路。因而，教育思维，是对教育的思考，是基于感性认识与实践，又加之理性认识与思考而得出的，它的实质性内容主要包括教育观和教育观的引导下所演绎出

的具体的教育操作思路，教育思维就是这两者的统一。

教学思维是包括在教育思维内的，在具体的关系中，教学思维是隶属于教育思维的一个概念。因此，对教学思维的认识与理解是基于对教育思维的认识与理解之上的。对教学思维，刘庆昌教授是这么认为的，他认为教学思维是一种教学观以及这种教学观指导下的教育操作思路的综合。[1]因而，我们要从主体性教学理念中挖掘教学思维，就应该先提取在这种教学思维中所包含的相应的教学观以及这种教学观指引下的具体的教学操作思路。

（二）主体性教学理念中包含的教学观

要发现主体性教学理念中的核心教学思维，首先应该明确主体性教学理念下的教学观。教学观，总的来说是人们对"教学应该是什么样的一种教学"的看法与观念，主体性教学理念中包含的教学观就是基于主体性教学理念的核心内容而总结出来的关于教学应该是什么样的观念。因此，在分析主体性教学理念中包含的教学观之前，需要对主体性教学理念的核心内容予以归纳。

1. 主体性教学理念的核心内容

主体性教学理念区别于其他诸如对话教学理念、生命化教学理念等教学理念的显著特征是其"主体性"，"主体性"可以说是主体性教学理念的核心。主体和主体性都属于哲学概念，主体是指实践与认识活动中的实践者、认识者或行为者本身，马克思曾说过，只有将现实存在的人作为主体才能谈得上主体性。对主体性的认识与理解学术界众说纷纭，有的学者认为人的主体性就是指人在对现有的生活充满疑惑或不满的情况下，重新去追求与创造新的生活、新的生命的意义，在此过程中，其自我意识和自我行为都有了一个新的变化；还有的学者认为正因为人具有主体性，所以人才能与其他生物区别开来，只有人才具有这种认识与行为上的自主性、特殊性，有属于自己的、合乎自己意愿的行为与处事能力。马克思的理论是这样说明主体性的，它认为人的主体性是发生在具体实践中、主客体的相互关系中的。有学者认为，主体性主要是指作为认识与实践的主体的人。[2]有的学者认为，在教育过程中，要注重学生表现出来的积极能动性、独立自主性和创造超越性。[3]

主体性作为一个哲学概念是存在于主体与客体的相互关系中的，表现为自觉性、能动性以及更高层次的创造性。马克思认为主体性是人作为活动主体所具有的共同属性，那么在人类特有的社会活动——教育活动中，主体性也必定占据重要位置。培养有主体性的人，是主体性教育的根本宗旨。王策三先生是这样认为的，他认为一直以来，人们对马克思所讲的人的全面发展的理解，主要是理解为人要在德智体美劳各方面都得到发展，其实追究人的全面发展的实质意义，即培养能得到全面发展的人，而要使人能够全面发展就要

① 刘庆昌. 论教学理念的操作转换. 当代教育与文化，2009(1)91-96.
② 黄崴. 主体性教育论纲[J]. 教育评论，1997(4)16-18.
③ 王道俊、郭文安. 关于主体教育思想的思考[J]. 教育研究，1992(11)4-6.

发展人的主体性，主体性是全面发展的人的根本特征。① 由此可见，主体性教学理念的核心内容就是"人"的主体性的培养。

2. 主体性教学理念的核心教学观

主体性教学理念的提出背景是"人是主体性教学活动的出发点与归宿点"，作为独立的个体，拥有主体性的"人"是主体性教学理念关注的重点。正如《学会生存》中提到的，未来学校教育的学生必须成为"他所获得的知识的最高主人，而不是消极的知识接受者"。②

解放学生的个性，倡导学生的主体性，培养具有独立人格、自主意识的个人，使个人在个体的发展中作为主体而存在而发展，这是主体性教学理念的主题与培养目标。主体性教学理念虽然是一种关于教育的理念，是在特殊的社会活动即教育活动中的理念，但是这种教学理念注重的不仅是教学活动中的"学生"，而且是作为一个独立个体而存在的，并且最终要走向社会的"学生"。从长远来考虑，学校教学活动培养的是全面发展的学生，但这些学生迟早是要走向社会独立生存的个体。主体性教学理念中包含的教学观就不仅是关于教学是培养怎样的学生这样的简单，而是教学应该是培养怎样的人的观念。

由主体性教学理念的核心内容——"人"的主体性的培养，主体性教学理念认为，教学就是应该培养与发挥学生的主体性，因此，也可以发现主体性教学理念的核心教学观就是要培养学生的主体性使学生在社会历史活动中具有自由个性以及主体意识。

（三）主体性教学理念中包含的教学操作思路

在明确了主体性教学理念所包含的教学观以后，可以继而思考到这种教学观所支配下的教学操作思路，教学操作思路就是教学如何实现的思维路线。

主体性教学理念的根本宗旨就是培养学生的主体性，这种主体性不仅是学生在教学活动过程中的以及在社会历史活动中的主体性，一个人要想得到完善的发展，那么他必须在两个方面都有所提高，一个是意识方面，也可以说是思想方面。另一个就是能力，也可以说是行动方面，在达到思想与行动完美的结合以后，他的改变与发展才可以说是健全的、全面的。主体性教学理念所包含的教学观就是培养学生的主体性，那么在具体的教学操作上应该以主体性为根本，以思想与行动为两个维度，具体表现为：唤醒与培养学生的主体意识、锻炼与发展学生的主体能力。

1. 唤醒与培养学生的主体意识

主体意识是指"人"作为一个可以独立自主的主体而具备的一种自我意识。这种意识是一种自觉的、自主的意识，是人对于自己所应该占有的主体性地位，所应该具有的主体能力，所有必要实现的主体价值的一种意识。人应该意识到自己是一个独立的个体，在与

---

① 王策三.教育主体哲学刍议.北京师范大学学报（社会科学版），1994（4）10-11.
② 联合国教科文组织国际教育发展委员会编著，华东师范大学比较教育研究所译.学会生存——教育世界的今天和明天[J].北京，教育科学出版社，1996（6）200.

周围客观世界相处时可以占据主导地位，可以实现自主与主动的交往。

学生的主体意识是作为一种观念而存在的，主要指学生明确地知道自己是作为一个独立自主的个体而存在的，自己可以积极自主地与周围世界相互交往。学生在教学活动中是认识的主体，学习的主体，是交往的主体，只有激发出学生的主体意识才能使学生真正作为一个独立的个体来参与到教学中去。学生主体意识的唤醒与培养需要利用学生学习兴趣来激发，兴趣是激发学生学习与参与的积极性、唤起学生主体性的良药，学生只有对学习、活动感兴趣才会主动地学习与参与。因此，在具体的教学操作中要注重激发不同的学生的不同兴趣来唤起学生的主体意识。学生主体意识对学生主体性的培养非常重要，只有唤醒和培养学生的主体意识，才能使学生真正积极主动地参与学习过程以及促进自身的发展，这为他们主体性品质的培养提供了思想上的基础与条件。

2. 锻炼与发展学生的主体能力

学生的主体能力是指学生能够以主体地位存在与发展，在面对客观世界时，能够积极自主地认识、理解、改造以及反思，能够很好地控制自身的发展，使自身的主体性品质得到更高层次发展的能力。

学生的主体能力是学生在有了主体意识以后，面临客观世界做出的必然回应。作为学生要使自己的主体性品质得到发展，光有主体意识是不够的，还需要有与之相对应的主体能力，有能力去把握自己、把握客观世界、把握与人的交往才有能力去充实与发展自身的主体性。教学是一种"教"与"学"充分互动的活动，学习是一种再创造的过程，学生的学习需要有再创造的能力，而创造对学生的主体性有很大的要求，只有具有主体性的人才能实现超越与创造，这就要求学生要具有主体能力。锻炼与发展学生的主体能力最好是在具体的教学活动中鼓励学生去多参与活动，要鼓励与调动学生参与教学的全过程，给予充分的发挥空间，锻炼学生自主探究、主动归纳与分析的能力，发展学生自主动手、自主思考的主体能力。可以多设置合作学习的机会，引导学生积极参与合作学习，在合作的过程中不仅可以激发学生的主体意识，更能通过合作学习的方式产生学习兴趣与主动参与学习过程的愿望。这就为学生主体能力的锻炼与发展提供了适切的机遇。

因此，可以看出，主体性教学理念中的核心教学思维就是在以培养学生主体性为根本宗旨的指引下，唤醒与培养学生的主体意识，锻炼与发展学生的主体能力。

（四）主体性教学理念中内含的教学行为

主体性教学理念中内含的教师的教学行为受到主体性教学理念中挖掘出来的教学思维的指引，核心教学思维规定了主体性教学理念中的核心教学观以及教学操作思路。根据核心教学思维，主体性教学理念旨在通过唤醒与培养学生的主体意识、锻炼与发展学生的主体能力来达到对学生主体性的培养。这就要求教师的核心教学行为应该围绕这些方面来进行。因为教学活动是一种教师与学生在特定的教育场所进行的一种实质性交往的活动，如果将主体性教学理念贯穿于这种教学交往活动中，那么教师的教学行为可以分为两个层面，首先是教师作为"引导者"这一主体，对学生在教学活动中的思想与行为进行"启发与引导"，并帮助、指导学生自主建构所学的知识。其次，教师也是教学活动中的一个很重要的主体，教师作为主体更应该尊重与注重学生的主体性。在教学活动中，要多注重"对话与交往"，与学生主动交往、互相理解、平等对话，达到师生共同发展。

1. 教学行为的内涵及其重要性

教师的教学行为是课堂教学的首要行为，教师教学行为的有效与否关乎教学效果的好坏。教师的教学行为操作场所是在教学活动中，那么它所面对的是受教育者，也就是每个作为独立个体的学生。教学行为的最终目标是为了完成规定的教学任务，包括相应阶段的教材内容以及不同阶段学生的心理、道德各个方面的塑造。而教师的教学行为一般是在一定的教学思维指引下进行的，因此，教师教学行为可以理解为教师在具体的教学过程中，为了完成预期的教学任务、促进学生的全面发展，在具体教学活动中，基于自己所持有的教学理念对教学中的诸多问题处理时所采取的具体的教学操作行为与方式。

教学理念的提出并不是单纯从理论上生成的，而是根据一定的教学实践而提出的，是通过对当前教学实践的审视与反思而提出的一种以改进当前教学的理想的教学观念。一种理念要想转换成实践，中间必须经过一些行为上的操作，这种行为上的操作势必将理念作为思想指导，将实践作为最终目标。教学理念向教学实践的转换是通过教学活动来进行的。在教学活动这种行为操作中，教学理念向教学实践转化的关键是教师，因为教师是教学活动的组织者、领导者，而教师作为一种主观的人，他所对应的就是在具体的教学活动中相应的教学行为。可以这么说，教学行为作为教师在教学活动中的主要行为，它对教学理念转化为教学实践这个过程起一个过渡或者说是桥梁的作用，教师的具体教学行为影响着教学理念的落实。基于这样的推理，教师在教学理念向教学实践的转换过程中责任重大，所以要想真正实现教学理念的实践意义，教师必须积极、准确地掌握教学理念，面对新的教学理念适时调整教学行为，才能更好地落实教学理念。

伴随着社会的不断发展，人在生活的过程中对自己所处的自然与社会环境以及自己本身与周围的他人都有着自己的理解，会形成一定的思想、观念。理念作为一种思想观念，是具体行为的依据，如果理念不转变，行为就没有了转变的指引。但是，只是理念的转变是不够的，理念是行为的依据，在理念转变以后，必须有相应的行为转变，这样才能使理念真正落实到实践。许多教学工作者对教学理念都已经理解与认同，但是在教学实践中并没有彻底地落实，这就是因为虽然有了教学理念但是对教师的教学行为在这种教学理念应该如何改变没有清晰的看法。因此，教师的教学行为在教学理念向教学实践转换中起着桥梁作用。

2. 启发学生思维与引导主动学习

"启发"通常意义上是指通过启发人们的思想，使之领悟。朱熹注："启，谓开其意；发，谓达其辞。""启发"重在"发"，是指通过一定的方式讲解与阐述事理，促使对方独自思考、领悟。"引导"是指通过一定的手段或方法去带动某人某事向着特定的目标发展。教师的"启发引导"行为就是指教师通过具有启发与点拨特色的教学方式来指导学生自己发现、独立思考，并引导学生进行主动学习。

一直以来，教育的本质被传统的教学理念认为只是一种单纯的"传授"过程。"授"是教师的本职工作，教师的教学工作就是通过以课本为基础的传授与讲解，对学生的行为，甚至是思想实行一定的干预或一定范围与程度内的控制。"受"是学生在教学活动中的任务，学生只是一种接受知识并把知识反映在试题中的容器，学生在课堂上只能不断地接收知识的填充、挤塞和灌输。这种传统意义上的授受过程，藐视了学生作为人而存在的主体性，而且把教师也只当作一种传授知识的工具，师生之间完全是一种被动的关系。在主体性教学理念的指导下，这种单一的师生之间的授受关系是很不合理的，因为学生的学习、学生对知识的吸收并不能单靠教师的传授来完成，学生不是一个被动的接受体，而是一个能够自主思考的主体，学生的学习必然要求教师的引导与一定程度的讲授，但是还应该积极地自主建构知识。

教学活动对学生而言是一种社会实践活动，那么在这个活动中，学生作为一个独立的个体，他有权而且有能力通过自己的主观能动性来实现自己的目的。外部的条件包括教师的教学对学生这一个体来说都是外部条件，这就如哲学上说外因需要通过内因而起作用，所以，教师的灌输是不合适的，教师应该而且只能间接性地对学生进行思想上的启发与价值行为上的引导，只有帮助学生去自主地建构自身的精神世界，自主地吸收内化知识，才能达到良好的教学效果。为满足学生的发展需求，培养学生的主体性，现在的课堂教学应该是因人施教的教学，不再是单一的、统一的教学。教学目标应该向多样化发展，不仅满足整体学生的发展水平，也应该关注学生个体的个性发展。教学内容有一定的标准，但是可以通过课程的设置达到多样化发展的需求，在统一课程的设置基础上可以增加不同的选修课程，使不同的学生的特长与爱好得以充分发展，这将有利于学生主体性的培养。在教学方法与手段方面，教师应推广启发式、合作式等新型的利于发挥学生的主体性的教学手段与方法，通过这些不同的手段来调动学生学习的积极性与主动性。打破以往教师讲、学生听的单一枯燥的教学形式，实现生动活泼、积极参与、互动交往的课堂教学，解放学生的思维，让学生自己动脑、自主学习、积极参与。

主体性教学理念对教学活动中教师与学生的看法是，学生是而且必须是学习活动的主体，而作为学生学习的启发者、引导者的教师应该是在学生的学习活动中起促进与推动作用。具体到教师的教学行为上，第一，教师应该自己确立并且引导学生认识到教育所要培养的人是怎样的人。这是教师要给予学生的一个重要的引导。只有当学生明确了这一主要方向以后，才能有目的、有指引地向前发展。按照主体性教学理念的要求，教师应该引导学生明确教育应该培养的是一个有主体性人格的人，使学生自主地发展，利于学生主体性的发挥。第二，在教学活动中，要选择适合学生自主性与独立性发展的教育活动方式。教师教学应该灵活，尊重学生教育过程中自主活动的自由，使学生在教学活动中保持充分的自主状态。第三，教师应该为学生创设良好的，适合学生主体性发展的教学活动情境。教师应该对学生有充分的了解，研究不同学生的不同兴趣爱好，鼓励学生自主地建构自己学习的方式方法，努力创造一个自由平等的、科学民主的教学情境，在这一过程中帮助学生自己成长，自己发展。

3. 友好对话与互动交往

主体性教学理念认为教学活动是一种主体与主体进行对话与交往的教育活动。教师和学生都是可以独立自主的主体。教师应创设利于学生主体性发挥的教学环境，发展与学生间的和谐关系，创设宽松、接纳的课堂氛围。在主体性教学理念的指引下，教师在教学过程中应该注重积极地和学生进行交流，尊重学生之间的交流，这样就会创造一种师生彼此沟通与合作、互动与交往的课堂教学过程。教师的任务不仅是要向学生传递知识，而且还要尊重学生的主体性，给予学生自由发挥的空间，鼓励学生积极创新。教师不仅要教授学生知识，还要积极与学生交流与沟通，多注意教师与学生之间、学生与学生之间的相互交往与合作，在这种相互的交往中共同成长。师生、生生之间的这种互动交往的教学过程，有利于培养学生的主体性。

教学活动中，教师与学生的对话交往是一种非常重要的教学行为。这种对话并不是指一般意义上的人与人之间最普通的对话，这里的对话与交往指的是在教学活动这一特殊的社会实践活动中教师的一种教学行为，这种对话并不是毫无意义的，无关紧要的，而是教师以教学内容为相对的客体，与学生进行的平等的、民主的、相互沟通、相互理解的，以完成特定的教学目的、培养学生的主体性品质为基本目标的一种对话与交往。第一，教师这种对话与交往是一种与学生平等的交往。教师要注重自己的教学行为，摆脱以往灌输的方式，与学生进行自主的对话与交往，在这一过程中，将教学内容通过这一方式使得学生自主地吸收，自己内化。第二，教师这种对话与交往是一种与学生相互理解与相互沟通的过程。教师在具体的教学活动中要尊重学生的观点，彼此友好地探讨，在教学方法的运用上，为了培养学生的自主性，教师应该注重学生的积极思考和相互交流，组织各式各样的教学与学习活动，让学生发挥主体性，在学习中学会自主地学习，自主地思考。第三，教师这种对话与交往是一种推动学生不断进步，勇于创新的过程。教师的教学行为对学生是非常重要的，教师在对话交往中如果注重对学生进行点拨，以探讨的方式激发学生的思维发展，使得学生有新的突破，这就有利于学生创造性的发展，为学生主体性的发展提供支持。

学校课堂教学生活开始日益关注对学生知识与技能的培养，反而忽视了学生直接经验和现实生活，造成课堂教学生活逐渐远离学生的现实生活世界，这严重影响了学生主体性的发展。所以教师应该不只是向学生传授知识，而且要关注学生的现实世界，与学生主动交流与对话，理解学生的心理世界与现实世界。无论是在社会发展中还是教育活动中，学生的课堂教学生活都或多或少与其现实生活经验有着紧密的联系。只有将现实生活与课堂教学生活很好地结合，学生才能够比较充分地发挥自身的主体性，实现个体的全面发展，从而形成良好的主体性品质以及完满的人格。教师的对话交往这一教学行为旨在通过教师与学生的作为主体与主体之间的对话与交往，来达到在这样一个共同探讨、和谐友好的教学活动中促进学生主体性的发展。同时在这一过程中，不仅能够促进学生的发展而且对教师的发展也是有利无害的，在这一对话交往过程中，师生会达到共同认识与理解，共同发展与创新的效果。

4. 创设轻松的教学环境

一个良好的、适应于学生学习的教学环境是能够给予学生自由思考的、能够调动学生学习兴趣的、能够启发学生创新思维的环境，是培养学生主体性尤其是创造性的重要途径。

主体性教学理念旨在培养人的主体性，使人的自主性、能动性与创造性得到自由的发挥。既然教学是在一定的教学活动中完成的，那么这种教学活动中所应有的教学环境对学生的培养十分重要。依据主体性教学理念的要求，教师应该在教学中积极主动地创造适应于学生身心发展、年龄特征与学习阶段的教学环境。教学活动中的教学内容在一定程度上是有所规定的，但是教师的教学行为是可以根据教学情况而改变的，教师应该在教学活动中创设与教学内容相关但又不局限于教材内容的教学环境，促使学生投入一定的教学环境中，在生动的、真实的教学环境中激发学生的学习动机、唤起学生思考与创新的欲望，使得学生在一个充满挑战性与真实性的教学环境中不断发展自我的主体意识与主体能力。只有给予学生一个能够充分自由思考的时间和空间，才能使学生在这种轻松的教学环境中达到学思结合的效果，而这种学思结合的学习正是学生自己思考、主动学习的表现，这样就能够培养学生的能动性与自主性，在学生的能动性与自主性得到发挥以后，学生会不断地进行思考与创新，在一个没有固定答案的约束与思考范围的限制的教学环境中，学生的创造性便会得到充分的发展。如此一来，这样轻松的教学环境自然是学生主体性培养不可或缺的一部分。

同时，创设适应于学生的教学环境也符合教育的目的与学生的基本学习需求。比如，建构主义学习理论就十分强调学生对知识的自主建构，它认为学习是学生主动地建构活动，学习应与一定的情境相联系。那么教师创设出一定的教学环境使学生的学习不是在枯燥的讲授环境中进行，而是在生动的、适应于学生学习的教学环境下进行，那么就可以使学生通过学习书本上既有的知识并且加之自己的经验与创新来完成知识的建构。通过学生自己内化与组织的知识，会深刻地停留在学生的脑海中，同时可以更好地完成教育的目的，使学生不仅获得知识还可以理解教学内容中的情感教育与价值教育。因此，可以这么认为，创造良好的教学环境能够激发学生的学习兴趣与积极性，利于学生的学习与学生主体性的发展。

（五）主体性教学理念操作转换对教师专业素质的要求

主体性教学理念认为在教学行为方面要求教师根据主体性教学理念相应地做到"启发与引导""对话与交往"。这就将意识领域内的理念转换到具体的实践领域内，在教学行为上给予了教师实质性的指导，使得教师对主体性教学理念不再只是意识层面的了解，而是明确了在具体的教学实践中如何对其进行操作。然而，当主体性教学理念的核心教学思维所引导的教学行为日益明确之时，并不是主体性教学理念可以顺利地通过教师的教学行为转换为教学实践之时。在从主体性教学理念的核心教学思维中提炼出主体性教学理念的核心教学行为后，对核心教学行为对教师专业素质的要求的分析还很有必要。

无论是哪种教学行为对教师都有一个共同的素质要求，即教师所应该具备的教育信念与教育智慧。分析主体性教学理念指引的核心教学行为对教师专业素质的要求。

1. 教育信念与教育智慧

教育信念对教师来说很重要，它是教师教学行为有效实施的重要保障，只有具备积极的、理性的教育信念，教师才会有不断调整与改进教学行为的动力与信心。

教师的教育信念具体表现为教师在教学活动中所持有的教学理念。主体性教学理念要求教师首先理解、认同、内化主体性教学理念的相关理论与实践内涵，在掌握了主体性教学理念后，教师应该以此理念指导教学工作。在教学过程中，教师首先应该认同教育的目的应该是培养人的主体性，培养一个有自主意识、有创造能力的社会个体。其次，教师应该尊重学生的主体性，在教学活动中，充当学生学习的引导者而非领导者、推动者而非强迫者，以此来确立学生在其整个学习过程中的主体地位。教师只有具备了这样的教育信念，才能在思想上认同主体性教学理念，才能在教学实践中真正贯彻这种教学理念，并通过相应的教学行为使主体性教学理念真正落实到教学实践。

教师教学行为的有效实施的另一个保障就是教师需要具备教育智慧，教育智慧具体表现在教师的认知与实践能力方面。只有具备教育智慧的教师才能在教学行为上真正贯彻与落实主体性教学理念的核心要义，才能促进教师教学行为的不断改善与发展。教师的教育智慧集中表现在教师的认知与实践能力方面，教师应该具有很强的认知力与准确的判断力、丰富的想象力与创造性思维，对教学理念、学生情感、学习态度等有准确的掌握，在实践层面，教师应该有面对不同的学生、不同的教育现象与问题选择适当的方法策略的能力。

主体性教学理念下教师的教学行为对教师教育智慧有很高的要求。首先，在认知层面，有关"主体性"的内涵、表现，以及如何培养与教育等方面的专业知识与理论体系是教师所需具备的一种智慧。对主体性、主体性教学理念有充分的认识并内化为系统的教学体系，能够准确地感知到教学理念背后的有效教学信息以及不同学生表现出来的学习状态，这就要求教师要具有敏锐的感觉与准确的判断力，面对不同的学生，要在特定的有效的关怀下去体会与感知不同学生的主体性发挥所面临的问题及其实现条件。其次，在实践层面，教学策略的有效合理的运用是教师教育智慧的重要表现。如果一个学生连最起码的自主性与能动性都没有积极发挥出来，那么教师就应该尝试运用教学手段或者进行思想教育来鼓励学生自主地思考、自由地提问，同时应该创设一定的问题情境让其主动地解决问题。而要达到学生主体性的发挥与发展就要求教师运用自己的教育智慧，采取独特的有效的教学策略来激发与培养不同学生的主体性。

2. 教师的观察力与应变力

"启发与引导"是对学生思想、理解力、学习动力等方面起的一种启蒙作用，并引导学生主动发现、自主学习，对不同的学生有不同的启发点与引导方向。每一个学生都是一个拥有自主性、能动性与创造性的独立个体，每个学生都有自己对学习的认识以及特殊的发展潜力，有的学生缺乏学习动机，有的学生没有掌握学习方法，还有的学生没有学习目标等等，这就要求教师对学生要给予关注，要有敏锐的观察力。主体性教学理念着重强调学生的主体性，那么不同的学生主体性表现也不同，教师不能用"一锅煮""一刀切"的方法来指导学生。这就要求教师具有敏锐的观察力、灵活的应变力。

首先，教师的观察力在教学过程中表现为对学生的学习以及交往的观察。要时刻关注学生在学习方面遇到的问题，如果一个学生没有好的学习方法，教师不应该主观臆断地为他提供方法，而应该启发学生根据自身的特点，比如记忆力的好坏、理解力的高低来逐渐发现适合自己的学习方法。同时，还应该避免教学活动唯"学习"的片面观点，在关注学生学习的同时对学生在教学活动的交往问题也要关注。如果一个学生与其他同学或老师缺乏应该有的交往，那么不仅会影响到他的学习还会影响到他主体性的发展。教师应该对那些与老师同学缺乏交往的学生，引导他们主动表达自己的内心世界，主动与人交往，通过交往不断完善自身的主体性品质。

其次，教师应该具有灵活的应变能力。教师面对的是复杂的教学活动，教学活动中充斥的复杂性、不可预知性都要求教师具有灵活的应变力。在具体的教学活动中，教师面对的是一个个有独特个性的学生，那么理所当然，这些学生在教学活动中会出现一些不同的、不可预知的问题。在教学中，面对学生的不同提问与答案，教师有时不能统一地给予解答以及简单进行对错的判断。在学生面对同一问题提出不同的想法时，教师应该给予不同的意见，鼓励学生创新，鼓励学生独立思考而不是人云亦云。在交往过程中，面对学生之间突发的各种状况，教师要灵活地处理，既不能不管对错地支持也不能打击学生交往的信心，应该予以相应的交往技巧的引导，在维护学生尊严与尊重学生主体性的前提下处理好问题。

3. 教师的对话与交往能力

"对话与交往"是与学生进行一种主体与主体之间的平等的对话写友好的交往。教师与学生的交往不仅是教学活动中不可避免的活动方式，而且是重要的教学方式，在交往中相互促进、相互发展是教师与学生交往的宗旨。在主体性教学理念指引下，教师与学生的交往是在尊重学生主体地位的基础上，互相独立于对方又互相影响对方的交往活动。教师不仅需要抛弃以往权威式的、不可接近的形象主动地去与学生进行友好的交往，还要注意运用对话技巧来达到交往的目的，同时教师还需要具备交往的能力。

首先，"对话"在教师的教学活动中占据重要地位，教师的大部分时间都是在和学生进行一种"对话"。主体性教学理念重视学生主体性的培养，那么教师在与学生的对话中要注意尊重学生的主体地位，并注重其主体性品质的培养。在课堂教学中，教师应该多运用启发的对话方式引起学生的主动思考，运用探讨的方式促使学生给予不同的讨论结果，发挥学生的想象力，培养创造思维。而不是用一种权威式的对话来带领学生进入自己规划好的教学程序，这样会压抑学生个性的发挥，减少学生主动探讨、主动交往的机会，不利于学生主体性的发展。

其次，教师要求有一定的交往能力。交往虽然是人特有的一种行为方式，但是交往能力直接影响交往的质量。教师与学生的交往是处于教学活动中的特殊的主体与主体之间的交往，教师应该尊重学生的主体地位，与学生站在平等的地位相处。在交往过程中注意学生的主体性发挥，使学生敢于而且愿意与教师进行交往，不再是害怕与躲避。在与学生交往的过程中会发现不同的学生有不同的主体性，针对这些特殊性教师应该引导学生进行不同的训练，鼓励学生积极参与到教学活动中，并引导建立不同意义的交往群体。

4. 教师创设教学环境的能力

创设适应学生认知水平、身心发展水平的教学环境是教师在教学活动中的重要教学行为。那么教师的这种教学行为对教师的教学能力就会有一个新的要求，那就是要求教师具备这种创设教学环境的能力。

首先，在认知方面，教师需要对学生的认识水平、发展特点、学习特点等进行了解，通过对学生的充分认识来创设一种对学生各方面发展有利的教学环境。在具体的课堂教学中，要设置一些可以激发学生学习兴趣与探究的问题，尽量给予学生自己多思考的空间，这样就有利于引导学生去自主探究。只有这样，才能调动学生的积极性，打开学生思维的大门。在主体性教学理念的指引下，教师会注重学生的主体性品质的培养，那么面对较低阶段的学生，教师要注重对其主体意识的激发。在创造教学环境中注意为学生提供一种轻松的教学情境，利于学生在轻松的氛围下自主思考与交流，在创设问题情境时注意问题的开放性，利用生动形象的故事等提供给学生创造性发挥的空间。对于较高阶段的学生，教师应该创设一种有助于学生自主学习、自主思考、合作交流的学习氛围，尽量让学生在自我思考的基础上完善自己主体性品质。

其次，在操作方面，教师要具备创设教学环境的能力。这不仅要求教师明确学生适应于哪种教学环境，还要求教师能够根据学生的特点与主体性教学理念的要求合理地运用教学技巧创设相应的教学环境。在具体操作过程中，如果教师要创设一个问题情境，那么就应该使问题的呈现十分清晰，不仅要紧紧围绕教学内容还要注重学生的主体性的发挥。不仅要给予学生答案的讲解还要对学生的不同解答做出相应的鼓励与建议。学生的主体性包括自主性、能动性与创造性，在创设问题情境时要注意这些特性的培养，创设的问题必须具有开放性，能够激活学生自主思考的思维，能够促使学生创造性地进行回应，这样才能在具体的教学环境中，培养学生的主体性。

第五章　核心素养背景下课程建设

第一节　构建素养本位的学校课程

一、确立素养取向的课程目标

课程是育人的载体，学校课程建设关系到核心素养的落地生根。基于核心素养的学校课程体系建设，是核心素养育人目标的必然要求。由于核心素养是具有系统性、整合性的素养体系，因此学校要建立与核心素养体系结构相适应的课程结构体系，实现育人过程与育人目标的契合，真正使核心素养在学校课程中得到落实。[①]

学校课程是一个国家或地区的教育系统中实现其教育目标的重要载体，因此，要实现对学生素养的培养，通过课程改革将这些素养融入学校课程体系中，就成为落实这些素养的重要途径。

我国从 2001 年启动基础教育的课程改革，一个基本的标志就是从"双基"走向"三维目标"。我国学者崔允漷认为，从"双基"到三维目标，再到核心素养，这是从教书走向育人这一过程的不同阶段。[②]

（一）课程目标的意义与功能

课程目标可以理解为"学生学习所要达到的结果"。[③] 由于课程本身可以被理解为"使学生达到教育目的的手段"，确立课程目标，不仅有助于明确课程与教育目的的衔接关系和课程编制工作的方向，而且有助于课程内容的选择和组织，并可以作为课程实施的依据和课程评价的准则。[④]

1.课程目标与培养目标

加拿大政治学家麦克唐纳曾指出，教育目标的功能因为目标水平的不同（宏观、中观、微观）而有所差异，一般来说，教育目标有一个由泛化的价值取向，逐步走向具体

[①] 杨志成.基于什么逻辑变革：核心素养的校本化实践逻辑[N].中国教育报.2017-4-26.

[②] 教育论坛.核心素养如何转化为学生素质[N].光明日报.2015-12-8.

[③] 廖哲勋，田慧生.课程新论[M].北京：教育科学出版社，2003：144.

[④] 施良方.课程理论[M].北京：教育科学出版社.2000：83.

化、操作化的系列过程。而所有教育期望达到的目的都要以课程为中介才能实现，课程本身也可以被理解为使学生达到教育目的的手段。从目标的概括性、调控范围和具体化程度看，大体可将其区分为：

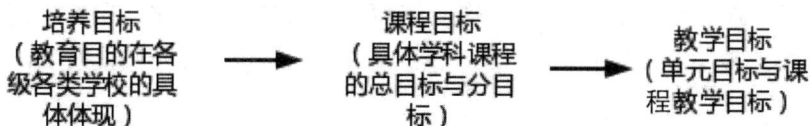

培养目标
（教育目的在各级各类学校的具体体现）　→　课程目标
（具体学科课程的总目标与分目标）　→　教学目标
（单元目标与课程教学目标）

图 5-1　目标区分

2.课程目标与教学工作

目标是人们追求的一种结果，当它表现为一种"社会预期"的时候，它是社会的"价值尺度"；当它成为个体的主观愿望的时候，它是人的自觉活动的"价值追求"。在课程实施与教学活动中，课程与教学目标有助于指导教师进行教学测量与评价，选择和运用教学策略，提示学生怎样学习，对具体的教学活动具有导向、指引、操作、调控与测度功能。

3.课程目标与课程标准

从各国的教学改革实践来看，制定课程标准并实施基于课程标准的教学，已是得到普遍共识的国际经验。"我们应该从基于教师自身经验或教科书的课程实施，走向基于课程标准的教学，即教学目标源于课程标准，评估设计基于课程设计，指向学生学习结果的质量。"[1] 因此，"目标成为教学设计的标准与出发点。通过它，教学材料得以选择，教学内容得以成形，学习指导过程得以发展，评价工作得以准备　　教育目标陈述的目的在于确定学生身上将要发生的变化，以此来设计各种活动并使之指向既定的目标。"[2]

（二）课程改革提出的课程目标

《基础教育课程改革纲要》（以下简称《纲要》）指出，要"改变课程过于注重知识传授的倾向，强调形成积极主动的学习态度，使获得基础知识与基本技能的过程同时成为学会学习和形成正确价值观的过程"。为此，新课程在各学科的课程标准中建构了"知识与技能""过程与方法""情感、态度与价值观"的三维目标。

1.课程目标的"三个维度"

从学生素质形成的角度来说，"三维目标"是基础学力的一种具体表述。第一维目标（知识与技能）指人类生存所不可或缺的核心知识和基本技能；第二维目标（过程与方法）的"过程"指应答性学习环境与交往体验，"方法"指基本学习方式和生活方式；第三维目标（情

---

[1] 崔允漷.课程实施的新取向：基于课程标准的教学[J].教育研究.2009.（1）.
[2] Grant Wiggins，Jay McTighe.理解力培养与课程设计[M].么加利，译.北京：中国轻工业出版社，2003：13.

感、态度与价值观）指学习兴趣、学习态度、人生态度以及个人价值与社会价值的统一。

从学科教学的角度来说，三维目标体现了现代学科自身内在隐含的价值。任何学科的构成总是包含了知识、方法、价值这样三个层面的要素：其一，构成该学科基础知识和基本概念的体系；其二，该学科的基础知识和基本概念体系背后的思考方式与行为方式；其三，该思考方式与行为方式背后的情感、态度和价值。换言之，它囊括了理论概念的建构，牵涉知、情、意的操作方式和真、善、美之类的价值，以及探索未来和未知世界的方略。①

2.“三维目标”的相互关系

知识与技能，过程与方法，情感、态度与价值观是一个相互联系、相互渗透的整体，是一个完整的人在学习活动中实现素质建构的三个侧面。在实际的教学过程中，不应当将它们设计为三个环节并分别操作。事实上，任何有效的知识与技能的获得，都必须让学生亲历一系列的学习活动，去感受和理解这种知识的产生与发展，并从中习得一定的方法和策略，让他们“学会学习”并发展智能，而这些活动，又同时使他们领会到知识与技能的“意义”，体验到积极的情感，习得正确的态度，受到价值观的教育。

值得注意的是《纲要》对“三维目标”的表述：“使学生获得基础知识与基本技能的过程，同时成为学生学会学习和形成正确价值观的过程。”这里，“同时成为”意味着时间上的重合、操作上的结合和结果上的融合。当然，就每个知识点和每堂课来说，目标的设定会有侧重和变化，但这并不排斥我们在一个人的素质形成的整体背景上，去理解和认识我们每堂课的教学要求。

3.“三维目标”是对“学力”的表述

把“三维目标”作为学生的“学力”来表述显然已经从“课程”的角度靠向了“素养”的角度，这种阐释可以帮助我们认识二者的联系。

什么是“学力”？钟启泉教授把它界定为“人的能力发展的核心部分或基础部分”，它属于人的能力范畴，是人的“活生生起作用的力量”，是“主体的、实践的人的能力的基础部分”。“它是在学校这个特定的机构中，在教师的指导之下，由儿童通过语言、符号的掌握以及以这些为媒体有意识、有计划地组织教育教学内容的掌握过程而获得的。”②钟启泉教授把课程目标的三个维度与人的学力构成相对应，有助于我们从课程层面去把握“必备品格”和“关键能力”。

（三）从三维目标走向核心素养③

核心素养较之于三维目标同样也是既有传承的一面又有超越的一面。传承更多地体现在“内涵上”，而超越更多地体现在“性质上”，作为核心素养主要构成的关键能力和必备

---

① 钟启泉.“三维目标”论[J].教育研究，2011（9）.
② 钟启泉.现代课程论（新版）[M].上海：上海教育出版社，2002：257.
③ 余文森.从三维目标走向核心素养[J].华东师范大学学报（教育科学版），2016（1）.

品格，实际上是三维目标的提炼和整合，把知识、技能和过程、方法提炼为能力，把情感、态度、价值观提炼为品格。能力和品格的形成即是三维目标的有机统一。

1. 实现向"以人为本"的转变

从双基到三维目标再到核心素养，其变迁基本上体现了从学科本位到以人为本的转变。双基是外在的，主要是从学科的视角来刻画课程与教学的内容和要求。素养是内在的，是从人的视角来界定课程与教学的内容和要求。三维目标是由外在走向内在的中间环节，三维目标里面既有外在又有内在的东西。相对于双基，三维目标的理论比较全面和深入，但三维目标依然有不足之处：其一是缺乏对教育内在性、人本性、整体性和终极性的关注；其二是缺乏对人的发展内涵，特别是关键的素质要求进行清晰的描述和科学的界定。

这就需要由三维目标走向核心素养，只有从三维目标走向核心素养，才能够实现教育对人的真正的全面回归。

相对于三维目标，素养更具有内在性和终极性的意义。素养是素质加教养的产物，是天性和习性的结合。素养完全属于人，是人内在的秉性，素养使人成其为人，素养决定人的发展取向。教育的终极任务就是提升人的素养（教育价值所在）。素养让我们真正从人的角度来思考教育，定位教育。素养导向的教育更能体现以人为本的思想。核心素养则是素养系统中具有根本性和统领性的成分，是人之为人之根之本。核心素养是素养系统中具有基础性的成分，是人进一步成长的基础和可能，是人进一步成长的内核。关键能力和必备品格是人终身发展、可持续发展的基因、种子和树根。抓住了核心素养也就抓住了教育的根本。

2. 加强学科素养的培育

学校课程主要由"学科"构成，离开学科这一载体，核心素养就难以立足。因此，重视学科素养的培育是学生发展核心素养的题中之义。学科素养既是一门学科对人的核心素养发展的独特贡献和作用，又是一门学科独特教育价值在学生身上的体现和落实。学科素养是学科本质观和学科教育价值观的反映。通过厘清学科素养，清晰地界定和描述本学科对人的发展的价值和意义，体现本学科对学生成长的独特贡献，从而使学科教育真正回到服从服务于人的发展的方向和轨道上来。总之，只有抓住学科素养，才能抓住学科教育的根本。

在学科素养的视域下重建课程是本次课程改革（修订）的亮点。学科核心素养是一根主线（红线），统领着学科课程知识的选择、课程内容的组织、课程难度的确定、课程容量的安排以及课程的实施和学业质量标准的确立，学科素养是课程标准的"魂"，课程标准因此有了"人的身影"，课程标准和学生发展融为一体。学科素养使课程标准的形态从教学大纲（双基）、内容标准（三维目标）走向成就标准（核心素养），即以学生应该达到的素养（成就）作为课程标准的纲领。

学科核心素养是学科和教育的有机融合。从三维目标走向核心素养，是学科教育高度、深度和内涵的提升，是学科教育对人的真正的回归。

3. 推进课程目标"素养化"

就学科课程而言，学科知识只是形成学科素养的载体，学科活动才是形成学科素养的渠道。学科知识是不能直接转化为素养的，简单的复制、记忆、理解和掌握是不能形成素养的。学科活动意味着对学科知识的加工、消化、吸收，以及在此基础上的内化、转化、升华。其中，三维目标中的"过程和方法"起着重要的作用，但是，"过程和方法"毕竟不是素养本身，而是素养形成的桥梁。本次高中课标修订用"学科活动"来统整三维目标中的"过程和方法"以及学习方式中的"自主、合作、探究学习"，目的是强化学科教学的学科性，聚焦学科核心素养的形成。教师在设计和开展教学时必须以学科核心素养为导向，充分体现学科的性质和特点，使学科教学过程成为学科核心素养的形成过程。

情感、态度和价值观在三维目标中最能体现"以人为本"的目标。从学科核心素养的角度来看，我们要强调两点：第一，情感、态度、价值观要体现并聚焦于学科的精神、意义、文化，反映学科之情、之趣、之美、之韵、之神，从而与"学科知识""学科活动"融为一体，这样才能形成学科核心素养。第二，要在"内化"上下功夫，只有把情感、态度和价值观内化为学生的品格，转化为学生的精神世界，使学生成为一个精神丰富的人、有品位的人，情感、态度和价值观维度的目标才有终极的意义，"若失品格，一切皆失。"没有内化为品格，就没有素养的意义。[①]

二、注重全面育人的课程统筹

统筹是科学发展观倡导的方法，是着眼全面、高屋建瓴的一种谋略。我国全面深化课程改革，落实立德树人根本任务的基本原则就是：坚持系统设计，整体规划育人各个环节的改革，融合利用各种资源，统筹协调各方力量，实现全科育人、全程育人、全员育人。坚持重点突破，聚集课程改革的关键领域和主要环节，针对制约课程改革的体制机制障碍，集中攻关，重点推进。坚持继承创新，注重课程改革的连续性和持续性，适应新教育发展的新要求，积极开拓，大胆试验。

（一）课程统筹的整体框架

教育部印发的《关于全面深化课程改革落实立德树人根本任务的意见》提出全面深化课程改革"五个统筹"的工作任务。

1. 统筹小学、初中、高中、本专科、研究生等学段（包括职业院校）

进一步明确各学段各自教育功能定位，理顺各学段的育人目标，使其依次递进，有序过渡。避免有的学科客观存在的一些内容脱节、交叉、错位的现象，充分体现教育规律和

① 余文森. 从三维目标走向核心素养[J]. 华东师范大学学报（教育科学版）. 2016（1）.

人才培养规律。

2. 统筹各学科，特别是德育、语文、历史、体育、艺术等学科

充分发挥人文学科的独特育人优势，进一步提升数学、科学、技术等课程的育人价值。同时加强学科间的相互配合，发挥综合育人功能，不断提高学生综合运用知识解决实际问题的能力。

3. 统筹课标、教材、教学、评价、考试等环节

全面发挥课程标准的统领作用，协同推进教材编写、教学实施、评价方式、考试命题等各环节的改革，使其有效配合，相互促进。

4. 统筹一线教师、管理干部、教研人员、专家学者、社会人士等力量

充分发挥各自优势，明确各支力量在教书育人、服务保障、教学指导、研究引领、参与监督等方面的作用。围绕育人目标协调各支力量，形成育人合力。

5. 统筹课堂、校园、社团、家庭、社会等阵地

发挥学校的主要渠道作用，加强课堂教学、校园文化建设和社团组织活动的密切联系，促进家校合作，广泛利用社会资源，科学设计和安排课内外、校内外活动，营造协调一致的良好育人环境。

总的来说，单项的、局部的改革难以从根本上解决人才培养的问题，必须统筹推进各项改革。五个统筹涵盖了育人的主要方面，将从多个维度系统构建全方位、立体化的育人体系。

（二）纵向连贯的学段统筹[①]

我国教育体制具有明显的阶段性，各学段在课程设置、教学方法、管理方式和学业要求等方面存在较大的差异，而人才成长是一个完整的、循序渐进的过程，如果学段间有效衔接，则能够适应不同阶段学生的认知特点；如果衔接不畅，则可能导致部分学生难以在短时间内适应新学段要求，学习受到影响。要实现学段间有效衔接，不能仅仅拘泥于学段内，有必要穿越学段边界，整体规划和推进课程改革，循序渐进地实现育人目标。

1. 穿越基础教育外部学段边界

一是穿越基础教育与高等教育边界。可行的方式有：支持高校通过举办附中附小、参与特色课程建设、直接指导学科教学等多种形式参与基础教育课程改革，将高校学术优势和研究成果转化为基础教育教学质量和育人水平，探索将大学先修课程纳入学校课程体系，解决高中与大学课程之间缺乏过渡性的矛盾，沟通高中教育和大学教育。2014年3月，中国教育学会启动中国大学先修课程试点项目（Chinese Advanced Placement，简称

① 周晓宇.穿越多种边界，推进课程改革[J].北京教育（普教版），2015（4）.

CAP），首批开发的 8 门精品课程已在试点学校授课。

二是穿越基础教育与职业教育边界。在基础教育阶段开展职业生涯教育，有利于帮助学生确立学习目标，激发学习兴趣，促进学生科学地规划人生发展。当前，有必要在课程改革中通过课堂教学、职业体验、辅导咨询、实地参观等多种方式，将职业生涯教育与学科教育有机融合，促进学生将当下学习与未来发展紧密联系。

（三）横向整合的学科统筹

本轮课程改革高中以分科课程为主。不同学科既相对独立具有不可替代的育人价值，又互相联系共同实现育人目标。在关注学科内课程改革的同时，要穿越学科边界，以课程结构创新为突破口，促进课程一体化建设，实现跨学科综合育人。

1. 探索丰富多样的学校课程结构

本轮课程改革目标之一是改变课程结构过于强调学科本位、科目过多和缺乏整合的现状，体现课程结构的均衡性、综合性和选择性。学校是课程具体实施的场所，最接近学生，最了解学生的切实需求，应该在政策允许的框架内，依据校情、学情，以实现学生全面而有个性的发展为目标，在课程安排、培养模式、教学方式等方面进行探索，构建与育人目标相一致的学校课程结构。《普通高中课程方案（实验）》明确要求赋予学校合理而充分的课程自主权，高中学校拥有了更加广阔和深入的探索空间。

2. 培养穿越学科的综合素养

基础教育是人生的奠基阶段，更应该关注学生认知结构的横向拓展，培养学生将来在某一领域继续深入探索所需要的综合素养，打好广博的基础。

一是注重学科内容的融合。学科是人为划分的，许多学科之间存在着内在联系，许多能力贯穿于各学科学习之中，有必要以能力为线索整合学科内容，促进不同学科之间互为支撑，互为依托。以语文学习为例，可以将自然科学、社会科学内容作为语文学习的依托和背景资料，提高语言综合运用能力，在物理、化学、生物等学科和实践活动中进一步关注学生对学习内容的阅读能力，培养穿越学科边界的母语素养等。

二是注重教学方式的更新。培养穿越学科的综合素养不能依靠学科教学的简单拼合，而要依靠学科教学深度融合。由于知识和能力更加综合化、多元化，因此更需要采用启发式、探究式、讨论式、参与式等行之有效的教学方式，为学生营造独立思考、自由探索、勇于创新的良好环境，提供丰富的体验、合作和探究类学习活动，培养学生从不同的学科视角，通过不同的方法发现问题、分析问题、解决问题，培养创新思维。

（四）凝聚合力的资源统筹

课程资源开发与利用水平是影响课程改革效果的重要因素，义务教育和普通高中各学科课程标准都结合学科特点，明确提出了课程资源的开发与利用建议。随着课程改革的不断深入，人们越来越意识到所有对实现育人目标有利的因素都应纳入课程资源，既包括物质资源，也包括人力资源；既包括教育内部资源，也包括广泛的社会资源。只有穿越资源边界，才能够更好地吸引和凝聚资源为学生成长、成才、成功服务。

1. 穿越基础教育内部资源边界

课程改革以来，学校因地制宜，多渠道、多方式开发和利用课程资源，切实提高了教学效益。但是，由于不同地区、不同学校间存在的客观差异，使得学校在开发和利用课程资源方面并不均衡，有的学校已经建起了"课程超市"，乃至为每一名学生提供了"独一无二"的课程表；有的学校还在探索如何开好课程标准规定的选修课程。为此，有必要在推动基本公共教育服务均等化的背景下，穿越基础教育内部资源边界，建立区域内课程资源共建共享机制。

一是依托学区制，由课程资源丰富的学校牵头，其他学校共同参与建立"学区课程超市"，鼓励学生跨校选修课程，参加读书俱乐部、科技俱乐部等社团活动，既满足不同学生的个性化需求，也使更多学生在共同感兴趣的领域交流研讨，共同提高。二是建立区域资源中心和开放性科学实验室，设置一个或多个学习领域项目供周边学校使用，实现"不求所有，但求所用"的资源共享模式。

2. 穿越基础教育外部资源边界

基础教育课程改革要为学生提供更多选择，促进学生全面而有个性地发展，这就需要提供更加丰富多样、贴近实际的课程资源。为此，有必要穿越基础教育外部资源边界，最大限度地吸引社会资源进入基础教育领域，千方百计地汇聚资源、凝聚力量，为学生积极主动地自主学习提供支持。

首先是汇聚宝贵的人力资源。高校、科研院所、社会机构、民间团体以及民办教育机构等行业中有大批关心学生成长的专家、学者和热心人士，拥有丰富的专业知识和实践经验，建立相应机制，邀请他们共同参与教育教学，服务学生成长，能够与学校教师优势互补，特别是在科技前沿、中华优秀传统文化教育等方面，能收到良好的效果。

其次是聚集丰富的物质资源。"纸上得来终觉浅，绝知此事要躬行"，博物馆、科技馆、图书馆、动物园、植物园等场所拥有内容丰富且直观鲜活的人文、科技和自然资源，非常有利于学生开展探究式、参与式、体验式学习，对这些资源加以课程化开发，为学生提供综合实践活动菜单式服务，能够开拓学生视野，丰富学习资源，转变教学方式，提高学习效果，有利于培养学生的创新精神和实践能力。

三、着眼学生发展的课程实施

"为了中华民族的伟大复兴，为了每名学生的发展"，这是我国基础教育课程改革的追求。课程实施正是着力于学生发展的实际行动。

课程实施是将被采用的课程计划付诸实施的过程。按照加拿大著名课程改革专家富兰的说法："变革是一个旅程，而不是一个事件。"课程实施是课程改革过程中一个最关键、最重要的环节。富兰说："实施的焦点是实践中发生改革的程度和影响改革程度的那些因素。"课程实施是研究"一个预期的课程是如何在实际中运用的"，即课程改革走进了学校，走进了课堂，被切切实实地实行了。

施良方教授在《课程理论》一书中把课程实施归结成两种基本方式：一种把课程实施看成"变革"，另一种认为课程实即"教学"。其实二者是统一的，因为新课程方案的实施，首先要变革课程实施的主体——教师的教学观念、教学策略和教学行为方式。因此，可以把课程实施看成通过人的思想观念和行为方式的变化而实现的教学改革。事实上，只有教师把教学建立在已有的课程计划的基础上，把课程计划作为自己选择教学策略的依据，并寻求能促使学生吸收课程内容的有效的教学方法时，课程才可能得以实施。实施还需要教学活动中诸要素，包括教师、学生、课程内容等的协同作用方能达成。总之，教学与课程是内在统一的，课程实施相当于教学。①

（一）更新教学理念

"教育观念"是对教育问题的具体看法与认识的集合，它包括人才观、质量观、课程观、教学观、学生观等。它既是一种现实关系的反映，也是一种价值追求；既有理论形态和制度形态，又常表现为与实践直接联系的社会心理形态。对教师教育观念的研究表明，教师的教育观念在界定任务和选择认识工具去解释、计划、决策任务中起到了指导作用，因此，教育观念在教师界定行为、组织知识和信息过程中扮演着关键性的角色；教育观念对教师的觉知有重要的影响，教师的观念强烈地影响着他们的教学行为。"教师的教育观念首先要影响其教育态度、教育方式与教育策略，并进而影响其教育行为，最终转化为对学生发展的影响"。②

1. 课堂教学的价值追求

教师对课堂教学的价值追求是他对课堂教学根本意义的认识和理解，它深刻地支配、影响和制约着教师的教学实践活动。完整的、理想的教学应该是外在价值与内在价值、功利价值与非功利价值有机统一起来的过程。教育的理想或者说它的根本价值应体现在：为每名学生一生的幸福做好准备。③

更具体地讲，新课程提出的三维目标，体现了对人的生命存在及其发展的关怀：从人的存在的角度来看，教学的目的在于引领学生寻求个体、自然、社会的和谐发展，引导学生学会生存；从人的生成的角度来看，教学的目的在于引领学生追求智力与人格的协调发

---

① 崔允漷. 课程与教学[J]. 华东师范大学学报（教育科学报），2000（4）.
② 辛涛，申继亮. 论教师的教育观念[J]. 北京师范大学学报（社会科学版），1999（1）.
③ 田慧生. 关于进一步更新教学观念的几点思考[J]. 人民教育，2005（9）.

展，引导学生学会做人。①

2. 课堂教学的活动主体

课堂教学中最现实地活动着的并具有主体意义的人是教师和学生。从工作的角度讲，教师发挥着引领和指导的作用，即通常所讲的"主导作用"；从学习的角度说，学生无疑是践行者和自主的发展者，这即是一般意义上说的"主体作用"。就具体的课堂教学而言，这两方面的"人的因素"，是相互依存的关系，谁也离不开谁，叶澜教授称之为"复合主体"。

学科课堂教学应彰显师生的主体性。学生应该是课堂学习活动的主人，课堂教学过程应是焕发学生生命活力、使学生生命价值不断显现的生动活泼的生活过程。在教学过程中，教师帮助和引导学生根据自己的兴趣、自己的体验、自己的理解，能动地认识和改造知识，赋予知识以个性化的理解，学生的生命活力在这种积极的、主动的参与过程中会逐渐充分地体现出来，进而真正体现出学生在课堂教学过程中的主体性。

课堂教学对教师同样也有着生命价值的意义。课堂教学不应只是仅仅为了学生成长与发展的单向付出的过程，也应该是教师自身生命价值体现和人生完美的达成过程。教师应该热爱学生，热爱生活，热爱自己的生命，与那些充满青春生命活力的青少年学生一起，共同把课堂构建成为一个美好的精神家园。也就是说，课堂教学不仅要充分体现出社会价值，而且也应充分显现师生的生命价值。②

3. 课堂教学的过程特征

课堂教学是教师教学生学的过程，是教师的教与学生的学的统一，这种统一的实质是交往、互动。在教学中，师生双方相互交流，相互沟通，相互启发，相互补充。在这个过程中，教师与学生分享彼此的思考、经验和知识，交流彼此的情感、体验与观念，丰富教学内容，求得新的发现，从而达到共识、共享、共进的目的，实现教学相长和共同发展。

交往昭示着教学不是教师教、学生学的机械相加，传统的严格意义上的教师教和学生学，将不断让位于师生互教互学，彼此将形成一个真正的"学习共同体"。交往还意味着教师角色定位的转换：教师由教学中的主角转向"平等中的首席"，从传统的知识传授者转向现代的学生发展的促进者。可以说，创设基于师生交往的互动、互惠的教学关系，是教学改革的一项重要内容。③

学科课堂教学的过程特征还具体表现为：教学并不是一"告诉"和"被告诉"的过程。教学不应当把现成的结论塞进学生的头脑，而要让学生有探索新知的经历和获得新知的体验，使学生的学习过程不仅是一个接受知识的过程，而且是一个发现问题、分析问题、解决问题的过程。

① 钟启泉，姜美玲.新课程背景下改革的价值取向及路径[J].教育研究，2004（8）.
② 谢利民.论有效课堂教学的教师素质[J].课程·教材·教法，2009（5）.
③ 余文森.树立与新课程相适应的教学观念[J].教育研究，2002（4）.

（二）强化课程意识

课程意识指教师在考虑教育教学问题时对于课程意义的敏感性和自觉性程度。这种课程意识帮助我们从根本的意义上提升教学观念，使我们能在更高的层次和更宽广的范围上看待教学的合理性和有效性。

新课程赋予教师参与课程开发、课程管理的权力，教师必须培养和增强课程意识，转变传统的课程观念，从被动的课程解释者转变为主动的课程开发者，从教科书的忠实执行者转变为与专家、学生以及家长和社会人士等一起共同建构新课程的合作者，从传统的"教书匠"转变为反思实践者和研究者，从知识的权威者转变为学习的组织者和引导者。[①]

强化课程意识，可把重点放在确立"课程文化意识""课程开发意识"和"课程资源意识"等上来。

四、文化与观念的重建

课程改革是一场文化的变革，因此重建课程文化是课程改革自身的要求。课堂教学总是存在着某种文化，不管我们是否意识到，学生都在进行着某种"文化适应"。新课程改革力图打破那种单一、僵化、封闭的文化模式，营建一种全新的、多元的教学文化模式。新的课程文化是：对话文化——把课堂营造成一种"公共话语空间和人文情境"，形成有序的、民主的、和谐的共同言说和互相倾听的局面。合作文化——哈葛利斯指出合作型教学文化的特点有精神支持、增进效率、改善效能、减低负荷、同步进行、建立安全感、增强反思能力、提高组织反应能力、提供学习机会、不断改进。探究文化——把教师的教学与学生的学习都作为一种探索创造的活动。

与"文化"相联系的是"观念"，具体地讲，主要应当确立的课程观念："以学生发展为本"的价值观，科学与人文交融的课程文化观，回归生活世界的课程生态观，创生与发展取向的课程实施观，民主化的课程管理观。

（一）课程的创生与发展

长期以来，课程作为"制度化"产物，是一种指令、规定。当课程由"专制"走向民主，由封闭走向开放，由专家研制走向教师开发，由学科内容走向学生经验的时候，课程就不只是"文本课程"（教学计划、教学大纲、教科书等文件），而是"体验课程"（被教师与学生实实在在地体验到、感受到、领悟到、思考到的课程）。教师和学生不是外在于课程的，而是课程的有机构成部分，是课程的创造者和主体，他们共同参与课程开发的过程。这样，教学就不只是课程传递和执行的过程，而是课程创生与开发的过程。

在新的课程观念下，教学过程将成为课程内容持续生成与转化、课程意义不断建构与提升的过程。这样，教学与课程相互转化，相互促进，彼此有机地融为一体。课程也由此

---

① 钟启泉.姜美玲.新课程背景下教学改革的价值、取向及路径［J］.教育研究，2004（8）.

变成一种动态的、生长性的"生态系统"和完整文化，这意味着课程观的重大变革。在这种背景下，教学改革才能真正进入教育的内核，成为课程改革与发展的能动力量，成为教师与学生追寻主体性、获得解放与自由的过程。[①]

（二）资源的开发与利用

课程的"资源意识"，是课程意识的重要组成部分。怎样看待课程资源呢？首先，教材是基本的课程资源，但不是唯一的课程资源，其他如社会文化的、物质负载的、数据存储的种种有助于课程学习的东西，都可作为资源整合利用。其次，教师与学生都是重要的课程资源，他们的素养、经验、技能以及由他们挖掘、开发、积累、运用的成果，都可视为资源。再次，教学过程就是师生合理运用课程资源、共同建构知识和人生的过程，也是共同创生资源的过程。

对于课程资源的利用，教师要优先精选对学生终身发展具有决定性意义的课程资源，并且既要考虑到学生的共性，也要考虑特定学生对象的特殊性，切实保证课程资源应有的教育意义。

在教学活动中应结合学校和学生的经验与体验，依据一定的目的对课程资源进行有效的选择、组合、改造与创造性加工，拓展学生的学习空间，使学生最大限度地获得多方面发展。

（三）重塑教师角色

在教学改革中，师生关系的调整是首先受到重视的问题。联合国教科文组织在《学会生存》一书中指出："我们应该从根本上重新评价师生关系这个传统教育的基石，特别是当师生关系变成一种统治与被统治关系的时候，师生关系的调整必然涉及教师在教学活动中扮演的角色问题。

新的课程与教学观认为，教学过程是教师与学生对世界的意义进行合作性建构的过程，而不是"客观知识"的灌注与接受的过程。但这并不意味着教师的作用不应当重视，正如小威廉·E·多尔在谈到教师作为"平等中的首席"，"从外在于情境转化为与这一情境共存"时所说的："教师的作用丝毫没有抛弃。""教师是内在于情境的指导者，而不是外在的专制者（无论多么仁慈）。"[②]

内在于情境的指导，要求教师终结那种从外面向学生灌注"预存的客观知识"的办法，放弃以支配、控制、专断为特征的一套方式，在教学中更多地关注学生的经验、体验和对问题的独特看法。尽可能采用激励、对话、合作与协商的方法去发挥学生的积极性。教师的角色由此而变为促进者、组织者、指导者、合作者。钟启泉教授把教师的角色变化归结为以下方面：[③]

① 余文森.树立与新课程相适应的教学观念[M].教育研究，2002（4）.
② 小威廉·E.多尔.后现代课程观[M].王红宇，译.北京：教育科学出版社，2000：238.
③ 钟启泉."有效教学"研究的价值 [J].教育研究，2007（6）.

1. 提升创造能力

学科课堂教学要促进教师的能力从"传递力"向"创造力"的转变。凡被认为是成功的、有效的教学，作为参与者的每一位教师一定会从中感受到挣脱"灌输中心教学"走向"对话中心教学"的激情，并且享受着教学创造的快乐。这就是说，教师不再满足于如何有效地传递现成教材内容的"传递力"，而是在谋求学生独立解决课题的学习中，立足于教师对学生行为的预测，创设新的学习情境。这意味着教师的传递能力和创造能力的提升，而这些能力的提升又是以理解学生的能力为前提的。

在教师面对的课堂上，每一名学生都是独一无二的存在。越是关注学生主体的学习活动，就越需要教师洞察学生的学习：他们是如何活动的，是沿着什么方向展开的，面临哪些问题，等等。倘若缺乏这种洞察，与学生一起随波逐流，学生主体能动的学习活动就会灰飞烟灭，"创造"也就无从说起。

2. 超越学科视野

在学科教学中，教师的视野要从"学科视野"向"课程视野"转变。传统的分科课堂教学的弊端，忽略了学科教学的道德价值；割裂了学科之间的整体关系；脱离了儿童世界和现实的社会生活世界，由于缺乏对"完整的人"的和谐发展的关注，"育人"功能自然也就无法充分发挥。

课程实施要以"三维目标"替代"单维目标"，跨学科的"课程视野"替代"学科视野"，因此促成了多种多样的以充满探究、体验、实践、合作、创意、表达为其特征的课堂教学类型：以探究性学习为主的教学新课堂、以体验性学习为主的教学新课堂、以社会性学习为主的教学新课堂、以合作性学习为主的教学新课堂、以个性化学习为主的教学新课堂、以信息化学习为主的教学新课堂。这些新课堂无疑有利于学科知识的综合性和实践性发展，从而提升学生的核心素养。

3. 发挥引领作用

在学科教学的课堂上，教师的作用应从"控制者"向"引领者"的方向转变。一味强调教师的控制作用，学生唯命是从，是难以培养学生形成主体性和独特性的。因此，如何发掘教师的实践智慧，借助教师"支援"和"帮助"作用的发挥，用引领学生自主解决问题的教学艺术去替代教师发号施令的教学技术，成为促进教师教学行为转变的关键。"支援"不等于"放任自流"，"支援"的教学行为大体包括：建议、发散性提问、肯定性评价等。可以说，教师的角色作用不再是单纯的技术熟练者，而是"反思性教学"专家。

总之，在学科课堂教学中，教师不再以知识权威和绝对权力的姿态走进教室"传道、授业、解惑"，而是充当课程实施的"积极推进者""平等对话者""行动研究者"多种角色。

第二节　素养统领的学科课程建设

一、学科课程与学科素养

从学校课程设置与教学实践的现状看，"学科"是一个无法绕过的"堡垒"，学科课程的教与学，无论是占用的时间还是花费的精力，都是其他教学活动无法相比的。可以说，学科课程支撑起了学校课程这幢"大厦"。从这个意义上说，核心素养的培育离不开学科课程的实施与开发。当务之急是推进聚焦于素养的学科课程建设。

聚焦素养的学科课程建设要解决的问题，首要的是怎样通过学科课程的践行形成学科素养的问题。这自然要从一些基本的概念讲起。

（一）学科课程解析

"学科"本身就是一个值得推究的概念，因为学科有"学术学科"与"学校学科"之分。"学术学科"是人类知识体系的门类，亦即专门化、系统化的知识；"学校学科"则是学校中主要的教育内容的门类，亦称教学科目。[①] 钟启泉教授认为当"科学"经过了教育学的加工，体现"学科逻辑""心理逻辑"与"教学逻辑"之际，才成为"学科"。"学科"是以人类文化遗产为线索，选择儿童成长所必须的内容加以编制的，无非是谋求儿童主体性活动的一种场域。他同时指出，学科的设定是以教育目标为依归，以扩大和深化学习者的知识积累与变化为前提的。学科教学中的知识建构倘若离开了"人"这个学习主体的情感、意志、态度和价值观，离开了学习主体的具体的活动情境及其默会知识，那是不可想象的。学科教学必须根据学生的身心发展阶段及其能力发展实际，来组织体现知识体系和价值体系的教学内容。[②]

1. 学科课程的概念

提到"学科课程"，常常要牵扯到"分科课程""经验课程"（也称为活动课程）等等称谓。其实，这些概念并不遵循同一的分类逻辑。一般来说，"学科课程"是相对于"经验课程"而言的，而"分科课程"则是相对于"综合课程"来说的。"学科课程"与"经验课程"依存的逻辑范畴是课程内容的属性（经验课程的课程内容主要是直接经验，学科课程的课程内容主要是间接经验），而分科课程与综合课程所依存的逻辑范畴是课程内容的组织方式，且这其中也有相互包含或交叉的情况。

---

① 陶本一. 学科教育学[M]. 北京：人民教育出版社. 2004：3.
② 钟启泉. 学科教学的发展及其课题：把握学科素养的一个视角[J]. 全球教育展望，2017（1）.

不过一些课程专家在梳理课程分类时提出了一个清晰的框架，如廖哲勋、田慧生就提出"学科课程包含了分科课程与综合课程"。① 钟启泉也将分科课程与"改造了学科课程"（实际上是学科知识本位的课程）并列。②

那么，什么是"学科课程"呢？

所谓"学科课程"（the subject curriculum），是以文化知识（科学、道德、艺术）为基础，按照一定的价值标准，从不同的知识领域或学术领域选择一定的内容，根据知识的逻辑体系，将所选出的知识组织为学科。学科课程是最古老、使用范围最广的课程类型。迄今为止，已出现了三种典型的学科课程：科目本位课程、学术中心课程、综合学科课程。

2. 学科课程的特点与利弊 ③

总括科目本位课程、学术中心课程、综合学科课程，可以发现，学科课程具有如下两个显著特征：第一，以学科知识或文化的发展作为课程目标的基本来源，课程开发以学科知识及其发展为基点，强调学科知识的优先性；第二，课程组织遵循学科知识的逻辑体系进行。

学科课程具有如下三个优点：第一，有助于系统传承人类文化遗产；第二，有助于学习者获得系统的文化知识；第三，有助于组织教学与评价，便于提高教学效率。

（二）学科素养释义

学科素养之所以成为学科课程建设与学科教学的焦点，是因为学科素养同核心素养之间有密不可分的联系。学科素养，作为核心素养渗透到学科课程的媒介，二者之间是局部与整体、特性与共性以及具象与抽象的关系。④

1. 学科素养的含义

关于什么是学科素养，学界有许多解释。最近有学者提出，学科素养作为一个宽泛的学科涵养概念，是指学习个体在某一学科领域通过系统的专业教育与自我研修而形成的专业品格和关键能力，包括从事专业活动的基础性能力（如专业表达能力、批判性思维能力、信息素养与反思能力等）和综合性学养（如学科思想与方法、专业知识与技能的掌握等）。学科素养超越了学科知识和能力的意蕴，包括掌握学科思想、学科基本理论和基础知识的理论素养，学会利用学科方法与思维方式的方法论素养，合理运用学科知识与原理解决实际问题的实践素养以及尊重客观规律、追求真理的严谨态度与科学精神的品格素养。⑤

---

① 廖哲勋，田慧生.课程新论[M].北京：教育科学出版社.2003：47.
② 钟启泉.现代课程论（新版）[M].上海：上海教育出版社，2003：237.
③ 张华.课程与教学论[M].上海：上海教育出版社.2000：243-244.
④ 安德斯·埃里克森，罗伯特·普尔.刻意学习：如何从新手到大师[M].王正林，译.北京：机械工业出版社，2016.11.
⑤ 康淑敏.基于学科素养培育的深度学习研究[J].教育研究，2016（7）.

2. 学科素养的辨析

对学科素养的辨析主要集中在学科素养的"称谓"上；我们关注的其实是对其含义的把握。

我国学者石鸥认为，核心素养不能说成是学科核心素养。"学科核心素养"容易产生歧义。核心素养指向人本身，唯有人，才可以用素质与涵养——素养——及其程度或水平来衡量。核心素养不能衡量或修饰学科。学科可以达成某些核心素养，但它不等于核心素养。核心素养是跨学科素养，任何核心素养都不是一门单独的学科可以完成的。任何学科都有其对于核心素养发展的共性贡献与个性贡献。只有明晰本学科在特定核心素养形成和提升上的教育意义，揭示学科与核心素养的内在关联，才能发现学科的独特育人价值。[①]

钟启泉教授在梳理"核心素养"与"学科素养"的关系时指出，"如果说，核心素养是作为新时代期许的新人形象所勾勒的一幅'蓝图'，那么，各门学科则是支撑这幅蓝图得以实现的'构件'，它们各自有其固有的本质特征及其基本概念与技能，以及各自学科所体现出来的认知方式、思维方式与表征方式。"倘若认同这一认识，那么准确的提法应当是"学科素养"；"学科核心素养"的提法自然是不成立的，这种提法只能导致"多核心"的"分科主义"的张扬。再者，"核心素养"与"学科素养"之间的关系也不仅是两者引出的简单化罗列的条目之间一一对应的关系。这是因为，"核心素养"的养成意味着学习者面对真实的环境，能够解决问题的整体能力的表现，而不是机械的若干要素的总和。

（三）学科教学要旨

由于学科课程在学校课程中占有重要位置，学科教学也源远流长。现代教学要回归以人为本，必须建立以价值体认为核心和重要标志的素养目标。[②]学科教学的要旨，即学科教学在其目标方面的追求。

素养教学可充分彰显教育的主体性。

学校教学应该并且能够充分作为的，正是人的素养。西方的一些文献中，经常将"素养"（competence）、"能力"（ability）与"技能"（skill）等词交互使用，不做严格区分。而中国语境下的"素养"，如《辞海》所释，指"平日之修养"。《汉书·李寻传》中的"马不伏枥，不可以趋道；士不素养，不可以重国"和宋朝陆游《上殿札子》中的"气不素养，临事惶遽"等，均有着明确的道德价值内涵，与所谓"天命""天性""天赋"不同，乃是后天的"人文化成"的优质的修养，充分彰显出教育的主体性。在中国人看来，"素养"与一般的知识、智力、能力倾向不同，如果少了德行养成之内涵，那么它便不能被称作"素养"。

---

① 石鸥. 核心素养的课程与教学价值[J]. 华东师范大学学报（社会科学版），2016（1）.
② 柳夕浪，张珊珊. 素养教学的三大着力点[J]. 中小学管理，2005（9）.

1. 建立具有思想性、科学性、民族性和时代性的素养目标

以德行养成、价值体认为核心，建构中国青少年素养目标体系，不只是彰显教育主体性、继承中华优秀教育传统之必需，还有着很强的现实针对性。近些年来，我们的教育过分关注对知识技能的传授，使得教学逐渐演变为一种"心灵隔离"性质的训练和控制，萎缩成职业准备的附庸，甚至将个人修养、社会责任、家国情怀抛到一边。一方面，一些传统美德在现代社会中遭受质疑；另一方面，脱离儿童实际生活的虚假教学不断上演。因此，我们亟须建立具有思想性、科学性、民族性和时代性的素养目标，促使学校的中心工作——教学回归正常的育人轨道。

2. 正确认识知识与素养的关系

教学是教与学的相遇，是以知识理解为基础，伴随着知识理解而发生着人际间的相互理解，而不是单纯的认知过程。在教师的指导下，学生从一定的事物或事实入手，在已有的知识经验与表达事物或事实的图像、文字、符号等媒介之间建立有机联系，理解这些事物和事实背后的概念、原理及其与个人和社会的价值关系（这一切均发生在具体的社会文化背景中）。上述教学过程不可能、也不应该局限于事物和事实层面。对于学生来说，如果没有这种实质性的意义连接，那么事物和事实只能是一些外在的、孤立的信息或现象，不可能融入自己的血液，变成真正的素养。正是在这一意义上，我们提出，学习过程不只是单纯的认知，它还是修习涵养过程，而知识的重要性就在于它为学生的修习涵养提供了不可缺少的精神营养。

二、学科素养与核心素养

核心素养要落实，它的落脚点是学科，这就是学科的核心素养（学科素养可以理解为"本学科对学生发展核心素养所做出的贡献"）。核心素养和学科核心素养之间，两者不是简单的一对一的关系，而是学科之间共同育人价值和学科独特育人价值的有机结合。[①]

（一）核心素养的包含与构成

在中国当下的语境中，当谈及核心素养的时候，很多声音来自学科领域中，比如数学的核心素养、语文的核心素养、英语的核心素养等。那么，核心素养是否就代表着学科的核心素养呢？各门学科的核心素养加起来是否就等同于国际上所倡导的核心素养呢？这是一个涉及学校教育转型及课程结构再造的重要问题。

1. 跨学科素养与学科素养并存

几乎所有国家或国际组织所提出的核心素养框架都是跨学科素养和学科素养并存。[②]

---

① 尹后庆.厘清"核心素养"，深化课程改革[J].上海教育，2016（5）.
② 夏雪梅.跨学科素养与儿童学习：真实情境中的建构[J].上海教育科研，2017（1）.

2. 领域素养与跨领域素养并存

大多数国际组织所提出的核心素养、21世纪技能等也都呈现出类似的领域和跨领域素养并存的状态。

在世界教育创新峰会中发布的《面向未来：21世纪核心素养教育的全球经验》中，以包括中国在内的24个经济体和5个国际组织的21世纪核心素养框架作为分析对象，探讨了"21世纪核心素养"这一概念的主要驱动因素和包含的核心要素。报告将素养分为领域素养和通用素养，领域素养与特定的内容或学科领域相关，通用素养则跨越了不同的领域或直接指向人的发展。在领域素养中包含基础领域或直接指向人的发展。在领域素养中包含基础领域和新兴领域，在通用素养中包含高阶认知、个人成长与社会性发展。

（二）学科素养与核心素养的关系 [①]

学科素养和跨学科素养共同作用于个人实现与社会发展。学科素养和跨学科素养的功能与性质具有同一性。在不确定的真实情境中，需要整合性的知识运用，批判性的问题思考，对自我、他人、情境的深刻认知，创造性解决问题，这就意味着需要不同的学科素养、学科和跨学科素养共同发挥作用。

跨学科素养自身培育的特点使得它不可能离开学科素养而单独存在。跨学科素养中的大多数素养，如批判性思维、创造性与问题解决等，同时都具有"形式训练"和"实质训练"的特征。它们有跨领域的思维策略和方法，而这些形式训练需要在各种活动、情境中予以体现。有鉴于此，大多数的国家在制定课程标准的时候是将跨学科素养融入学科领域中去的。

领域素养中如果没有跨学科素养的渗透，也就失去了素养对"人"的未来性、整体性考虑的特征。正是由于跨学科素养的存在，才使得学科素养的培育是从一个"人"的角度进行思考，而不是从单一的学科视角出发。

从人的持续发展角度而言，学科素养和跨学科素养是不断互为支撑的。从早期教育开始，自我调控、自我认知、主动性、沟通与合作等就是学生进入学校进行学科学习的基础，而在学校教育阶段中，学生在学科学习中的知识获取、思维方式、问题解决能力又进一步深化了跨学科的思维能力与学会学习的技能。

（三）从学科素养到核心素养

学科素养是学科本质观和学科教育价值观的反映。通过厘清学科素养，清晰地界定和描述本学科对人的发展的价值和意义，体现本学科对学生成长的独特贡献，从而使学科教育真正回到服务于人的发展的方向和轨道上来。总之，只有抓住学科素养，才能抓住学科教育的根本。

① 夏雪梅.跨学科素养与儿童学习：真实情境中的建构[J].上海教育科研，2017（1）.

在学科素养的视域下重建课程是本次课程改革(修订)的亮点。学科素养是一根主线(红线),统领着学科课程知识的选择、课程内容的组织、课程难度的确定、课程容量的安排以及课程的实施和学业质量标准的确立。学科素养是课程标准的"魂",课程标准因此有了"人的身影",课程标准和学生发展融为一体。学科素养使课程标准的形态从教学大纲(双基)、内容标准(三维目标)走向成就标准(核心素养),即以学生应该达到的素养(成就)作为课程标准的纲领。

1.把握学科特有的价值

教学总是特定学科的教学,因此,学科的独特价值应是学科素养培育所关注的轴心。学科对核心素养形成的贡献也体现于此。学科教学必须认真分析本学科对于学生的独特发展价值,而不是首先把握某节课教学的知识重点与难点。每个学科对学生的发展价值,除了一个领域的知识以外,从更深的层次看,还应为学生的发展提供唯有这个学科的学习才可能获得的价值理念、经历、体验、独特视角、路径及不同思维方式。这就需要把备课的重点从一般的授课内容向价值思考转变,尤其要从学科的独特价值出发,把教学目标的设定作为教学的价值定位和价值承诺,同时在价值定位的基础上,对教学内容做必要的重组和补充,对教学过程做必要的调整,以使价值承诺真正得到落实。[①]

对"学科育人价值",叶澜教授做过一个精辟的描述性分析。他说:"任何一门学科的教学,都要认真分析本学科对于学生而言独特的发展价值,它除了指该学科领域所涉及的知识对学生的发展价值外,还应该包括服务于学生丰富对所处的变化着的世界的认识;为他们在这个世界中形成、实现自己的意愿,提供不同的路径和独特的视角;学习该学科发现问题的方法和思维的策略、特有的运算符号和逻辑;提供一种唯有在这个学科的学习中才可能获得的经历和体验;提升独特的学科美的发现、欣赏和表现能力。"[②]

2.寻求学科能力发展的路径

学科知识需要经过学习和理解、应用和实践、迁移和创新等关键能力活动,才能完成从具体知识到认识方式的外部定向、独立操作和自觉内化。只有变化认识角度和认识思路,知识才能转化为学科能力和学科素养。学科素养是学生经过学科学习逐渐形成的,面对陌生不确定的问题情境所表现出的关键能力和必备品格,对应知识经验的迁移创新能力表现水平。

3.构筑核心素养形成的进阶

从学科素养到核心素养是一个逐步深化的内在过程,即一些"进阶变量"。学生的学科能力发展及表现水平背后其实存在一些重要的进阶变量:一是知识变量,从具体事实性知识到重要概念再到核心观念;二是学科活动经验变量,从具体经验到程序性知识到策略

① 成尚荣.以价值关怀贯穿有效教学全过程[J].教育研究,2008(10).
② 叶澜."新基础教育"发展性研究报告集[M].北京:中国轻工业出版社,2004:21.

再到经验图式；三是认识方式变量，即不同水平的认识角度、认识思路以及认识方式类型；从没有认识角度和认识思路到依靠外部指定认识角度或暗示、提示认识角度再到自主的认识角度和主动调用多角度分析解决问题；四是能力活动变量，从学习理解到应用实践再到迁移创新。除此之外，问题情境也是一个重要的外在变量，特别是熟悉陌生程度和直接间接程度。

综上可见，越是复杂陌生的问题情境，越没有认识角度的提示，越需要学生能够自觉主动地调用认识角度，而这就越需要知识的结构化、观念化和经验的图式化，对应迁移创新的学科能力表现，这也就是学科核心素养的高水平。学科能力的构成和内涵机制决定了学生的学科能力发展会对学科领域、知识内容、课程设置和学科教学具有高敏感性。[①]

三、学科素养与课程整合

学科素养的形成与发展既离不开在学科内部矛盾下功夫以改变"缺乏整合的现状"，也更应当通过课程内容与结构的调整消解"过于强调学科本位、科目过多缺乏整合"的问题。这也原本是基础教育课程改革提出的目标之一。

（一）学科内部的课程整合

我国研究者曾对整合（或统整）采用比较宽泛的定义，即将综合、联系、沟通、衔接、交叉、渗透、关联等，纳入整合的范畴之中。从这样的宽阔角度和视野来理解课程整合的含义，也许更能探知整合的本质。[②] 这是从我国现行课程设置出发的改革新走向，无疑对学科素养的形成与发展具有很现实的意义。

1. 融合课程理念与目标

在分科课程中设立综合化的学习目标，力图体现人文与科学、课程与生活、课程与社会的相互作用，体现知识与能力、学习和应用的教育取向，是新课程目标设计的重要特点。

2. 整合课程内容和课程结构

课程内容和课程结构的整合主要表现为对学科内知识、技能、能力和态度观念等的养成，采取学科内综合编排的形式。学科知识内部的纵横交错及与其他学科、与社会生活的联系，是课程内容整合的重点。

3. 整合学习和教学方式

学和教的方式的革新是新课程发生的主要变化，倡导自主、合作、探究、综合的学习方式是各科课程标准的共同要求。采用多种方式进行学习，根据自己的兴趣和需要进行学

---

① 王磊. 学科能力构成及其表现研究[J]. 教育研究，2016（9）.
② 张廷凯. 分科视野中的课程整合：我国新一轮义务教育课程改革的新走向[J]. 课程·教材·教法，2002（4）.

习，将学习过程与解决生活和社会中实际问题联系起来，这些使新课程标准和教科书的设计都体现了进行综合性学习的价值取向。

4. 整合学习评价

综合的目标设计、综合的内容和结构、综合的学习，需要综合的评价方式。课程评价的形成性、整体性和综合性，是此次新课程改革中一个需要特别关注的方面，也是一个比较困难的方面。课程评价的整体性和综合性集中表现在对学科学习的评价，要从知识与能力、过程与方法、情感态度和价值观几方面进行评价，全面考查学生的科学文化素养，同时综合采用多种评价方式，如定性评价和定量评价，教师评价、学生自我评价和学生相互评价，形成性评价和总结性评价，知识评价和能力评价，过程评价和结果评价，等等。

5. 整合课程资源

新课程的一个显著变化是拓展和整合了课程与教学资源，在各科课程标准中都对课程资源提出了具体要求。这种要求对以前教师已经习惯了的，把教学局限在教室、书本、教参、练习册以及其他教学辅助资料的教学模式是一个极大的挑战。课程资源的整合还改变了教材编制者和教师对课程性质的看法，使课程由狭变广、由静转动。课程资源由课堂延伸到课外，由学校延伸到社区和所在的地区，学生所处的社会环境和自然环境都开始成为学习探究的对象，成为学习的"课程"。

（二）学科的上通下联

基于"核心素养"的学科教学面临诸多挑战，首要的一个挑战是梳理"核心素养"与"学科素养"的关系，另一个挑战是各门学科如何彰显各自的"学科素养"的课题。

新时代基于"核心素养"的学科教学究竟面临怎样的挑战？概括的回答是：界定各自学科的"学初素养"，发起"上通下联"两个层面的挑战，其一，"上通"——从学科的本质出发，发挥学科的独特价值，探讨同学科本质休戚相关却又超越了学科范畴的"认知的、情意的、社会的""通用能力"（诸如问题解决、逻辑思维、沟通技能、元认知）的培育，进而发现学科的新的魅力与命脉。其二，"下联"——挖掘不同于现行学科内容的内在逻辑的另一种系统性。亦即从学科的本质出发，并从学科本质逼近"核心素养"的视点，来修正和充实各门学科的内容体系（学科固有的知识与技能），进而发现学科体系改进与改革的可能性。[①]

基于"核心素养"的学科教学离不开三大关键课题——洞察"学科本质"（构成学科的核心概念），把握"学科素养"（软化学科边界，实施跨学科整合），展开"学科实践"。其具体的切入点就是"三维目标"。"三维目标"追求的是一种"真实性学力"，譬如一座冰山倘若露出水面的一层是"显性学力"——"知识与技能""理解与记忆"，那么，藏在

---

① 钟启泉. 学科教学的发展及其课题：把握"学科素养"的一个视角[J]. 全球教育展望，2017（1）.

水面下的三层则是支撑冰山上方显性学力的"隐性学力"——"思考力和问题解决力""兴趣与意欲"以及"体验与实感"。"扎实学力"是由上述的显性学力和隐性学力组成的，它们是相辅相成、不可分割的一个整体。为了实现指向"真实性学力"的"真实性教学"，我们必须把握"真实性学力"形成的两条运动路径，这就是：第一，从下层向上层推进的学力形成的路径——即从"体验与实感""兴趣与意欲"向"思考力和问题解决力"以及"知识与理解"的运动；第二，从上层向下层延伸的学力形成路径——即从"知识、技能"与"理解与记忆"向"思考力和问题解决力"以及"兴趣与意欲""体验与实感"的运动。这种表层与深层的循环往复的学力形成路径，正是培养核心素养所需要的。①

（三）着眼"学科群"的课程整合

"学科群"，也有人称之为"大学科"。提出"学科群"的概念，其根据之一是"学科的边界不是实线、直线，而且点线、波线"。超越传统学科的边界，谋求儿童主体性学习活动的学科之间的链接与整合，这是基于核心素养的学科教学必须遵循的一个重要原理。②

钟启泉认为，各门学科拥有体现其各自学科本质的视点与立场，但同时又拥有共同的或相通的侧面。唯有透视"学科群"的本质特征才能精准地把握"学科素养"。"学科群"指的是两个学科结合的同时，又保留各门学科的特征和区别，利用各门学科不同的视角更好地求解某个问题，从而强化"有意义学习"。以学科群为载体进行课程整合，关键是提取和把握这一群学科的本质特征。这些学科群的本质特征是它们的价值和存在必要性的关键要素，以它们作为课程实施的聚焦点和培育素养的着力点，这同"核心"素养的意思是完全一致的。

第三节　跨越学科的课程统整

一、顺应课程综合化趋势

核心素养有学科素养和跨学科素养之分，大多数国家和国际组织的素养同时包含这两方面。学科素养和跨学科素养之间存在着复杂的互动关系。课程综合已经成为一种全球化的趋势，成为课程改革的热点。

（一）课程综合的必要性

我国基础教育课程改革提出"小学加强综合课程，初中分科课程与综合课程相结合，高中以分科课程为主"的课程发展方略。并把"体现课程结构的均衡性、综合性和选择性"

---

① 钟启泉.学科教学的发展及其课题：把握"学科素养"的一个视角[J].全球教育展望，2017（1）.
② 钟启泉.学科教学的发展及其课题：把握"学科素养"的一个视角[J].全球教育展望，2017（1）.

作为改革的目标之一。

如果说，分科课程的依据在于科学的分化和客观世界不同领域的相互独立性和特殊性，那么，综合课程的根本依据在于科学的综合和客观世界的整体性和相互联系性。人类社会发展呈现出的全球一体化、信息化、国际化的趋势对教育的培养目标、课程结构、教学方式等带来一系列的冲击，这是综合课程得以复兴和发展的时代背景。总的来说，综合课程的产生与发展的原因有以下几个方面。

科学技术发展的综合化要求课程的整合。科学的分化与综合始终是课程分化与综合的最重要的基础和强大的动力。20 世纪 50 年代以来，科学发展出现了分化基础上的综合化趋势。一方面，科学不断再分化，向高、精、尖方向发展；另一方面，不同领域之间又不断地融合，各学科相互交叉和渗透，不断涌现出一些交叉学科、边缘学科、横断学科这样的综合科学。作为传递人类文化知识和实现教育目的的学校课程，如果依然固守原来的分科课程体系是无法适应科学发展的综合化趋势的。

人类社会实际问题的整体性要求课程的综合。人类社会与自然界都是作为整体而存在的，人类面临的各种科学课题和种种危机与困扰也是综合性的整体，比如遗传与疾病问题、环境问题、人口问题、能源问题、战争问题等，没有一个问题是单凭一门或两门科学就能解决的，只有打破和超越各门学科的界限，依靠多种学科的联合与协作才能解决。

学生个体的和谐发展要求课程提供整体、综合的内容。学生个体是整体性的存在，其知、情、意、行的和谐发展要求课程能为其提供整体性的内容。而现代社会最大的特点在于其变化性。有人说"这个社会唯一不变的就是一切都在变"，在这样一个多元多变的社会里，人必须具有较强的适应能力才能更好地生存，而这种适应能力的形成是以全面发展的综合素质为基础的。而企图通过分化出来的每个学科实现学生个体的全面的、整体的和谐发展，是不可能成功的。

（二）综合课程的面面观

综合课程是一个对学校课程内容进行统整的宏观观念，是对学校课程综合化的一种概称。尽管综合课程是一种课程模式，但它提供给人们的与其说是某种课程的某种运行方式或操作程序，不如说是实现课程综合化的理念。在这种理念的指导下，人们可以根据教育的实际情况和需要开发设置真正具有可操作性的综合课程的模式。

1. 综合课程的界定

综合课程是将具有内在逻辑或价值关联的原有分科课程内容以及其他形式的课程内容统整在一起，旨在消除各类知识之间的界限，使学生形成关于世界的整体性认识和全息观念，并养成深刻理解和灵活运用知识综合解决现实问题能力的一种课程模式。[①]

如果将这一定义进行分解，可以得出关于综合课程的如下具体内涵：

---

① 有宝华.综合课程论[M].上海：上海教育出版社.2002：25.

其一，综合课程所涵盖的课程内容既有学科知识，亦有学生获得的主体经验。

其二，综合课程以统整或去边界的方式将所有课程内容组织在一起。

其三，综合课程将所有课程内容组织在一起的依据是课程内容之间的内在逻辑联系，如课程内容属性的关联性和课程内容价值或功能的关联性等。

其四，综合课程的价值、职能表现为消除学生原有知识体系中各类知识之间的界限，使学生形成关于世界的整体性认识和全息观念，深刻理解和灵活运用知识，提高综合解决现实问题的相关能力。

2. 综合课程的类型

综合课程是指这样一种课程取向：有意识地运用两种或两种以上学科的知识观和方法论去考察和探究一个中心主题或问题。如果这个中心主题或问题源于学科知识，那么这种综合课程即是"学科本位综合课程"或"综合学科课程"；如果这个中心主题或问题源于社会生活现实，那么这种综合课程即是"社会本位综合课程"；如果这个中心主题或问题源于学生自身的需要、动机、兴趣、经验，那么这种综合课程即是"经验本位综合课程"（或"综合经验课程""儿童本位综合课程"）。这是综合课程的三种基本类型。

由此看来，综合课程意味着包含源于两种或两种以上学科的课程要素，并将这些课程要素以某种方式与一个主题、问题或源于真实世界的情境联系起来。[①]

第一类"学科本位综合课程"可划分为"相关课程""融合课程""广域课程"三种形态。第二类"社会本位综合课程"比较典型的有"科学—技术—社会课程""环境教育课程""国际理解教育课程"等。第三类"儿童本位综合课程"即"经验课程"，亦称"活动课程"。

3. 分科课程与综合课程的关系[②]

分科课程与综合课程是两类不同的课程。分科课程是一种单学科（single-subject）的课程组织模式，它强调不同学科门类之间的相对独立性，强调一门学科的逻辑体系的完整性。综合课程是一种多学科的课程组织模式，它强调学科之间的关联性、统一性和内在联系，单从学科本身的发展来看，这两种课程组织形式各有其存在价值，因为学科的发展呈现分化和综合并驾齐驱的趋势。这两类课程组织形式似乎不能随意地彼此取代。

分科课程与综合课程这两类课程组织形式之间又存在内在联系。首先，分科课程与综合课程的区分是相对的。分科课程总包含着知识之间某种程度的综合。一门学科既然能形成一个完整的逻辑体系，它总是建立在一定的知识综合的基础之上的。而开发出一门综合课程并作为课程计划的一部分之后，综合课程总是呈现出某种分科的形式。其次，分科课程与综合课程又是相互依赖、相互作用的，不同分科课程之间的区别是明显的，但存在一定的内在联系。另一方面，综合课程并不全然不顾学科逻辑，并不是以牺牲科学体系为代价，而是从某种观点、以某种方式对分门别类的学科逻辑的超越。牺牲了科学体系的综合

① 张华. 课程与教学论[M]. 上海：上海教育出版社，2000：266-274.
② 张华. 课程与教学论[M]. 上海：上海教育出版社，2000：276-277.

课程必然是琐碎的、苍白的、无力的、肤浅的。

值得我们注意的是，综合课程的主要特点体现在两个方面。第一，不同知识之间的界限的模糊和相互的融合，这已经体现了一种现实的特点和要求，反映了学校教育与社会的直接联系。第二，综合课程中所要求的学校知识与日常社会经验的联系，打破学校知识的神秘性，将学生和教师的日常生活经验作为课程的重要资源，这本身就是一种学校教育与社会现实的紧密联系。所以，如果仅仅从学校和学科本身去进行这种综合课程的建设和实施，并不能够实现综合课程的真正意义与价值，也无法达到综合课程的效果。

（三）综合课程的开发

课程的综合基于知识本位、学生本位和社会本位三个立足点之上。这三个立足点分别反映了综合课程的各种开发模式的不同价值取向和课程综合的基本原则或方式。

1. 各类综合课程开发旨要[①]

以知识为本位的综合课程强调知识之于学生发展的价值，注重对知识结构自身的调整和重组；以学生为本位的综合课程强调学生的主体认知和主体活动之于学生发展的价值，注重学生的个体发展需要和学生主体活动方式的选择与确定；以社会为本位的综合课程强调综合课程之于社会发展的意义，注重社会发展需求与综合课程开发和设置原则和方式之间的一致性，在此基础上开发和设置的综合课程的模式将分别体现上述三种价值取向和课程组织的基本原则或方式，但各种综合课程的开发模式与课程综合领域之间并不保持完全对应的关系，一种开发模式或许可以体现几种课程的价值观，亦可有多种课程组织的具体方式。

对综合课程开发模式进行归类和属性界定的维度应当是课程综合的程度和方式。

依据对课程内容进行综合的程度，并按照由弱至强的顺序，综合课程分别表现为相关课程、融合课程、广域课程、核心课程和活动课程等具体的模式。在这些课程模式中，相关课程处于分科课程与综合课程之间，从而具有分化和综合的双重属性，是由分科课程向综合课程的过渡环节；融合课程和广域课程未能完全打破课程的分科界限，二者之间的差异在于其课程内容综合程度的强与弱；核心课程并未完全打破课程的分科界限；活动课程则完全突破了课程分科的藩篱，其与核心课程之间的差异在于活动课程完全实现了课程内容的高度综合，而核心课程并非如此。因此，这些课程模式的课程内容的综合程度呈逐渐增强之势。

2. 学校层面开发的可行策略[②]

一是从熟悉的开始。课程整合不妨从自己所教的那门学科开始，在学科内部分地实现课程整合的目的。包括：注重学科教学目标上的整合，注重学科教学内容上的整合。即：

---

① 有宝华.综合课程论[M].上海：上海教育出版社，2002：210.
② 徐玉珍.从学校的层面上看课程整合[J].课程·教材·教法，2002（4）.

学科内容与学生生活、当代社会生活的整合，文本教材与网络资源、生活资源的整合，学科的传统内容与学科的新发现、新观点、新问题的整合，等等。最后，实现方法上的整合。即：尝试探究性学习、合作学习、体验学习等多种综合性的教学方式。

二是从容易的开始。不妨从课程整合程度较低的学科取向的课程整合开始。如从平行学科设计或相关课程开始，逐步过渡到整合程度较高的学科取向的课程整合，如多学科的设计和跨学科的设计或融合课程和广域课程等，最后进入超学科的整合设计。

三是在协作中开始。教师在彼此之间的协作中才能了解其他学科并发现彼此的关联，在共同的主题设计的过程中才能逐步地超越自身的学科限制，在与大学学科专家或课程专家的合作中才能学会课程整合的专业性的技巧和策略。因此，实施课程整合计划，学校首先要营造一种协作的文化，建立一种协作的机制，教师则首先要学会协作的技巧。

二、以活动课程涵育素养

（一）综合实践活动

我国基础教育课程改革规定，从小学至高中设置综合实践活动并作为必修课程，其内容主要包括：信息技术教育、研究性学习、社区服务与社会实践以及劳动与技术教育。强调学生通过实践，增强探究和创新意识，学习科学研究的方法，发展综合运用知识的能力。增进学校与社会的密切联系，培养学生的社会责任感。在我国基础教育新课程体系中，综合实践活动课程是一种与各学科课程领域有着本质区别的新的课程领域，是我国基础教育课程体系的结构性突破。

1. 综合实践活动的性质与特点[①]

综合实践活动是基于学生的直接经验，密切联系学生自身生活和社会生活，体现对知识的综合运用的课程形态。这是一种以学生的经验与生活为核心的实践性课程。

综合实践活动作为综合程度最高的课程，它不是其他课程的辅助或附庸，而是具有自己独特功能和价值的相对独立的课程，它与其他课程具有等价性与互补性。与其他课程相比，综合实践活动具有如下特性：整体性、实践性、开放性、生成性、自主性。

2. 综合实践活动的内容选择与实施

综合实践活动的内容范围包括：研究性学习、社区服务与社会实践、信息技术教育、劳动与技术教育。

综合实践活动是由国家设置、由地方和学校根据实际开发的课程领域。因此，国家着眼于宏观指导而研制综合实践活动指导纲要，地方和学校要根据纲要所设定的基本框架规划中学活动的基本类型、基本内容和具体活动方案。

---

① 钟启泉，崔允漷，张华. 为了中华民族的复兴，为了每位学生的发展[M]. 上海：华东师范大学出版社，2001：71-85.

对任何年龄段的任何学生而言，综合实践活动应是一个有机整体，而非随意拼凑的若干主题的混合。要切入综合实践活动这个有机整体，需要遵循某些拥有内在逻辑联系的线索。

综合实践活动内容的选择和组织要围绕三条线索进行：学生与自然的关系；学生与他人和社会的关系；学生与自我的关系。

综合实践活动的开发与实施应以学生为核心，实现上述三种关系的均衡与整合，最终指向学生个性健全发展。

综合实践活动内容的选择应遵循以下原则：重视每一个学生的兴趣、爱好与特长；体现每一所学校的特色；反映每一年学校所在社会的特色；善于引导学生从日常生活中选取探究课题或问题。

综合实践活动的实施要注意以下几点：正确处理学生的自主选择、主动探究与教师有效指导的关系；恰当处理学校对综合实践活动的统筹规划与活动具体展开过程中的生成性目标、生成性主题的关系；课时集中使用与分散使用相结合；整合校内课程与校外课程；以融合的方式设计和实施三大指定领域；把信息技术与综合实践活动的内容和实施过程有机整合起来。

3. 综合实践活动的课程生成模式

所谓综合实践活动，一言以蔽之，就是超越了传统的课程教学制度——学科、课堂、评分——的束缚，使学生置身于活生生的、现实的（乃至虚拟的）学习环境之中，综合地习得现实社会及未来世界所需要的种种知识、能力、态度的一种课程编制（生成）模式，这样，借助综合实践活动的设置，我国的基础教育课程将不仅有学科课程、综合学科课程（"品德与生活""品德与社会""历史与社会"等），而且有超越学科界限的跨学科综合实践活动课程，可以真正实现分科与综合并举的课程结构。

综合实践活动课程编制是不同于"阶梯型"模式的一种新模式，即"登山型"模式。分科课程属阶梯型的，它把学习内容和学习阶段划分成小步子阶段，线性地规定逐级上升的过程，以达到最终目标。"登山型"课程的特征在于，以重大的主题（山）为中心，准备若干学习的途径（登山道）。亦即，首先预设特定的主题，然后学习者以多种多样的方式与逻辑展开探究性活动，最后进行表达、交流，并共享学习成果。

这是一种不仅注重学习结果，而且更加注重学习过程的多元化、个性化的课程设计。在"登山型"课程中，到达顶峰固然是目标，但它的价值还在于登山的经验及登山本身的乐趣。在"登山型"课程中，学习者可以自己选择道路，选择方法，按照自己的速度去"登山"。随着一步步地攀登，能够不断开阔视野，过后还可以回味攀登途中的某种经验。[①]

---

① 钟启泉. 现代课程论（新版）[M]. 上海：上海教育出版社，2003：474.475.

综合实践活动的价值表现为智慧统整与知识统整。

（二）校本特色课程

根据我国基础教育课程改革对课程管理的意见，为保障和促进课程对不同地区、学校、学生的要求，实行国家、地方和学校三级课程管理。学校在执行国家课程、地方课程的同时，应视当地社会、经济发展的具体情况，结合本校的传统和优势、学生的兴趣和需要，开发或选用适合本校的课程。"校本课程"也就应运而生。

我国是一个地域辽阔的大国，区域的多样性是一大特点。区域除了自然、空间的意义之外，还具有政治、经济和文化的意义。区域这一概念，泛指人地关系领域、行政领域、社会系统领域、历史文化领域。区域也可理解为"文化圈"，强调地域空间的同质性和内聚性，是特定群体的情感归宿和社会认同的所在。由此，立足于特定区域的学校，也就可以根据自身拥有的优势，开发出独具特色的校本课程。从实际情况看，许多校本特色课程都是从乡土地理、历史传统、政经活动等角度切入，并含有各种文化要素的综合性课程。

（三）特色课程

选修课程是相对于必修课程而设置或开发的课程，一般指根据不同学生特点与发展方向，容许个人选择的课程，是为适应学生的个性差异而开设的课程。选修课程中有许多是学科课程，也有不少属于活动课程且带有综合性。

在高中阶段，有扩充综合性的新学科，形成特色课程的势头，主要表现为这样几个方面：第一，设计多样的自选学科，形成与学生多样的能力、发展方向相适应的课程；第二，在普通科中注重职业教育的课程，在职业科中引进"综合选修制"；第三，新设适应国际化、信息化的新学科；第四，设置学分制的高中课程。[①]

三、跨学科课程统整方式

在学科课程建设中，我们常常用到一些并无"迥异"、只有"微殊"的词语，如"整合""统合""综合"等。但就其实质而言，它们都指向课程结构的调整或课程的组合方式。

有研究者采用"整合"这一概念。"课程整合是使分化了的学校教学系统的各要素及其各成分形成有机联系并成为整体的过程。"这种整合方式打破了同一水平面上的课程结构布局，注重学科内部的纵向衔接和学校之间的横向整合，意在消除因知识壁垒造成的学科中心主义，模糊学科之间的知识边界，促进开放、动态的教学场景生成，在很大程度上缓解了知识在综合化过程中所遭遇的学科结构分化难题。[②]

也有研究者倾向于用"统整"。统整，在字面上理解是将分立的相关事物合在一起或关联起来，使其成为有意义的整体，有连接与整合之意，即将两个或两个以上看起来不相

①　钟启泉. 选修制度与个性发展[J]. 比较教育研究，1994（3）.
②　于翠翠. 课程整合的现实问题与可能途径[J]. 教育理论与实践，2013（34）.

同但相关的概念、事物或现象组成一个有意义的整体。

（一）真实情境中的课程学习

我国《面向未来：21世纪核心素养教育的全球经验》研究报告有一个发人深省的口号：我们坚信，核心素养的一端支撑的是"健全的人"，另一端联结的是"真实世界"。① 研究指出，一种核心素养是由顺利、高质量完成当代社会情境中的某种实际活动所需要的各种素质（素养）在当代社会背景下的情境适应性、综合性、复杂性等特征。②

1.情境及其特征

我国有的学者在论"教育情境"时，曾区分"教育环境"与"教育情境"。他们认为"教育环境"更多地指活动主体置身其间的物质的、外在的、客体的存在对象，而"教育情境"更多地指活动主体所拥有的"文化的、精神的、心理的、内在的、主体的"体验、氛围和人际互动。③ 我们在谈及课程学习中的"情境"时，侧重指具体的教育教学场合，而非宏观的社会、经济、文化环境。前者对人的发展的影响是直接的，后者则需要通过具体的情境间接起作用。情境与通常所说的背景有联系，一般提供关于事件来龙去脉的信息（所谓"背景化信息""情境脉络化"等），比较完整地呈现事件发展的态势，并吸引人进一步理解和处置情境，完成相关任务（所谓"问题情境""任务情境"）。

教育现象极为复杂，教育情境的种类难以尽述，它们之间又是紧密联系甚至互相包容的。"情境"的特征表现为：其一，情境与社会现实有紧密的联系；其二，情境是复杂的，是一个结构不良领域；其三，感性因素比较丰富，具有直观性；其四，内部蕴含主题，具有典型性；其五，可以反复感知，具有稳定性。

2.情境与素养的内在联系

有研究指出④，不同的情境对人的素养发展的影响是不一样的。素养教学改革和研究必须努力揭示情境与素养的内在联系。下列分类维度对相关研究有一定的参考价值。

第一，从情境蕴含的目的意图分类，认知学习的情境与陶冶性情的情境。

认知学习的情境，重在将知识技能嵌入具体可感的情境中，要求学习者进行探究、思考，完成一定的学习任务，实现对知识的掌握与运用。

陶冶性情的情境，重在通过创设情真意切的场景，陶冶学生的性情，它是一种"情景交融"的意境。早在20世纪80年代，特级教师李吉林就从我国古代文论中的"意境"理论中汲取营养，提出情境教学的主张。春天，她带着孩子们去寻找春姑娘的笑脸，观察春雨后的新绿；秋天，她带着孩子们去捡拾落叶，编写《秋叶讲的故事》，循着桂花的芳香

---

① 刘坚，魏锐.《面向未来：21世纪核心素养教育的全球经验》研究设计[J].华东师范大学学报（教育科学版），2016.34（3）.
② 陈佑清."核心素养"研究：新意及意义何在[M].课程·教材·教法，2016（12）.
③ 肖川.教育情境的特质[J].中小学管理，2002（2）.
④ 柳夕浪，张珊珊.素养教学的三大着力点[J].中小学管理，2005（9）.

寻找桂花，坐在草坪上创作《桂花姑娘》。大自然浓郁的芳香、鲜艳夺目的色彩和沁人心脾的美感，使师生陶醉其中，流连忘返。在情境教学中，语言学习与观察想象、审美感受等融为一体，反映出中国语文学习的特点，更有利于学生修习涵养。

第二，从素材来源分类，虚拟情境与真实情境。

受教学设施及组织管理方式的制约，通常教师设计的课业情境更多的是虚拟或模拟性质的，现在比较常见的是借助网络、多媒体技术呈现的模拟情境。尤其是在人文、社会领域中，模拟虽然逼真，但它终究是虚拟性的，未必能解决现实情境中的真实问题，如同在戏剧里扮演母亲角色与在现实生活中当妈妈不能等同一样。现代学习理论更加强调分析解决现实生活中的真问题、真任务。真实情境中的学习更易激发学生的学习动机与兴趣，也必然涉及价值的分析判断、选择与践行，更加有利于综合素养的形成。

第三，从与学生生活经验联系的角度分类，简单情境与复杂情境。

简单情境通常是问题明确、结构清晰、信息完整的，同时与已有知识经验相衔接，是学生所熟悉的。而所谓复杂情境正好与之相反，它具有相当的挑战性。对学生而言，复杂情境的复杂程度应恰当，既不应是学生完全熟悉的，也不应是他们完全陌生的。问题的实质是什么，需要哪些知识与技能，情境一般不直接告诉学生，而是需要他们自己去找出来，学生有进一步探究、行动的空间。学生要完成这一任务，需要尽可能调动与某种能力有关的知识与技能，特别是那些概念性知识、方法性知识、价值性知识，而不只是事实性知识，它不是对某个规则、公式、法则的简单应用和练习。

3. 学科课程中情境的利用

一般来说，真实情境中的课程学习具有跨学科的特点，这在综合实践活动和学校开发的活动课程中表现得特别明显。但也不可忽视的是，情境在学科课程学习中也有很重要的意义，可以为学科素养靠近核心素养开通一道"门户"。具体用于以下方面。

第一，富集课程资源。

在新一轮基础教育课程改革中，课程资源的开发与利用成为大家关注的问题。课程资源，简单地讲，就是形成课程的要素来源以及实施课程的必要而直接的条件，它包括：要素来源——作用于课程并能成为课程要素的资源，如知识、技能、经验、活动方式方法以及情感态度、价值观、培养目标等；实施条件——作用于课程却并不形成课程本身直接来源的资源，如人力、物力、场地、设施、环境等。

第二，获取替代经验。

课程内容不可能，也没有必要都与学生直接经验相对应。人类在长期社会历史实践中积累起来的文化科学知识，可以通过"替代经验"的获得去理解和掌握。除了了解别人的实践探索事例、感受知识产生的过程、体会追寻真理的艰辛外，还有一种很重要的方法就是提供一种图像或模型素材，唤起学生感性的、直接的经验。

第三，促使感同身受。

情境是一种最广泛的存在，教学情境也可以说无处不在，有时，最真切的实情实境可以给学生带来一种感同身受的惊喜，平添几分乐趣。这就需要教师从课程意识中突发"灵感"，抓住可能转瞬即逝的课程资源，使之成为学生学习的"触媒"，促进学生对知识的内化和体验。

第四，提供学习诱因。

对学习者来说，产生学习行为的诱因是多种多样的。美国心理学家林格伦曾经讲过："最可能的是，个体所做的一切，都是内外两方面许多力量相互作用、相互影响的结果。因此，他认为，"人类有机体也可以看成是生存在由刺激物所构成的环境中的一个能量系统"。我们在这里谈到的"提供学习诱因"，着重指的是通过对教学情境中"刺激物"的精心安排，激发学生的好奇心、求知欲，使之变成学习的兴趣和要求。这就是苏联教育家巴班斯基所说的内容、形式和方法的"新颖效应"，不同看法的"冲突效应"，出乎意料的"惊奇效应"等。

第五，运用模拟现实。

很多现实的情境是很难在教室中铺陈出来的，因此有时教师通过假想构造一个模拟的情境，让学生置身其中，充当一种角色，学生就能整合已有的经验，运用自身独特的理解，充分驰骋想象。这种"设身处境"的"再创造"，不仅让学生满足了自己的表现欲，激发了智慧潜能，同时也让整个课堂学习充满了生动活泼和愉悦的气氛。

（二）项目承载的课程学习

项目通常是若干类似事件组成的活动载体，其包含的内容较为广泛，既有以主题或问题统领的跨学科课程活动，也可以由以完成任务为目标的单一或多种事项组合，所以，在跨学科课程中，项目承载的学习是一种包容性很强、使用范围较广的方式。如有的学校设定的"户外活动"项目，既包括了各种户外体育活动，也有对自然现象、社会问题的考察，还有介入特定区域的服务学习等。下面介绍操作要点：[①]

1. 项目学习的意义

基于项目的学习（简称项目学习）是一个系统的学习方法。在项目学习中，学生参与到延展性的、复杂的、真实的问题解决中，接受挑战，主动探究，创造出某件作品并完成重要知识的学习。

项目学习作为教学指导的一种方法，为学生学习提供了一个真实世界的背景，学生在面临复杂挑战的同时拥有多种选择机会、多个解决方案，并最终呈现开放性的研究结果。在这样的项目学习过程中，学生不仅学习课程标准中的相关内容，更能发展审辩思

---

① 许萍.项目学习，让学习真实发生[J].中国教师，2016（10上）.

维、创新精神、合作与沟通的能力 总之，项目学习可以发展学生未来生活所需要的核心素养。

一个项目学习的构思，应围绕项目学习的基本要素进行设计，包括导入事件、已知与需知、评价量规、内容脚手架与评估、21世纪技能脚手架与评估、展示。

2. 项目构思与确立

课程标准与核心素养是项目构思与确立的核心。项目学习不是表面的跨学科实践活动，其设计核心是帮助学生有效达成课程标准中提出的要求以及学生应具备的适应未来所需的核心素养。

项目几乎存在于每一个领域，无论是进行一次试验还是一次展览，都可以与团队一起参与跨学科学习，促进项目的真实发生。因此，向家长进行征集，发挥家长资源，也为项目构思提供了重要来源。

3. 项目进程的管理与推进

有了初步的项目构思，就要进入科学的项目设计过程了。在这一环节，需要将项目学习的导入事件、已知与需知、评价量规、内容脚手架与评估、21世纪技能脚手架与评估、展示融入其中。

项目进程表包括项目概述、导入事件、课程标准、21世纪技能、评价方式、结果呈现方式等。项目概述主要由项目负责人撰写，需要简单清楚地概括项目的情况，描述出对学生的期待及项目组教师需要承担的具体任务。项目概述便于项目组教师对项目进行全面了解。导入事件是为学生创设一个具有挑战性的情境，通过导入事件的描述，学生可以明确他们即将参与的任务、学习的内容和达成的课程目标。导入事件让学生的学习更加真实。课程标准及21世纪技能是项目的核心，它应明确描述对学生在内容掌握及对21世纪素养形成的期待。评价方式主要有形成性评价与总结性评价两种。评价的作用是为教师提供学生学习的信息与数据，便于教师进行项目修改。评价应与项目学习目标保持一致，并有利于学生管理、监控自己的学习过程，促进学生成为自主学习者。

4. 项目学习的实施与评价

借助项目进程表，进行了科学的项目设计后，就进入项目学习的实施过程了。实施过程主要分四个部分。

一是项目启动。在启动环节，教师通过导入性事件、驱动性问题将学生带入学习情境中，小组针对问题共同讨论解决方案，设计项目研究计划，明确合作规则，与教师一起了解需要学习的内容。

二是项目进程。在项目进程中，教师根据学习内容进行讲授，小组讨论，引入家长、专家、社区等资源，帮助学生搭建学习脚手架，共同经历研究过程。在实践中学习，根据学生学习过程随时进行评价与反馈。

三是项目展示。学生作品最终展示前需要经过一定的练习，并得到教师有针对性的指导。展示过程可以录制成视频，帮助学生反思。项目展示的过程应更广泛地邀请社区、父母、同伴参与，并让其给予针对性反馈。

四是项目反思。项目进行前、进行中、结束后，学生可以随时借助内容学习量表与21世纪核心素养量表对自己的整个项目学习过程进行自评、组评，并邀请教师评价。项目学习评价量表需要根据不同项目的侧重点进行设计。

5. 项目学习的总结与评估

项目学习结束后，教师以项目组为单位进行项目总结汇报，邀请学校同事、专家、家长共同参与讨论与反馈，借助《项目学习 6A 评价量规》对所有项目进行表现性评价。通过评价收集数据，收集建议，不断改进项目。

（三）主题统领的课程学习

主题统领的课程学习其实也是一类内涵复杂的类型。通常讲的问题探究学习、任务驱动学习等，其实质也是由主题来统领的，这时的"主题"表现为问题的求解或任务的完成，而且"主题"可能是跨学科的，也可能是学科中跨模块或跨节点的。

1. 把问题作为主题

什么是"问题"？"问题"是一种状态，这种状态要求人们去完成一个任务，而对于这个任务，由于他们的经验有限，没有现成的可供使用的完成任务的策略。作为"问题解决"中的问题没有固定的解题模式，它要求学生通过不断探索，运用分析、类比、抽象、转化等思想方法，以寻求解决问题的方案。

从教学的角度说，"问题"应该是能够引起学生思考的、学生想弄清楚或力图说明的东西。一个教学问题至少应具有三个条件：第一，它必须是学生尚不完全明确的或未知的，要能够在学生通往目标的途中，让他们发现不能很快地和直接地达到这个目标，从而引起学生认识上的矛盾、疑惑或心理上的紧张。第二，它必须是学生想弄清楚或力图说明的东西，要能够引起学生对它的兴趣，产生相应的探索欲望，并亲身卷入问题的探究之中，在解决问题时做出努力。第三，它必须是与学生的认识水平相当的，要能够让学生运用自己现有的知识和智力，经过努力探索达到目标，而不是让学生感到无论怎么努力也不能克服困难、越过障碍，因而灰心丧气。

适合于主题统领学习的问题，应是较为复杂的问题。

2. 实施问题引领学习

问题解决活动有可能使学生更主动、更广泛、更深入地激活自己的原有经验，理解分析当前的问题情境，通过积极的分析、推理活动生成新理解、新假设。在问题解决过程中，新、旧经验的相互作用得以更充分、更有序地展开，这使得学习活动真正切入到学习者的经验世界中，而不是按照教学设计预先编写的框架和路线来生成联系。问题解决为新、旧经验的同化和顺应提供了理想的平台。通过问题解决来学习，基于问题解决来建构知识，这是各种探索性学习活动的重要特征。

问题引领的学习，强调把学习设置到复杂的、有意义的问题情境中，通过让学习者合作解决真正的问题，来学习隐含于问题背后的科学知识，形成解决问题的策略，并发展自主学习的能力。在这种教学中，教师首先向各个学习小组呈现一些精心设计的问题，一般是描述一些可观察的现象或事件，要求学生对此做出解释。学习小组的任务是讨论这些问题，对这些现象做出详细解释，包括其中的过程、规律和机制等。很重要的是学生现有的知识不能轻易完成上述任务，在小组讨论中，进退两难的选择出现了，问题形成了。然后，为解决这些问题，学习者要分头进行学习。通过引导学生解决复杂的、实际的问题，使学生建构起宽厚而灵活的知识基础，发展有效的问题解决技能，成为有效的合作者，并培养学习的内部动机。

简要地说，问题学习法指的是由教师精心设计问题学习单元，要求学生充当复杂问题的解决者。学生通过调查和解决问题的过程，提高对某些主题、概念和知识的理解，养成理解问题、分析问题和解决问题的能力和技能，从而获得解决现实问题的经验。

3.问题式学习的特征

问题式学习是一种高级规则的学习。

美国教育心理学家加涅在其《学习的条件与教学论》一书中指出，问题解决是一种学习形式，它属于智慧技能，包括回忆和组合有关的规则，从而形成一个新的更复杂的规则。加涅特别指出，这种问题解决的过程，最终会产生两种类型的学习，即"一个新习得的实体就是一条'高级规则'，它使个体能够解决同类学习中的其他问题"；另一方面，他也学到了"一般性解决问题的方式"，即"能够指导学习者后继思维行为的认知策略"。而后者被人们普遍认为是高级学习，或高级思维的技能。因此，我们说，问题解决的学习是一种高级学习，是智慧技能学习的最高阶段，它以概念学习和规则学习为基础，通过解决问题中的知识（非策略性的专门领域知识）与认知策略以及元认知（对自身认知的觉知、计划、监控与调节等）之间以互补交融形式，形成信息加工的图式来支持创造性解决问题。

问题解决学习在本质上是实践性的。

问题解决使知识同一种实际需要和特定情境联系起来，从而建构知识的意义，为问题解决而自主地搜寻、抽取和组织信息，深化了对知识的个性化理解，并且在使用知识的过程中让知识变为灵活而又可以广泛迁移的"自己的知识"。围绕问题的、以目标任务为导向的一系列高层次思维活动，提高了学生思维的批判性、广阔性和灵活性，发展了元认知反思、非算法思维、创造性思维等高级思维能力，同时也造就了既能自主又善于有效合作的学习者。

问题解决学习是以"学生发展为本"的。

在问题解决的学习中，教师不再是传授知识内容的"专家"，而是激发"问题意识"、唤起探求欲望、提供学习策略和思维路径的引路人，搭建"认知支架"（完成后即拆除）的扶助者和合作互动的组织者，而只有学生才是负有责任的自我发展的活动主体，是知识的积极建构者。一句话，问题解决学习是以学生发展作为出发点和落脚点，是学生本位的。

总的来看，问题是主题学习模式的核心，所有学习活动都是围绕问题而展开的，问题是纲，知识是目，纲举目张。学生要直接接触原始问题[1]（这是创造力之源头活水），知识是解决问题的工具和手段，因具体问题不同而产生重组或变异。学生的解决问题能力、创新能力和自主学习能力将通过学生获取知识并应用知识解决问题的过程而得到发展。

4.问题解决的一般模式[2]

问题解决一般可以划分为四个基本过程，即表征（representing）、策划（planning）、执行（executing）、控制（controlling）。所谓问题的表征，就是将提出的问题转换为问题解决者内部的心理对应物。策划解决方案，包括确定必须进行的操作或运算步骤。执行，包括完成在策划中详细说明的各种操作或运算任务。控制，则涉及对其他过程（如察觉某一计划执行不力或某一步骤执行错误）进行监控和调节的元认知过程。通常，学校教学主要侧重于执行（即训练基本技能），而学生在问题解决学习中遇到的主要困难则是如何表征问题、如何制订计划和对问题解决过程进行监控。由布朗斯福特与斯特恩（Bransfor & Stein，1984）开发的五步问题解决过程则包括问题识别、问题表征、策略选择、策略应用、结果评价。斯腾伯格提出的问题解决过程包括六个基本步骤，即问题的确认、问题的定义、问题解决策略的形成、问题的表征、资源的分配以及监控和评估。这六个步骤构成一个解决问题的循环过程，即一个问题的解决意味着另一个新问题的产生。

我国通过整合，通常将问题解决的一般模式归结为五个阶段，即问题的识别与定义、策略的选择与应用、问题的表征、资源的分配和监控与评估。

---

① 张奠宙.创造教育：思考原始问题[J].教育参考，2001（1）.
② 高文.教学模式论[M].上海：上海教育出版社，2002：235—236.

第六章　核心素养教育背景下教学过程中的自我理解

第一节　自我理解的内涵

一、自我理解的定义

自我理解是一个简单而又复杂的概念，说其简单是因为每个人对自己都有一定的理解，说其复杂是因为人本身是复杂的，时刻都在变化，自我理解的程度与水平都是动态性的。因此，虽然人们在改造自然与世界的过程中取得累累硕果，但在自我理解过程中还是存在诸多困惑。无论如何，自我理解都是公民核心素养的重要构成要素之一，有了对自身的清醒认识，充分了解自身的优势与不足，才会充满自信，更好适应社会，进而更好实现自我发展。高中是接受教育的关键时期，也是身心发展的关键阶段，他们的自我理解水平在不断发展过程中呈现出一定的阶段性特征，掌握这些特征及其表现有助于开展更有针对性的教育，从而助力他们更好成长和发展。

"自我"是备受心理学家关注的一个话题，又称为自我意识或自我概念，"是个体从事社会各个领域实践活动的中介因素，具有调节和定向作用。自我与个体的身心健康、学业成绩、社会性发展和个性品质的完善有密切关系。"自我理解作为一个概念是由心理学家 Damon 和 Hart 提出的，是有关个体思想和态度的概念系统，包括主体我与客体我两部分。总体上说，自我理解就是个体对自己的意识状态，即自己认识自己，自己把握自己。每个人既可以以主体我（相当于主格的"I"）的主动姿态去认识与改造事物，也可以以客体我（相当于宾格"me"）的身份作为审视和评价对象被认识、被改造。而每个人都是主体我与客体我的综合体，我们通常在不断的自我反省与外界评价中认识与了解自己。

据上，我们可以将自我理解定义为：个体对有关自己的思想和态度认知的概念系统，包括客体我和主体我两方面的知识。自我理解并非与生俱来，而是随着生活环境的影响逐渐发展与变化的，是一种全方位认识自我的过程，具体表现为对生理自我、心理自我、社会自我的理解。个体的自我理解发展受自我意识发展影响，而个体自我意识发展存在着阶段性，先是身体我的发展，然后是社会我，再到心理我发展。自我理解过程是个体不断社会化的过程。

二、自我理解的维度

威廉·詹姆斯（William james）是西方比较早研究自我理论的心理学家，他在其著作《心理学原理》一书中将自我划分为主体我与客体我两部分：客体我又称经验的自我，"是经验与意识的主体，是所有一切个人可以称为属于他的全部东西，不仅是他的身体，还包括他的衣物、妻子、朋友、工作及心理力量等等。"客体我由身体我、社会我和精神我组成并通过其进行表征。主体我是指纯粹的自我，"是个体能经验、知觉、想象、选择、记忆和计划的主体"。由于主体我的核心在于以主观方式去体察主体自我，因此出于实证研究目的，大多心理学家仅研究客体我，客体我包括生理自我、心理自我与社会自我。相应地，我们将自我理解从生理自我理解、心理自我理解与社会自我理解三个维度进行划分。

生理自我理解是指个体对自己生理属性的认知，包括对自己身体、外貌、行为、体能、存在等方面的认识与了解，是自我理解最原始的形态。心理自我理解是指个体对自己心理属性的认识，其中包括对自己人格特点、人格倾向、心理过程及心理特点等方面的认识与了解，表现为一种自我体验、自我反省、自我意识的过程；社会自我理解是指个体对自我社会属性的认识，包括对自己存在的各种社会关系角色、权力、义务、地位人际等方面的认识。

从心理学方面来讲，心理自我和生理自我都是自我意识的部分内容，是个性社会化结果，虽会受到外界影响，但属于主观方面的理解与感受。社会自我的突出表现在于自我控制，包括自制力和坚持性等方面，通常受外界影响较大。

人贵有自知，要全面了解与理解自我，就需要从多角度认识自己，每个人在自我理解方面都包括对生理自我、心理自我以及社会自我的认识与感知，将这三者综合起来就是对自我理解的全方位把握。青少年学生正值心理与生理发展的重要时期，对自我理解进行全方位的把握对他们的健康成长及发展有着重要的指导与调节作用。

三、高中自我理解的特征

随着学生身心发展的不断成熟，对生理自我、心理自我以及社会自我的认识与感知也逐渐清晰，在不同学段呈现出明显的阶段性特征。

（一）高中阶段的自我表征

从生理自我理解、心理自我理解和社会自我理解三个层面分别探讨高中阶段学生的自我理解表征。

在生理自我理解方面，高中阶段的学生处于从幼稚儿童向成熟青年的过渡阶段，生理发展迅速，心理发展却相对落后，他们前期也关注自己的形象与外在、行为举止等，希望得到同龄群体的认可与赞许，不能忍受他人的轻视与侮辱，后期则更多关心自己的个性品质。他们常表现得标新立异，希望能得到他人的关注与好感；同时开始不把传统、权威、社会规范放在心上，我行我素，易被误认为自私自利、妄自尊大，其实他们的内心是脆弱、敏感、不自信的，他们在比较中或他人的评价中获得对自我生理方面的理解与认识。

在心理自我理解方面，高中阶段学生的"自我"分化更明显，主体我开始占据主体地位。初中阶段，学生的那种比较稳定、笼统的"我"被打破，"主体我"开始显现，学生开始关注自己的内心世界。到了高中阶段，这种分化更加明显，他们比初中时期更加善于从旁观者角度来审视、观察自己，也更善于自我反省。"自我"分化的过程中，"主体我"开始崛起，并占据重要位置，使高中生沉浸在自己的内心世界里，对内心的问题特别敏感，内心体验丰富而深刻，表达含蓄、隐蔽。他们爱表现自己，强调自己，自尊心强而脆弱。

在社会自我理解方面，随着心理发展的逐渐成熟，高中生的生活独立性增强，自我意识能力提高，交友热情增高，急需情感力量及参加不同的群体活动，同时对异性的关注上升，也期望得到异性的好感。他们会用尽可能在各个场合表现自己，表现得争强好胜，希望得到他人的认可和赞赏。

综上所述，高中生自我意识的深入发展，其自我理解与自我认识能力也逐步增强，理解的内容也更加深刻，从注重自己的外在及别人对自己的评价向关心自身的个性品质与内心世界及社会活动发展。对自我的认识逐渐摆脱对成人的依赖走向独立，但受同辈群体的影响强烈，自我认识及自我评价逐渐趋于稳定。

四、自我理解的四个维度

"认识你自己"是哲学的初衷。其实，对于一切严肃的思想家而言，其所面临的问题只有一个，那就是"如何理解我们自己"。自苏格拉底开启"认识你自己"的命题以来，哲学的后续就成了对这一命题的注解。当人们对自我的理解出现偏差时，其对自身的认识也就会有问题，并且很容易将日常的实践引入歧途，给人们的生存造成灾难。康德守护"人之尊严"的崇高理想，坚持"人是目的"的道德律令，通过这样一种独特的基于时间窗口的自我理解的方式，使得人类社会在理想与现实的张力中，有了持续生成更新的可能；透过这个窗口所铺陈的存在价值与生命意义，既指引着实践又落实于实践，使得人类的实践有了方向和动力。

（一）时间之维

时间是自我理解的窗口。通过这个窗口我们才能切入存在自身，无论是作为族类存在的人，还是作为个体存在的人，我们都借助于时间之维来表征自身存在的外在长度和内在深度。甚至空间就是时间的片段性或者说是片段性的无限叠加，如此而言，则借助于时间之维还能表征人之存在自身的宽广度。在时间的前提性基础之上我们展开了自我理解的可能性之旅，在人类的历史和自我的生命中留下印记，标出路标，有了回望过往与展望未来的驿站。时间以其本身的无限性确定了包括人自身在内的每一个时间中的对象，而这种确定性又奠定一切对象之理解的基点，无论这种理解是人们通过时间窗口的向外投射，还是面对自身的向内省察，都促成了自我理解的深化，自我认识的扩张，自我行为的落实。

（二）精神之维

人之为人的存在论处境具体展现于：人既是一种社会存在，也是一种自然存在；既是一种理性的存在又是一种非理性的存在（尽管这种"非理性"并无存在论意义，但我们到底不能否认这样的存在论事实）。两者共居一体，既在个人身上形成勃勃生命之源，又使人类共存于普遍的相互关系之中。人之存在介于物之存在与神之存在之间，在很大程度上由于人在社会化过程中文化性、精神性、思想性的东西使人逐渐地摆脱纯粹的动物性，踏上了由"必然王国"走向"自由王国"的道路，作为一种动物被文化（人化）之后已不再只是动物而是人（成其为人）了。人之存在的精神之维，依然是生活世界中的人们追求"好生活"的价值源泉之一。所以精神性是人之存在区别于其他存在的根本属性，物性是一切存在所共有的，本能是所有生物所共有的，一是全部动物所共有的，维度精神性是人独有的。

（三）道德之维

所有的哲学都因人的问题而产生的，最终归于人的问题，而这"归于"途中必要过"伦理"的桥梁。每一个有理性的人都是自己对自己颁布规律，所以每个人都自己有自己的目的，不把别人看成是工具；每个人都有通向自己目的的道路，在这条道路上每个人都不把别人当作自己的铺路石。这样，人们各自也就都有了自己的尊严，都有了自己的人格，人与人之间也就有了"平等"，每个人都按照自己的"实践理性"办事，不接受外来的控制，因而每个人都得到自由的全面发展，这就是所谓的"意志自由"，也就是所谓的"个性自由""个性解放"。正是由于人的可以"不断成为"的属性，使得人之为人因信而生——首先是你想成为什么样的人你就（可能）将成为什么样的人；其次是你想让其成为什么样的人其就（可能）将成为什么样的人——使得唯有在人的身上信仰的力量才能如此强大，信仰之于人是如此重要。

（四）实践之维

人之道德可能性的探寻最终只有一个出口，那就是归于实践。而人之存在本身恰恰又是人的最大实践。首先，我们的衣食住行莫不来源于实践，是切实干出来的，而不是空想出来的，不辛苦去工作，是创造不出馒头，创造不出猪肉，创造不出房子来的。一切的物质财富，莫不来自真切的实干。没有实践，人的粮仓里就颗粒无收，空无一物。其次，我们的思想也全部来源于实践。现如今，许许多多的成果是科学家从实践中得来的。即便是思辨性很强的数学和逻辑学，最初也是来源于实践，没有实践就没有一切的思想、科学、知识，人的大脑就是一片空白，空无一物。实践也是检验真理的唯一的标准。人的认识是从实践中产生的，这种认识的正确与否，必须经过检验，而检验的方法必须通过实践来衡量。人的认识是从实践中产生的，又为实践服务，随着实践的发展，并受实践检验。实践是很重要的，它发生在我们生活中的方方面面，它是一个探索真理道路上的人必不可少的。所以，自我理解也是需要从实践中获得的。

第二节　自我理解素养的价值

自我理解是个体存在与良好发展的基本条件，只有先理解"自我"，才能理解"他人"、理解"社会"。然而，当今社会人与人之间的竞争愈发激烈，相较于理解自身，人们往往更了解他人，这反倒容易造成对自身定位的错误，从而产生过激行为，影响自身成长与发展。就自身而言，自我理解能使个体认清自身优缺点、明确追求的目标、规范言行举止；就外界而言，自我理解能促进与他人良好关系的生成，与社会融洽相通。

高中生的自我理解能力对其当下学习与生活更是有着重要影响，是其今后生存发展的必备素养。如今高中生依旧处于沉重的升学压力之下，极少学生能关注到"自我"，包括"我为什么要学习？我的理想是什么？我与他人有何不同？"等一系列对自身发展重要的问题，而师生矛盾日益突出、生生关系逐渐紧张这些现象与学生自我理解的缺乏都息息相关。概括地讲，学生正确理解自我不仅能端正其学习动机与态度，而且能与同伴、教师、家长建立良好的沟通关系，进而提升教育的实效。

一、于教育改革的价值

自我理解虽然是个体对自己行为、感觉、思想等相关信念、态度的认知，与个人的身心健康、学业成绩、社会性发展、个性品质的完善息息相关，但是个体自我理解素养的形成对教育改革也有重要意义。

（一）落实教育改革目标

学生的自我理解，即学生表现、传达自身当前感觉、思想、行为等相关信念、态度的意识和知识，将有助于家长、学校、社会了解各阶段学生具体的、真实的心智与能力发展水平和其发展需求，进而有助于在实践中真正贯彻教育改革目标。

"必须清醒认识到，我国教育还不能完全适应国家经济社会发展和人民群众接受良好教育的要求。教育观念相对落后，内容方法比较陈旧，高中生课业负担过重，素质教育推进困难。"①从2001年基础教育课程改革至今，我国教育改革的目标一直在提倡素质教育，素质教育强调从长远发展的角度培育全面发展的学生。而在教学实践中，素质教育这一培养目标受到应试传统的极大影响。应试教育从短期发展的角度强调培育会做题、会考试、能升学的学生，更多的是站在学校发展利益的角度对学生提出要求。当前教育改革目标的制定，虽突出了学生的学习主体地位，一切教育都是为了学生的发展，但实际贯彻效果并不乐观，原因之一在于，教育改革实施过程中，作为教育改革的直接针对对象与最终受益对象的学生的意见鲜少被听取。现实高中生往往因对自我理解匮乏，难以确切表达出自身的想法，更别说能对教育改革提出自己的要求与建议，这导致教育改革目标与教育实践脱节，理想的素质教育与实际的应试教育不断斗争，最终导致教育改革目标难以真正实现。因而，要加深学生的自我理解，首先，要促使学生正确认识自我，促进学生与家长、教师、社会之间有效交流，交流过程中，学生的发展状况以及未来发展方向将进一步得到明确；其次，学生加强自我理解能够对教育改革目标贯彻起到监督作用。实现自我理解的学生能清楚认识到自己的所需所求，学校教育与家庭教育是否满足其需求，学生能够有对比判断，从而能够对学校教育和家庭教育起到监督规范作用，因而听取学生的发展诉求是贯彻教育改革目标的有力保障，这需要以学生自我理解为支撑。

（二）促进教育改革实践

我国教育改革"以人为本"的精神有助于学生自我理解的实现，同时学生自我理解的良好发展也有助于推动教育改革进程。具体表现为，学生自我理解首先有助于推动学生与教材对话，实现教育改革知识层面目标；其次有助于促进学生与教师友好交流，实现教育改革技能层面目标；再次有助于端正学生学习观，实现教育改革态度层面目标。

德国哲学家海德格尔认为，"理解"是人存在的基本方式和特征，一切理解都源于自我理解，自我理解意味着自身形成的当下足以信赖的人生观、世界观、价值观，只有先理解了自身之后才能理解他人。对于学生而言，学生的自我理解是其理解教材、教师、学习的基础，学者张光陆和张华指出："理解的过程就是两种视域的不断交融、不断对话，直至'视域融合'，形成一个新的视域。"我们可以这样认为，教材反映的是一种系统化、成熟化的视域，学生与教材的关系便是两种视域的理解与对话交流，若学生没有自身的视域，在学习的过程中难以与教材进行对话、交融，即便能够理解教材视域（即理解教材所指内容），也不能将其内化，学生自身很难能得到真正的提升；同样在课堂教学中，学生与教师的关系是学生视域与老师视域的相互碰撞、协调、发展。若学生对自我理解不深刻，即没有形成自身的视域，那么在课堂教学中，学生所处的地位只能是被动接受型，教育的过程也只能是老师的"知识灌输主场"。学生与教师不存在对话交流，自然学生与教

---

① 《国家中长期教育改革和发展规划纲要（2010-2020年）》研究制定工作自2008年8月启动以来，在深入调研、广泛听取意见建议的基础上，经反复研究修改，形成了公开征求意见稿，并于2010年7月29日正式发布纲要。

师的关系并非基于情感的人际交流，仅是知识传播者与接受者的关系，这样的课堂既没有思维的碰撞，也没有活力的释放，既不利于学生的发展，也不能促进教师的专业发展，更别说推动教育改革的发展。学生自我理解推动教育改革进程也体现在学生形成正确的学习观上，教育改革的成功不仅需要专业型教师的引导，更需要学生自身的努力。如果学生能认识自身当前思想行为状态，便能理解学习中可能遇到的困难与无助，当遇到困难时学习自信心不会受损，学习热情也不会消退。

（三）完善教育改革评价

"没有学生'返回'自身的教育就不是完整的教育。"家庭、学校、社会的教育效果直观体现在学生取得的发展上，教育改革的目标制定与评价都应以学生为本，评价教育改革是否成功，主要看学生通过教育获得了什么样的发展，发展的程度如何，而学生对自身取得的发展最为清楚，因此学生自我理解的实现有助于完善教育改革评价指标。

具体而言，学生自我理解的实现首先有助于学生自我评价的实现，学生自我评价又能促成教育改革评价，除此之外，学生取得的发展还应与教师评价相结合，学生在知识与技能、过程与方法层面取得的发展较为具象，容易测量，而在情感、态度、价值观层面取得的发展较为抽象，给相关教育评价带来了困难。但学生的自我理解形成过程不仅是知识的累积过程，更是情感、价值观的形成过程，精神层面的自我理解会直接体现在其行为活动中。例如，课堂教学中教师与学生的对话、家庭生活中家长与学生的对话、社会生活中社会与学生的对话，都能直观反映出学生自我理解的客观性与准确性程度，并且学生在学校、家庭、社会里的行为举止也都时刻体现着其对自身的理解，因而学生的自我理解不仅可作为评价学生在知识、技能层面上发展的指标，而且作为在情感、态度、价值观层面上可观察的教育成果，学生的自我理解也可以作为评价学生是否形成正确的生活观、人生观与价值观的重要指标。最后学生自我理解的提升要求教学与学生生活紧密相连，只有"以学生为本"、立足于学生生活的教育，才有助于学生在现实生活中感悟自我、理解自我、提升自我。因此，理解自我可以成为考查学生生活发展的重要指标之一，是评价教育改革的一项指标。

二、于学生发展的意义

个体对生理自我、心理自我以及社会自我的认识与感知有助于完善自我认知体系、有助于道德品格的养成、有助于形成良好的人际交往关系。

（一）有助于完善自我认知体系

学生自我理解的实现是自身认知不断发展、完善的过程，正是在与外界碰撞、沟通、融合的过程中，学生个体的认知体系得以建立。

"自我理解的发展观认为个体在各个发展阶段都具有身体的、活动的、社会的和心理的自我图式，也都能认识到自我的能动性、连续性和独特性，只不过水平不同而已。"可见学生的自我理解具有连续性和递进性，受认知水平的限制；学生对于自身的认识往往带有冲动性和主观性，容易造成对自身理解的不全面和不客观。因而在学习中，需要学生自身视域与教材和教师所呈现的视域相交，带来对理论知识的加深记忆和思考问题新视角的发现；在生活中，需要学生视域与家长、教师视域相交，带来生活态度的形成和认识世界方式的转变，从而随着学生心智能力的发展，学生将会自觉修正对自身的认识，自我理解也会更具深刻性、客观性，这对于形成自身认知理解事物的方式起着决定作用。苏格拉底说"认识你自己"，只有先理解自身的存在与意义，才能感知他人、认识世界，才能形成并完善自身认知体系，缺少自我理解的学生，缺乏对知识的理解，只能做到"记忆性"理解，而非"理解性"记忆，缺乏对事物的认知，只能做到人云亦云，其认知方式只能是他人的"搬运工"，因而只有以自我"存在"为前提，学生的认知体系才能得到完善。

（二）有助于形成自身道德品格

学生自我理解包括对"主体我"与"客体我"的双重理解。"主体我"即学生处于观察者的地位来认识、改造自己，发挥着控制自我表现和评价自身进步的功能；"客体我"即学生处于被观察者的地位，是被认识、被改造的自己。学生主动站在他人的角度来约束与规范自我，基于双重理解共同作用促成自身道德品格的形成。

自爱心在学生对"主体我"的认识中起引导作用。自爱心不仅表现为自觉意识，还包括得到社会的认可、自我实现的需要。在倡导社会主义道德文明建设的今天，学生因渴望实现自我、得到社会认可，在选择成为勤劳、勇敢、善良之人与懒惰、怯懦、阴险之人中间，学生都会倾向于前者，即往往都会持有积极向上的生活状态，自觉养成良好的道德品质，这是学生"主体我"的理解对其道德品格养成的积极作用。然而"自我结构中理性与非理性总是表征为一种共生、共在的相倚关系，这决定了我们在为自我内心潜存的自爱心感到欢欣鼓舞的同时，还必须时刻对心灵深处的非理性冲动保持高度的警惕"。虽然自爱心对道德品质的形成起着引导作用，但是由于学生心理发展不够成熟，处于易冲动和模仿时期，同时内心存在的不羁和反叛情绪不时与自爱心相抵触斗争，因而仅有"主体我"的自我理解对道德品质的形成是不够的。"客体我"层面的自我理解是学生从"他人"角度出发的认识自己的过程，站在他人的角度认识自己，自己的行为将更理性，"他者"具有更强的约束性，这将有效减少自我随心所欲不良行为的发生，同时学生能主动从他人的角度认识自己这一行为本身就是道德品质（如善解人意、体贴细致、客观公正等）的养成过程，可见学生自我理解即"主体我"与"客体我"双重理解有效作用于学生道德品质的培养。

（三）有助于建立良好人际关系

理解并不单是指一般意义上的了解或认识，还具有人文与实践意义。理解虽是精神层面的沟通与交融，但若将理解指向实践层面，会直接反映在人际交往活动之中。由此，理解是作为"客体的你"与作为"主体的我"双向的对话，自我理解则是"客体我"与"主体我"的共同对话，自我理解能有效推动人际交往，有效的人际交往关系同时也在促进自我理解。

　　首先，学生自我理解有助于与自我形成良好的关系，认识自己、认清自己、认同自己，对自身思想、信念、行为有一定认识，明确并承认自身不足，通过对"主体我"和"客体我"的综合理解，形成良好的道德品行，不断完善自身，加强自身认同感。其次，自我理解有助于学生与教师、家长形成良好的人际关系。人只有在理解了自身之后，才能理解他人，学生的日常交往对象除了学生群体外，几乎都是与教师和家长之间的相处，学生与教师、家长由于生活阅历不同，产生不同的价值观，而双方不能尊重、理解彼此的价值观是造成学生与教师、家长矛盾的主要原因。学生自我理解能够促使学生站在教师和家长的角度审视自我，这是学生对教师和家长价值观接受的表现。在与教师和家长价值观的碰撞中，学生便会反思自身价值观，同时对于教师与家长而言，学生表露自我价值观也将利于其对学生的了解，教师和家长也会反思自身的价值观，从而在双方反思、融合过程中，学生的自我认识不仅会更为深刻与全面，而且也能学会尊重、理解教师和家长的价值观，这将会有效促进学生与教师、家长和谐关系的发展。再次，学生的自我理解有助于与社会形成良好的关系，当前学生虽然大多处于学校与家庭的环境中，但本质上仍为社会人，认知体系的完善、道德品格的形成、人际交往的训练最终都是为了更好地认识世界、融入社会，学生的自我理解有助于学生清楚地认识自身的状态，自我理解的提升包含着人生观、价值观、世界观的加深与完善。可见学生自我理解对其社会性的形成作用主要体现在生活态度上，积极向上的生活态度更有助于学生视域与社会视域的相通，而这种相通同样也在促进着学生生活态度的积极发展，这种良性双向互动过程最终会助推学生社会性的发展。

第三节　自我理解素养的培育

　　老子曾说："知人者智，自知者明。胜人者有力，自胜者强。"其基本意思是说能了解他人的人聪明，能了解自己的人明智。能战胜别人的人是有力量的，能战胜自己的人更是不可被战胜的强者。老子还说，"人贵有自知之明"。实际上，无论是古代还是今天，准确的自我理解都是人的一种内在素养。当然，个体的自我理解是一个不断发展的过程，而教育的价值在这个意义上就是要让人不断认清自己，进而不断追求并实现自身的价值。自我理解不会自发形成，因此，如何让学生形成正确的自我理解，有必要从学校和家庭两个场域着眼，有效发挥学校教育和家庭教育两种途径的积极作用。

一、学校层面自我理解素养的培育

学校教育是培育学生自我理解素养的主渠道。在学校场域中，对学生进行自我理解素养的培育主要通过积极归因训练增强自信、借助同伴互评澄清自我认识、注重自我理解在学科教学中的渗透。

（一）通过归因训练增强自信

"我觉得自己有点黑，因为我老姨她们总叫我老黑。我觉得很难过，感觉这样不好看，她们也不喜欢我长得黑。我要是变白了，他们就不叫我老黑了，也会更喜欢我。"这是一名女孩对自我的描述。从中我们可以看到，女孩很介意肤色对她的影响，这种消极心理感受主要来源于她与他人的社会关系。另外一位同龄女孩这样描述自我："家人都说我长得有点黑，这一点与我爸爸一样。有一次，学校唱歌比赛，老师给同学们涂眼影，别人都用紫色的，老师说我黑，就不给我用紫色的，换成别的颜色。我觉得还挺好看的，别人和我的都不一样，就我比较特殊。"

同样是肤色黑，两位二年级小女孩对自己的理解却截然不同，何以如此？原因在于她们对自己的看法受到外界影响进而对自己进行了不同的解释归因，归因不同导致的自我理解也不相同。有研究发现，个体会利用外界各种信息对自己的行为结果做解释归因，而这种解释归因反过来会影响个体的情绪与期望变化，从而进一步影响行为的动机与行为，带来新的结果，又产生新的归因解释，如此循环下去。在现实中，学生的自我理解出现的各种问题正是由于归因不合理而导致的，因此，教师可针对性地对学生进行归因训练，使学生能够对自己的各种表现进行科学合理的归因，从而客观地认识自我、理解自我。每个人的成长经历都独一无二，其中的感受也只有自己能体会，教师与学生在日常接触中更多只是从外部观察学生，他们的内心世界却无法用肉眼来观测。因此，教师可定期让学生写一篇个人的成长史，根据学生的自述对他们的内心发展进行揣测，进而引导发展存在偏差的学生进行自我理解归因训练，长此下去，通过疏导的学生在不同阶段对同一件事的看法可能会产生变化。让学生回顾自己的成长历程，在写作的过程中进行自我反省与教师疏导结合，可以有效提高自我理解水平。

（二）借助同伴互评澄清自我认识

由于高中生在自我理解方面受他人的评价影响大，尤其是同辈群体和教师等人，高中生一直生活在一个班集体中，因此，教师可利用班集体这个平台，充分发挥班集体作用，集思广益，让高中生在相互学习、相互促进、相互评价中更好地理解自我、认识自我。

第一，教师可利用平时班会的时间开展学生自评、互评活动。自评、互评在总体上应是积极健康的，以增强学生的自信心，因为高中生在自我认识方面还不成熟，他们在自评或他评时无法全面地看待自己或他人的优缺点，易做出过高或过低的评价，所以教师在活动开展时应做出引导与说明。如开展互评活动时，让同学多写他人的优点、值得自己学习的地方；而开展自评活动时，教师要引导学生正视自己的缺点与不足，做出打算如何改进，如何继续保持优点的措施等。第二，高中生对自我的理解受他人的影响较大，他们在与他人的比较中获得对自己的正面或负面的理解与认识，教师可以在学生中树立一个优秀模范生作为榜样，让其他学生向他看齐，以模范生的标准要求自己。这个模范生并不仅以学习成绩作为选择标准，同时要注重其是否拥有乐观的心态、自信的态度及其他方面都有值得大家学习的地方，教师通过对模范生的确立，鼓励其他同学争做模范生，发挥集体作用，大家在集体中共同健康成长。第三，在教育教学过程中，教师要注重评价学生言语的使用，建立多维的评价体系。高中生对教师的评价是极其重视的，教师要规范自己的言行，不因为一件事轻易贬低讽刺学生，不以成绩好坏作为评价学生的唯一标准，要从多角度使用恰当语言，客观、公正地评价学生，让其正确地认识自己，调整自我理解的偏差。总之，教师要利用好集体这个平台，与同学多接触，给予对自我认识消极的同学积极的心理暗示，对自我评价过高的学生通过个别谈话或集体活动等方式予以引导，使其正确认识自我，形成良好的自我理解能力。

（三）注重自我理解在学科教学中的渗透

德国教育家第斯多惠曾说过，教学艺术不在于传授本领，而在于激励、唤醒、鼓舞。教师不仅是为了教学而教学。教育除了知识、思想的传递与共享外，更应让学生通过学习更加深刻地了解、认识自己。所谓"知人者智，自知者明"，教师应该努力为学生提供这种提升认识自己的机会与平台，而且学生通过教师提供的平台也更容易对理解自我产生兴趣，通过不断地探索，更加科学、合理、客观地认识自己。学生的自我评价或评价他人是其自我理解水平的重要表现。但由于身心发展的不成熟，高中生还无法全面地认识、评价自己。因此，教师可以利用课堂，将自我认识、自我评价等相关内容融入学科教学中，尽量给予学生积极的评价，促进其自我理解的健康发展。如在语文课中，教师可以通过语言表达能力的学习，让学生对自己进行评价，尝试撰写评价报告，培养学生正确使用评价语言的能力及自我评价意识。教师在教学过程中注意对学生做出的自我评价进行二次评价，引导学生全面地看待自己，通过不断的练习提高自我理解水平。所谓"授人以鱼不如授人以渔"，在历史教学中，教师可以让学生尝试客观评价典型历史人物，教师在学生评价过程中要引导学生评价的原则与方法，不能只从一个方面对人物做出肯定或否定评价，要综合多种因素、结合丰富的史料进行考量，让学生学会树立正确的评价观，培养其公正、客观的评价能力，从而促进学生利用已有的评价观公正、客观、合理地认识、评价自己。此外，在生物课上给学生讲述人的生理与心理发展特征与表现，政治课上弘扬健康、正面思想等等，都可以帮助学生形成良好的自我理解能力。

二、家庭层面自我理解素养的培育

除了学校教育作用的发挥，有效的家庭教育与学校教育相辅相成、相互促进，在学生自我理解素养的形成中也发挥着重要作用。家庭教育的作用主要体现在两个方面：一方面，通过建立有效沟通渠道，培养孩子积极的自我意识；另一方面，通过调整家庭教养方式，营造孩子良好成长的环境。

（一）建立有效沟通渠道，培养积极的自我意识

家庭对人的影响贯穿其一生，沟通是家庭教育中的一项重要内容，也是培养孩子积极自我意识的重要手段，积极的自我意识有助于孩子更客观、全面地认识自己。沟通方式不同，教育的效果也大不相同。研究发现，12 岁之前的孩子很愿意与父母交流他们的想法，但之后却发生了变化，父母的态度不变，但他们交谈的对象第一选择是朋友，其次是老师，与父母沟通的次数与时间开始变少，很多父母觉得孩子变得不听话了，沟通也越来越困难。其实，这是孩子进入青春期发生的心理变化而已，父母应注意孩子的变化，在不同时期采取不同策略与孩子进行有效沟通，培养其积极的自我意识。

首先，家长要肯为孩子花时间沟通，无论沟通的话题为何，多少都会有一定的效果。通过沟通父母可以及时了解孩子的想法及状态，进行及时的疏导，排除孩子心理的阴霾，使其保持身心健康。

其次，父母要学会倾听，当孩子的听众。很多进入青春期的孩子嫌父母唠叨，导致不愿与父母多说，这时父母就该注意创造一个倾听氛围。无论孩子说什么都要认真听，让孩子感觉到你对他们的关注，激发他们的诉说欲，进而了解孩子的想法，分析他们的思想，对他们进行帮助与指导。另外，父母在与孩子沟通时要随时反思，自己是否说得过多，是否照顾了孩子的感受等，要注意孩子沟通情绪的变化，懂得适可而止。

再次，以平等的方式沟通。在中国，大多家庭很难做到父母与孩子以平等的方式交流，遇到不同意见时，父母一般都要求孩子听自己的决定。其实，这种沟通方式反而会适得其反，父母不妨以朋友的方式与孩子交心，遇到不同看法时，分析自己的观点，以理服人，同时也要聆听孩子的理由，如果有错误，要分析其不足，循循善诱反而更能让孩子接受。

（二）调整家庭教养方式，营造良好的成长环境

一般而言，主要存在着四种家庭教养类型：溺爱型、粗暴型、放任型、民主型。不同的家庭教养类型对孩子的自我理解发展存在着重大影响。

溺爱型家庭的父母以孩子为中心：孩子就是公主或皇帝，要什么给什么，无条件满足

孩子的一切需求，父母充当保姆角色。这样的孩子容易发展成自私自利、以自我为中心的人格，生活能力差、懦弱，缺乏上进心、缺少创新意识等。粗暴型家庭的父母对孩子管教严厉，视子女为自己掌中之物，要求子女老实听话，不许随便乱说乱动，孩子做什么都需要经过父母的批准，对孩子态度粗暴，教养方式简单，经常打骂、惩罚孩子。生活在这种家庭的孩子，一般性格内向，自卑、缺乏主见，做事优柔寡断等。放任型家庭的父母对孩子的生活与学习很少关心，基本不管孩子，父母与孩子间缺乏沟通，感情不亲密，父母缺少责任意识。在这种家庭成长的孩子行为放纵，缺乏责任感，容易走上不良发展道路。而民主型家庭的父母会给孩子提供宽松、温暖的生活环境，尊重孩子的人格，以平等的身份与孩子对话，懂得欣赏孩子的优点，有意识引导孩子健康成长，父母是孩子的朋友。民主家庭环境教养的孩子，明白事理，生活习惯健康，各方面发展良好。

有学者曾对北大、清华的高考状元做过一项调查研究，研究表明这些学生的父母都比较开明，注重给孩子提供相对宽松的家庭环境，孩子的学习压力也相对较小。所以，民主型家庭教育是一种理想的家庭教育，利于孩子的健康成长，孩子各方面的健康发展也有助于其自我理解的良好发展，父母应有意识地创造一种宽松的家庭环境，在学习上不给孩子施加过多压力，多与子女沟通交流，尊重孩子，以理服人，引导孩子正确认识自我。

第七章 核心素养背景下教学过程中的反思能力

第一节 反思能力的内涵

一、反思能力的定义

苏联教育家苏霍姆林斯基曾说过，"真正的学校应当是一个积极思考的王国"。这意味着学校应该成为一个允许并鼓励学生反思的场所，促使每个孩子都能获取一个善于思考的头脑。反思作为一种特殊的思维活动，简单地说即是个体对以往经历与经验的再认知，及在此基础上所进行的重组与调整。在现代社会和知识经济背景之下，创新能力是各类人才素质结构中的核心要素，而反思则又是创新能力的基础，没有反思能力就不可能有创新，因此反思能力是日益复杂的社会变化对人才发展新的基本要求。对学生而言，反思能力是其不断进步、提升自我的必备素养。可以说，反思不仅是一种学习的方法，也是一种做事的态度，一种生活的技巧。

所谓"失败乃成功之母"，这则大家耳熟能详的谚语背后便隐含着"反思"的意蕴和价值。我们只有不断地反思失败的过程，找出不尽如人意的地方，或许是目标设置有误？或许是方法使用不当？或许是努力程度不够？或许是沟通没有到位等等，随后总结提炼经验，对症下药，才能在下一次面对同类事情的时候，有更加出色的表现。反思能力的价值与意义由此不证自明，对其内涵、定义与维度的把握是开展理论研究和实践探索的首要环节。

"能力"一词是心理学中的词汇，"能力就是指顺利完成某一活动所必需的主观条件，是直接影响活动效率，并使活动顺利完成的个性心理特征。能力包括两个层面的理解：一是指完成某项活动的现有水平，即人已经学会的知识和技能；二是指个体能完成某项活动的可能性，即个体具有的潜力和可能性"。反思能力是偏正词组，其核心是"能力"，反思能力是能力的下位属概念。这就意味着"反思能力本质上是一种能力类型，它与其他能力属概念的区别在于其反思性"。反思在教育领域的运用首先开始于杜威，在他看来，所有基于问题解决的深思和审慎的思考都算是反思。要衡量反思这一行为的质量，需从反思的内容和反思的过程两方面来参考进行评价。其中，反思的内容主要包括行为前的目的和计划的反思，行为中情感和行为习惯的反思，以及行为后对结果的反思，反思的过程这方面主要是指个体在进行反思的过程中的思考逻辑，所运用的有助于反思总结的工具等。

由此可见，反思能力就是指个体对所见、所闻、所经历的事情所具备的批判性、探究性思考的能力，是反思活动能够顺利开展的心理特征。而在核心素养这一概念框架下，反思能力不是一种简单的心理特征，而是知识、能力、情感的复合体，因此，核心素养框架下的反思能力应该是拥有自我反思的情感和意志力，对个体所见、所闻、所经历的事情具有批判性和探究性思考的能力，是反思活动能够顺利展开的心理素质特征的综合体。

二、反思能力的维度

由于反思在本质上是一种自发的行为活动，其关键在于个体的自主性，因此对反思能力的分析应从反思的一般特征和个体的自我行动维持两个维度来进行。首先，反思能力具备反思活动的一般特征，具体表现为自我意识、自我评估、批判性和探究性等方面；其次，反思作为个体的一种自主活动，需要自身的意志力来维持反思行为的进行。

（一）自我意识

自我意识即个体对自己身心活动的感知与觉察，涉及对自身生理状况、心理特征、自我与他人的关系，以及自我在群体中的位置与作用等方面的认识。对特定个体而言，自我意识既是对自我状态的记录，也是反思活动得以萌发的动机所在。个体只有通过对比才能知道得失成败，所有的对比都需要一个参照，而自我意识则能够促使个体厘清自己的现状，是成长结果对比的基础。个体的成长便是伴随着不断地回顾过去、总结经验，并在此基础上不断前行而实现的。只有个体想要完善自己，力图在下一次的行动中有更好的表现，对自身的各方面情况拥有完整意识，才能够基于自己以往的经历反复思考并改过迁善，形成更加完善的方案与策略以迎接接下来的挑战。

（二）自我评估

自我评估是锻炼反思能力的重要做法之一。学生在课堂上或课后与教师一起分析自己学习的目标，确定该如何达到这些目标，学习该如何评判自己的功课中哪些是正确的，哪些是错误的，学习目标是否达到，如何才能达成满意的学习要求。自我评估的做法其实就是构建一个对照表，形成实然与应然的比较、现实中的实践情况与理想中的步骤、规划等的对比，从而评估自己的目标是否符合实际，努力方向是否正确，采取的行动是否有补助，努力程度是否不够等等。学生反思能力的养成与提升都是伴随反思活动的不断循环来实现的，而在反思活动中自我评估与学生的认知发展相结合，与学生的真实的学习与生活相结合，因此反思能力表现出来的一个重要特征是自我评估性。

（三）批判性

美国著名的政治学家诺里斯和恩尼斯指出：批判性是对相信什么或去做什么而做出决定的理性的反思思考。这是一个辩证的过程，具体表现为学生通过主动的思考，对某种事物、现实和主张的真实性、精确性、过程、理论、方法、背景、论据和评价等进行反省，发现问题，并得出个人见解。批判性思维不仅能用来评价别人的观点、思想方法和行为，也能帮助个体对自我的诸多方面进行严格的检查和评价。批判性是反思能力的基本特质，反思的内容包括个体所经历过的事情，事情的起因、发展、结果等的合理性，都需由个体主观意识根据相关的资料来辨别。批判性思维还是我们思考进步的最常用的思维能力，只有对事物进行批判性思考才能辨识好与不好，好在哪里，不好在哪里，好的原因是什么，不好的原因又是什么，才能做到去其糟粕留其精华，学会更多实在便捷的方法，做起事来也能更得心顺手。

（四）探究性

探究性意味着学生在学习、活动中能通过自主探究活动与体验，得出新结论，解决新问题，并对事物的真伪做出判断。具有探究意识的学生面对具有一定挑战性的问题或任务时，会带着发现问题的好奇心、解决问题的期望，通过自发的、主动的、多种方式的方法以解决实际问题或完成相应的任务，并在此过程中习得知识和技能，发展能力，培养情感体验。探究性主要体现在反思的目的层面，是反思的行为中所体现出来的特征。探究的表现有两方面，其一是已经发生的事情之间以及事物内部存在的各种因果关系；其二是寻找解决事情的各种方法，已经付诸实践的方案是否符合最优的标准，是否有更好的解决方案等，总体说来探究性即寻找无限可能性。

（五）意志力

任何能力的培养都是个体不断努力训练的产物。没有持之以恒的行动，就无法生成反思能力，更别提熟练运用了。反思能力的成长是逆向思维能力、探究能力、行动执行力等多方面的结果，反思的内容从最初的正确与否，发展到概括目的和计划的反思、过程中行为和情感的反思、行动后结果的反思。反思的过程从最开始的纠错，到后来探究原因，追寻可能的结果，这些都需要个体意志力的介入与支撑才能够完成。

意志力是个体调控事件的进程和结果，使之与预期目标一致的心理品质。因此，当个体能够在某一事件或一连串事件中表现出极大的决心与力量时，就会被认为拥有很强的意志力（静态的）；而个体意志力的特性，一般通过他的决心或行动的力度与持久性体现出来。无论通过外在还是内在的力量推动的反思行为，都是自主行为，从而受到自身的意志力影响，反思过程以及反思结果的质量，都建立在意志力的基础上。没有意志力的基础推动，便很难完成最基本的反思实践，没有意志力的长久支撑，也根本不能实现反思能力的不断发展。

三、反思能力特征

反思，在心理学上解释为元认知，其实现的三个步骤为：计划—监控—评估。计划包括完成一项任务所用的时间，采用什么样的策略，怎么开始，需要收集哪些资源，需要遵循哪些秩序、哪些策略等方面。监控是对"我是怎样做的"一种即时意识，所涉及问题诸如"这有意义""我做的是不是太快了""我学得已足够多了吗"等。评估包括对思考、学习过程和结果做出判断。

学生反思能力的发展主要依托于其思维能力的发展。儿童发展心理学的研究表明，在不同的年龄阶段，儿童的思维发展水平是明显不同的，具体表现为他们看待事物的思维方式是相异的，他们所能运用的思维能力也是有较大差别的，此处主要将学生的反思能力所处的阶段依据学生的思维能力发展水平来划分。

（一）高中阶段反思能力

高中是学生思维能力不断发展至完善、成熟的阶段，此时学生的执行力已提升到较高水平，自我意识也比较完整，因此高中阶段是学生反思能力发展的集大成时期。高高中生所接触的知识面也较以往开阔许多，其反思能力已经足够完成"计划—监控—评估"这一认知过程，能够完成行动前的目的和计划的反思，行为中情感和行为习惯的反思，行为后对结果的反思，也能够监控自己反思的过程，能够采用成熟的反思实践模式来完成任务。因而高中阶段需要全方位来完善学生的反思能力。

反思能力表现为能够反思有无完成任务、完成任务好坏等基础问题。但自制能力不足，需要外部督促。能够反思事情发生的因果关联，能够判断过程中的好坏因素，能够推理事情的起因，假设多种可能性，想象不同的结果，能够完成"计划—监控—评估"这一认知过程，具有较强的自制力和清晰的自我意识。

具体表现为学生能够反思老师布置的作业有没有完成，完成的质量够不够好。学生能够完成老师布置的任务，如果完成好，是因为做了哪方面的努力；如果不好，是因为哪方面不足，需要改进的地方在哪里。学生能够在一开始提出一个完整的计划书，按照计划书执行，并且在结果出来以后回归计划书，完成独立自主的反思。

第二节 反思能力的价值

随着知识确定性、稳定性的瓦解，知识不再被视为凝固起来的供人掌握和存储的东西，而是具有不确定性，人们必须通过它进行批判性、创造性思维，并由此建构出新的意义。知识不仅是纯粹客观的，也是人主观创造的；学习者不再是被动的旁观者，而是自主的参与者。学习要求的不是简单复制和印入信息，而是主动地解释信息，建构知识的意义。在新的知识观和学习观的指导下，义务教育各学科课程标准中都出现了"反思"的影子，如数学课标提到了"应该培养学生主动反思和调控自己的学习策略的能力"。与此同时还出现了具有新时代特征的教育口号——"教学生学会学习"，而"学会学习"的教育就是开发学生的元认知，以特定的方式培养学生的反思能力。学科知识本身具有复杂性，需要学习者进行深入的分析、论证、反复思考才能深化理解。这不仅要靠学生自己的领悟，也需要对思维过程的不断反思。因此，鼓励学生在学习过程中，不断对思维过程进行检查和自我反思，是提高学生学习能力，促进其全面发展的关键措施。简言之，反思能力对于学生的成长无疑有重要意义。

一、个人发展的内在需求

人的发展是一条持久而漫长的道路，反思是前进的重要阶梯，只有对自我状态的明确认知才能够给予自己自信并大步向前。人需要反思来认清自己的实际情况，通过反思能力的锻炼可以增强自身的主体意识，推动个人的自主学习，坚定不移地走向人生目标。反思能力的发展有利于个人经验的丰富与提升，并且推动个人各方面能力的发展。

（一）反思能力是认识自我的前提

曾子曰："吾日三省吾身：为人谋而不忠乎？与朋友交而不信乎？传不习乎？"自我反思的过程就是一个自我检讨、自我监督、自我提高的过程。在这一过程中，学生可以客观、公正地评价自己，不仅能够发现自己的优点，更能认识自身的缺点。因此，人只有学会了反思，方能不迷失方向，才能够更好地认识自我，避免盲目自大、目空一切、自我感觉良好。形成评价与反思的意识可以让学生及时地觉察自己学习的问题，明晰哪些做得好的地方值得继续保持、发扬，哪些地方需要修正和改进。

（二）反思能力是主体性形成的关键

新课改要求将学生放在主体地位。主体性是指人作为主体所表现出来的自觉、自主与能动的特性。学生的主体性是指学习过程中，高中生作为主体，在处理自我、他人及社会关系时所表现出来的独立、自主及能动的意识和能力。认识自我以及自我与外面世界的关系是人的主体性形成的重要条件。反思过程可分为自主学习、自主教育、自我管理三个方面。自主学习是学生为了一定的学习目标，独立地、主动地对学习活动进行规划安排、选择资源、调控过程和评价效果的系列过程。"对于不论什么年龄阶段的人来说，反思都是一个提高自律学习能力的有力工具。"当学生学会了自主学习，意味着学生达到了"学会学习"的水平。因此，反思的意识与能力是"学会学习"最重要的前提和基础，在反思过程中人的自主性、独立性、能动性和自由的个性得到了充分的体现。

（三）反思能力利于增强学生思维的周密性

杜威在《我们怎么思维》一书中指出，惯例行为基本上受冲动、传统与权威的控制。这种惯例行为普遍存在于学校中，表现在几乎每一所学校都存在着一种或多种被视为理所当然的、大家习以为常的现实观或"集体法典"，对于问题、目的以及达到目的的手段都以某种特有的方式来看待。面对某些常见的问题，人们都不假思索地采用了最常见的解决方法。杜威把反思行为界定为"对于任何信念或假设性的知识，按照其依据的基础和进一步得出的结论，去进行主动的、持续的和周密的思考"。经常反思的人，其行为活动带有更多的自觉性，考虑更周到，目的更明确。通过对活动过程、行为状态的观察、审视，人们可以及时发现问题、纠正错误，以免造成更大的损失或走向歧途。因为通过对行为结果的总结与评价，我们可以吸取经验、教训，避免在下一次行动中犯同样的错误。思之不慎，行将失当，那些因冲动而做出无法挽回行为的人，往往是由于不会反思所导致的，所谓的思想混乱、行为失控就是反思能力丧失的结果。

当主体遇到困惑或面临新的问题情境时，他首先思考的是"怎样做"的问题，在脑海中形成多种解决方法，并且对行动进行预演，而非立即盲目行动。进而通过理智化思考、提出假设、推理，并通过行动来检验假设等过程，对想法和观念进行论证。所以，反思能够使人摆脱冲动与冒失，并把盲目和冲动的行为转变为智慧的行动。同样，反思也能够指导下一次行动，使之具有预见性，并按照目的有计划、有选择地行动。俗话所说的"三思而后行"就是这个道理。

二、社会发展的外在需求

马克思指出，人是社会中的人，是处于社会关系中的人，人的发展与社会发展息息相关，社会发展带动人的发展，也对个人的发展提出了要求。我们的社会实践活动是一个大范围内的实践活动，反思活动的开展能够助力各项事务正常运行，从而有利于社会进步。我国的教育事业存在一些问题，如学生作业多、作业难，教师水平良莠不齐，实行应试教育等，只有通过对以往教育改革的不断反思才能实现教育事业的长足发展。

（一）反思能力推动社会发展进步

人之所以成为万物之灵长，就在于人类具有思维的能力，而思维能力中包含了反思能力。作为一个有反思能力的人，意味着在复杂的现实生活中，他具有运用人类的知识进行正确思考判断的智慧和能力。反思就是寻找某些不完善、需要改变的东西，并在此基础上运用智慧构思出更适时的东西。时代的变迁、社会的发展，往往会给原本已完善的东西留出进一步完善的余地。如果可以合理地借用反思能力，选准社会中某一特定现象进行分析、评价，然后在此基础上不要怕与他人的观点不一致，批判地借鉴他人的结论，并抓住问题的实质提出自己的独到见解，那定是有益于社会进步的。培根说过："要进入科学王国就得使自己变成小孩子，也就是我们必须像一个小孩子那样保持开放的心态、灵活的好奇心、悠闲的心境。"没有反思就没有探究，失去探究，我们的社会就不会再有长足的发展。从长远来说，质疑、反思和创新的能力，是社会发展的根本动力，决定着社会发展的方向、进度与结果。

（二）反思能力帮助完善教育改革

科技革命与人权意识在现代社会迅速崛起，如何推动和谐社会建设已经成为当今不可回避的重大时代课题。随着社会发展对公民反思意识的强烈要求，努力让每一个学生学会自省自律，学会从我做起，从小事做起，从感恩身边的人做起是现当代教育改革的新目标。现代社会需要的公民是具备高度的文明与自律反思能力的人。因此教育不仅要在知识建构上对学生提供帮助，还应该帮助他们提高综合素质，而反思能力就是学生的一种必不可少的重要素养。所以增强青少年的道德体验与反思能力，培育他们的强烈社会责任感，要求他们不断反思社会现状，这是侧面提高教育质量的客观要求。

第三节　反思能力的培育

一、学校层面反思能力的培育

任何事物的成长都有其特定的环境与条件，反思能力的培育也不例外，只有在一定的内外因素的作用下，反思能力才能够发展成熟，使人受益终身。所以一个学生反思能力的发展，除了自身能力的发展、意志的成熟之外，还需要良好的环境来助其成长。从学生的生活范围来看，学校教育与家庭教育构成学生成长的主要环境，所以学生反思能力的培育需要从这两方面入手。

由于学校是学生在人生早期阶段除家庭外停留时间最长的场所，所以学校教育之于学生的影响力自不待言。就学生反思能力的培育而言，学校是最直接、最重要的阵地。在学校场域中，学生反思能力的培育与学校课程和教学设计密切相关。学生反思能力的培育终究要落实和体现于他们的日常学习生活之中，而学生的日常学习状态则与学校的课程和教学有着莫大的关系。因此，学生反思能力的培育，关键在于学校的课程与教学设计，在于学校的课程与教学是否能够为学生的反思实践提供足够的空间、情境与条件。具体说来，在学校层面学生反思能力的培育需要着眼于以下三点：

（一）培养反思动机，指导反思思路

日常教学是教师培养学生反思能力的最佳契机，教师应该在教学的各个环节渗透反思意识，指导学生的反思思路。一方面，要激发与培养学生反思的动机。反思过程是一个情感与认知密切相关并相互作用的过程，它不仅要有智力加工，而且要有情感因素支持，因而有无反思动机非常重要。教师需要创造一个适当的氛围以培养学生的反思动机。另一方面，指导学生反思的思路，应贯穿于学习过程中的各个环节。首先，学习开始之前，教师对学生的指导可以突出以下问题：我想要学什么；通过这次学习我想要获得什么；我该做哪些准备；以前学的知识与这次学习的知识有何联系；这些新知识哪些我自学就可以完成而哪些需要请教老师。其次，对学习过程的反思指导应突出如下几个问题：在学习中自己是被动接受还是主动地参与；老师在讲解的过程中自己是怎么想的，自己的所思所想与老师或其他同学是否一样，如果不一致，原因可能是什么，从差异中自己能够学到什么。第三，学习后的反思指导，教师要指导学生反思：新课的知识结构是什么；哪些内容我已经掌握，而哪些内容我还不是特别清楚；预习时的疑惑与难点问题是否解决；在学习过程中的自己的学习方法是否恰当；学习收获怎样，所学到的知识与现实生活中的哪些问题、现象、经历可以联系起来；在整个的学习过程中，有哪些经验与教训值得重视，这些对于下一步的学习有什么启发等。总的来说，教师要指导与帮助学生通过反思来形成知识结构，反思学习方法，培养良好的学习习惯。

（二）教会反思方法，促成有效反思

反思的行为有其自身的特质，教师要关注学生的团体反思和个体反思，并且形成一定的训练思路，通过创设情境让学生发散思维，通过概念界定法、自我评估量表和集错本等方式训练学生的反思思维，培养学生的反思习惯，锻炼学生的反思意志力，从而促进学生反思能力的全方位发展。

1.撰写总结报告

虽说反思能力主要是学生个体所应具备的，但是如果学生处于团体、学校、小组合作等情境的时候，学生应该学会在团体中进行反思。团体反思需要学生超脱自身局限，拥有全局意识，能够换位思考，能够迁移运用，对于学生的要求比较高，团体反思中的学生不仅要反思自己所负责的部分，还要联系自身在团体中的作为及作用。因此在教学活动中，

要常常开展团体合作项目或者小组学习，让学生参与其中，并且经常让学生交换所扮演的角色换位思考，在活动总结的时候学生不仅能从自己负责的部分出发来反思问题，也能从别的角色出发来思考，将个人活动与团体活动结合起来思考，把握团体的全局，实现团体反思。比较能够反映团体反思的则是团队总结报告，这是参与合作的小组成员反思结果的呈现方式，在合作学习以及社团活动等学习活动方式中比较常见。

如在一次学生社团组织的书法比赛活动中，在书法活动结束之后，社团的成员都参与了讨论与总结，社员分别从活动目的、活动流程以及活动参与人员等方面进行了讨论与反思，对活动取得的效果、优点及不足进行反思。团体反思要求每个人都不是从单独个体出发，而是基于团体中的个人角度，对于活动整体的影响、活动的进程等方面都进行反思，只有这样才能得出整体活动的不足及待改进的地方。具体而言，参与的学生们应该从活动体验出发，从活动主题、活动安排、活动准备、人员行动、突发事件处理以及活动结果等六个方面来反思活动的优点与不足。

尽管与学生的社团活动有所不同，学生的小组合作学习中也常常需要团体反思，在一个共同的团体任务中，虽然每个学生分配到的任务不尽相同，但是他们由一个共同的目标将小组成员牢牢绑在一起。因此，小组内的学生必须互帮互助才能共同进步，而反思是检验团体任务首先要经历的环节，在呈现小组成果之前，就会有一个小组讨论，这次讨论的目的就是所有小组成员之间反思交流的过程，反思的内容包括对自己任务的反思，对小组成员任务的反思，对小组成员合作关系的反思等等。

2. 运用概念图

美国著名教学设计专家乔纳森认为思维是学习的必备条件，当学生试图用概念图来表示他们思维的时候，最能激活他们的思维。学生在绘制概念图时，会以各种各样的结构或连词来表达，思维图让学生的理性认知外化，还可以看出其态度和价值观。教师要从学生简单的反思行为着手，教给学生绘制反思概念图的能力，从反思事情的正确与否，反思事情的目的和价值，反思做事的方式是否正确，是否存在更快捷简便的途径可以解决问题，和反思与周围人接触中表现是否恰当，与人合作中是否努力实现自己的价值等方面入手，使学生批判性地反思问题，又能够将问题反思到点上，而不是没有思路，胡乱反思。运用概念图进行反思就是将问题解决中的重要部分都呈现出一种因果关联来，每一环节都指出其关键点，学生能够在其关键点上进行反思，只有这样才能对形成学生成熟的反思逻辑有所助益，从而增长和完善学生的反思能力。

在概念图中，可以全面地剖析每一理论是什么，与问题相关程度如何，从而呈现出清晰的解题思路，帮助学生更有效地认识并解决问题。由此可见，概念图是一种高效便捷的反思方式，只需要将问题解决环节中的主要部分清理出来，再将现实情况往概念中套用，看其是否适用，根据符合程度与有效程度来选择具体方案。通过理论与现实的对比来实现反思，一目了然。这种反思方式对于学生反思逻辑的培养非常重要，反思都是批判性的，只有搞清楚错在哪里，才能改进实现更优。

3.运用自我评估量表

反思的主体是学生，教师所要做的工作是使用多元化的教学工具来引导学生的有效反思，培养他们的反思逻辑与反思习惯。自我评估量表是教师或学校研发的一种针对学生各门课程所设计的，尽管根据课程的不同会有少量的变化，但总体上来说结构不会相差太远，均主要从学生学习的内容，学习的目的，学习的方式，学习时所遇到的疑问，如何解决所面临的问题，学生有了哪些体会，学生以后将如何解决类似问题等方面来设计。这样的评估量表对于学生来说能够很好地训练学生的反思逻辑，培养他们的反思习惯。在评估量表的协助之下，学生能够更快速进入反思状态，实现学习的反思。

教师将阅读课程与反思能力的培养结合起来，制定出评估量表，引导学生进行关于阅读的反思，从阅读的基础情况入手，逐步深入遇到问题时学生是怎么解决的，启发学生在阅读之外思考更多，给予学生建议，在学生做得比较好的时候给予鼓励，最后激励学生进行更多的自主阅读。这份自我评估量表简洁，问题很少，并且问题简单，学生能够迅速完成，在填这份自我评估量表的时候，能够跟着老师给予的思路来反思自己阅读中的问题，教师给予的问题就是学生反思的思维走向。需要特别提出的是，教师在做这个评估表的时候，要尽可能简洁，勾画出重点即可。

4.锻炼意志力

意志力是学生反思能力发展的重要心理品质，任何事物的发展都是循序渐进的，反思能力也是如此，从少年到青年，学生的反思思维得以发展，反思的习惯得以养成，反思的能力得以增强。在意志力的支持下，无论反思的内容是有趣或是枯燥，反思的周期是短期还是长期，反思活动都能够有效坚持下去。

在学校教育中，可以借鉴赵红英主编的《公共心理学》一书中关于意志力锻炼的观点，然后结合反思能力发展的需求，锻炼意志力，帮助反思能力的发展；积极主动参与反思行为；下定决心要培养自身的反思习惯，扩充反思思维方式，实现反思能力发展；寻找各种有助于反思能力发展的方法，加以实践，不断完善反思思维，形成反思习惯；坚持到底，不仅在学习上反思，还在实践中、家庭中巩固自身的反思习惯；在取得好的效果之后适当奖励自己，巩固自信，同时激励自己，更好地完善自我。

（三）注重过程性评价，创设反思情境

以往的评价方式多采用结果性评价，对于学生学习的过程多有忽略，如果让学生将所有的学习行为都放在学期末才来进行评价反思，这样对于培育学生反思能力毫无益处。过程性评价记录了学生的日常学习行为，而反思能力的培育是一个漫长的过程，需要给学生创造可以持之以恒的反思情境，因此过程性评价跟培养学生的反思能力相当切合。对于学

生的课业学习来说，档案袋评价是一种比较好的评价方式，学生的日常学习首先有一份自我评估，然后教师再加以评价，有问题能够及时发现，也督促了学生反思能力的运用。其中纠错本的日常整理与复习便是一种常用形式，我们常用的错题集就是学生平时课业的反思成果的集合，纠错本可以将学生易出错的地方都摘录出来，并且配以正确的解释，那么学生下次只需要看纠错本就能够快速有效地反思自己学习的问题。

总而言之，在评价的时候，要将学生平时的反思行为囊括进去，运用概念图的反思，运用自我评估表的反思，运用纠错本的反思，这些都是学生平时反思的表现结果，在评价的时候，要对学生所做的反思努力加以肯定，才能更好地激励学生的反思行为。

二、家庭层面反思能力的培育

家庭对于个体的影响是潜移默化的。心理学研究表明，儿童在家庭之中，会慢慢习得父母的行为、风格和习惯，因而对学生反思能力的家庭培育自然要从父母着手。父母是一个人在人生早期的主要模仿对象，尤其是当孩子心智尚未成熟的时候，极容易受到父母行为的影响。因此，在日常生活中，父母可以通过自身的榜样示范，来有意识地引导孩子进行简单的反思性行为，例如可以简单地反思"家庭任务安排有没有完成"，"为什么要做这些事情"，"做这些事情的方法对不对"，"有没有更好的办法"等等。随着年龄的增长，应该帮助孩子向更高层次的反思行为发展，应该将家庭熏陶与学校教育有机结合，促使孩子养成良好的反思习惯，并扩大反思范围，习得更多反思模式与策略，引导孩子的反思行为由简单的反思游戏转变为更加成熟、复杂的反思实践。在家庭教育中，对孩子而言，仅仅模仿家长的做法很难形成成熟的反思能力。因此，家庭也需要有意识地创设反思的情境，家长将孩子带进来，让他们慢慢接触学习家庭事务，在参与家庭决策的过程中养成自主反思的习惯。由于家庭环境相较于学校氛围来说更加宽松，孩子缺乏教师的监督和同伴必要的竞争，其自律性会减弱，所以家长不仅应充当榜样和反思的合作者，而且也是孩子反思行为的监督者与评价者，在孩子完成反思行为的时候，家长要给予及时有效的反馈，不断强化孩子的反思行为。

以下文章片段节选自一个母亲讲述的与孩子成长的细节：

在端详儿子的时候，看到儿子用勺子去盘子中舀一个饺子。饺子却没有那样听话，在勺子的推动下，逐渐移向盘子的边缘。这个时候，我再次找到了一个与儿子沟通的细节。看他如何处理，让这个饺子不掉到盘外的餐桌上，还能够进到勺子中。

在我思考间，儿子调整了勺子的方向。原来勺子是从盘子中间往外去舀饺子，他改成从盘子外往盘子中间，去舀那个即将掉出去的饺子。结果儿子如愿以偿。

看到这个小的细节，许多家长都认为很正常，没有什么可说的。而我高兴地对儿子说："儿子，你真的很厉害！"吃饭中的儿子，听到我的这句话，觉得莫名其妙，很惊讶。

我接着说："一个人，最需要具备的能力就是反向思考的能力，也就是反思的能力。

我现在刚带的许多学生，甚至高三的学生，还不具备这种能力。而我的儿子，刚上初中就有了！"儿子这个时候，虽然还是不太明白我说话的意图，但脸上却温暖多了。

作为教师的母亲能够捕捉到家庭中与孩子教育相关的细节，善于发现自己儿子做得好的地方——不让饺子掉到餐盘外的餐桌上，对于孩子做得好的部分，立刻加以表扬。这位母亲及时强化孩子好的行为，鼓励孩子通过反思来寻求更多的解决方案，同时也反思自己平时的行为，严格要求自己。如果从小在这样的家庭环境下长大，孩子会养成时时反思的意识，也能够常常反思自己的行为，遇事知变通，更有助于寻求多种解决方案。

三、反思型教师培养

（一）反思性学习的概念

1.反思的概念

在现代汉语词典中输入词条"反思"，给出的解释是"思考过去的事情，从中总结经验教训"。不仅强调"思考过去的事情"，即回忆过去的已发生的事情，更强调"总结经验教训"以期提高将来的思考或实践。这无疑区分了反思与回忆的不同，从而强调了反思思维的特性之———批判性，而回忆只是简单地对已有认识的想起与复述，不具批判性。反思还具目的性，为了指导未来的思维、实践活动等而去反思过去，从中汲取营养，去除糟粕，以期提高未来。除了具有批判性、目的性的特征，反思还有自主性、探究性、调控性等品质[1]。

反思是一种具有反省性、批判性的思维，它可以是对思维活动的反思，也可以是对思维结果的反思等。反思的过程很复杂，可以贯穿在行动的始终并涉及多种解决问题相关的能力和品质。

2.反思性学习的概念

反思性学习顾名思义就是通过对学习活动过程的反思来进行学习。也可将反思性学习理解为学习者对自身学习活动的过程，以及活动过程中所涉及的有关的事物、材料、信息、思维、结果等学习特征的反向思考。或者所谓反思性学习，就是以元认知理论为指导，使学生善于选择能达到目标的最适当的学习，善于检测达到目标的情况，必要时采取补救措施；善于总结自己达到目标的成功经验和失败教训，及时调整自己的学习方法。即倡导学生对知识内容及产生过程、思维的方法及推理的过程、语言的表述进行反思，突出学生主体地位，以学会学习为宗旨的一种学习方法。田圣会也提出了自己的观点，他认为反思性学习的操作性定义可以这样界定：学习者在一定的反思性动机驱动下，以自身学习为反思对象，借助一定的反思途径，通过一系列反思性学习心智操作活动来调整、优化自

---

① 刘响.初中物理反思性学习的策略与实践研究[D].苏州：苏州大学，2013.

我学习认知结构，提高自我学习效能，促进自我学习合理性的一种积极主动有效的学习活动方式。上述几种观点都是从教师和学生两个角度来定义反思性学习的概念。

我国教育学家吴秀娟等人认为，虽然对反思性学习的界定还未达成一致，但反思始终是反思性学习的核心内容，随着心理学的不断发展，反思逐渐被纳入元认知概念的范畴，因此对于反思性学习概念的界定可以考虑纳入元认知的思想观点，即"反思性学习是在特定的学习情境下，学习者以元认知为指导，自觉地对自身认知结构、学习活动及其所涉及的相关因素进行批判性审视，对将要开展的学习活动进行创造性的预见，对学习活动过程中发现的问题进行科学性的探究，对整个学习活动过程进行有效的调控，以促进问题解决、学会学习、自我发展的学习活动方式"。

（二）同课异构在反思型教师培养中的应用

1. 同课异构的概念

"同课异构"其实已经不是一个陌生的概念和名词，早在 2005 年就由内地小语会提出后，是一种便于比较研究、便于取长补短的交流形式①。国内学者对"同课异构"概念的界定都强调以相同的教学内容为载体，开展教学设计或课堂教学，从教学内容、教学策略、教学方式等角度进行比较和讨论。②③但不同之处在于，有的学者指出"同课异构"是一种教研模式，用于"暴露"教学目标、教学策略中的问题，通过交流、反思，解决这些问题。

2. 同课异构在反思型教师培养中的应用

以"同课异构"为主题在中国知网检索相关文献发现，自 2005 年同课异构的概念被提出，相关的研究文献开始逐渐增多，很多专家学者、一线教师都开始进行"同课异构"相关教学活动的研究与实践，"同课异构"也逐渐成为一种流行的教学活动或者教学研究方式。

"同课异构"大多被作为一种教育研究方法或模式以研究教育教学中存在的问题，这样的教学活动形式可以更好地开发教学思路，相互学习，从而促进教师的专业成长。"同课异构"教学反思研究也是近来兴起的一种新的反思方式，而教师的教学反思是教育实践的重要组成部分，是教学研究的重要内容，也是不可或缺的教育教学行为之一，它是新课程改革的需要，能有效促进教师的专业发展，又可以提高教师教学水平，同时是教师经验转化为理论的催化剂。通过知网文献检索不难发现，"同课异构"被广泛应用于中学各学科的教学反思和教学研究活动中，比如，蒲桂芳以陇南市某县一中为例，研究了基于"同

---

① 王婷月.基于"同课异构"比较的高中地理有效教学研究[D].上海：上海师范大学，2012.
② 尹大川，王鹤霖，祁金玉，孙守慧."同课异构"在高校专业课教学中的可行性——以《森林病理学》为例[J].新农业，2019（13）：51-52.
③ 王敏勤."同课异构"教学反思例谈[J].中国教育学刊，2008（06）：62-65.

课异构"的高中化学教师教学反思的个案①。张宇欣对"同课异构"在高中政治教研活动中的应用进行了研究②。徐筱茹针对中学语文教学的同课异构活动展开了研究③。李艳对在高中历史学科中进行同课异构教研活动展开研究④。同课异构的课首先要反思对课程标准和教材的编写意图理解是否到位，对文本的解读是否准确；其次是反思对重点难点的确立是否恰当，对教学方法的选择是否科学，对教学环节的设计是否合理；再次是反思教学效果是否达到了预期的目的，是否完成了三维课程目标。蒋璐敏提出教育实习是教师职前培养体系的重要环节，应该培养以反思为导向的职前教师教育（即师范生教育）的实习体系⑤。我国现有的职前教师教育实习体系中，实习生"学习者"身份、"临时外来者"地位、"指导者"缺位、"额外帮手"的价值认知，导致实习生教育实习中反思内涵的缺失。因此，职前教师教育实习中反思形式、内容和方式的独特性，使构建教育实习前、中、后一体的以反思为导向的职前教育实习体系成为教师教育中的现实需求。这样，教育实习的反思品质才有可能得到丰富和提升，并且，反思导向的教育实习体系构建是一个复杂、长期、需要多方面合作与努力的过程，其作用的有效发挥可以显著缩短职前教师的入职适应期，提高他们专业发展的潜能和速度。

"同课异构"这样的教学方法也被国外教育研究者广泛应用于教师研究中。比如有同一位教师教授同一教学内容，在不同课堂的实施效果研究。以 A 高中教师为研究对象，分析一位教师在一个课程学习周期中所教授的两堂课，并从 2 个层面进行了分析反思：宏观层面——分析教师处理课程结构和设置的方式；微观层面——分析具体的数学课堂任务和班级讨论的质量。研究分析了教师在课程学习周期中的参与情况，以确定导致两堂课之间观察到的教学变化的主要机制，以确定导致两堂课之间观察到的教学变化的主要机制。此外，也有针对同一教学内容对两种教学设计的分析。

（三）案例分析教学在培养教师和师范生反思能力方面的研究

1.案例分析教学的概念

古希腊哲学家、教育家苏格拉底创立了以对话、讨论为主要形式的问答法，这被看作是案例教学法的最早起源，而案例教学法正式被应用到现代教育中是在 19 世纪 70 年代，由哈佛大学的法学院将"苏格拉底问答法"引入法学教育中，自此之后，案例教学法被广泛运用于法学教育和工商管理等专业教育中，一直到 19 世纪 90 年代左右案例教学法才被运用到教师教育中来⑥。

段晓战认为"所谓案例教学法，就是教师根据教学目的的要求，首先选取有针对性的

---

① 蒲桂芳.基于"同课异构"的高中化学教师教学反思个案研究[D].天水：天水师范学院，2017.
② 张宇欣."同课异构"在高中政治教研活动中的应用研究[D].重庆：重庆师范大学，2018.
③ 徐筱茹.中学语文教学同课异构研究[D].温州：温州大学，2016.
④ 李艳.高中历史"同课异构"教研活动研究[D].扬州：扬州大学，2014.
⑤ 蒋璐敏.以反思为导向的职前教师教育实习体系探析[J].教育理论与实践，2012，32（29）：31-33.
⑥ 万猛，李晓辉.问解案例教学法[J].中国大学教学，2014（03）：73-79.

典型真实案例，然后组织学生对所选取的案例进行阅读、思考、分析、讨论和交流，最后指导他们如何利用所学理论知识对案例进行分析，并解决案例中出现的两难问题的一种开放式、互动式的教学方法"[1]；沈君提出"教学案例分析法是对某一教学实际情境的描述而引起分析、讨论、演绎、归纳，最终解决教学实际问题的方法。通过引导教师对典型的案例的分析，启发教师运用教学理论解决现实教学问题"[2]；刘枝表示"案例教学是以案例为载体，根据一定的教学目标，选择包含问题情境、且符合学生身心发展的案例，通过呈现案例给学生一个真实的学习情境，组织学生讨论，增长知识和技能的教学方法。其显著特征是全体学生针对教师呈现的案例和问题共同参与讨论，形成活动的共同体"[3]。从常莹在《旅游中职教育中的案例教学法研究》中对案例教学法内涵的解释也提到了该方法需要"以一定的典型案例为载体，选择适当的呈现方式和参与方式，引导学生运用所学习的理论基础和专业知识对案例进行分析、讨论，探究解决方案，使得学生通过体验再现的、生动的情境，从而提高学生发现问题、分析问题、解决问题的综合能力的一种教学方法"[4]。综合来看各研究者对案例分析教学法的概念界定与内涵分析，可以看出，案例分析教学法是以案例为教学的载体，案例的选择要充分考虑教学目标与具体教学情境，在教学过程中教师作为引导者组织学生共同对案例进行分析与讨论，最终的目的是实现学生的能力养成与提高。

2. 案例分析教学在反思能力培养方面的研究

案例教学法因其自身优势已被作为一种新型的教学方法应用于我国的高中教学中。比如，郑霞研究高中思想政治课的案例教学法的优化，高中思想政治课因其具有坚持马克思主义基本观点教育与把握时代特征相统一的特点，从课程内容上看更关注工农的生活实践，因此培养学生获取和解读信息，分析及解决问题的能力很重要。而案例教学法的运用可以调动高中思想政治课中学生参与教学的积极性，充分发挥学生的主体作用，并将学生的需要、动机和兴趣置于核心地位，能够弥补传统教学方法的不足[5]。雷瑾研究"一案到底"教学法在道德与法治课中的应用，提出针对实际课堂教学的"满堂灌"现象，课堂中学生的主体地位没有得到体现，学生缺乏主动思考的积极性，只懂得听教师讲，学生的综合能力难以发展。而"一案到底"（即案例教学法）教学法以系统连贯的案例引导学生主动进行问题探究，学生能够从案例的分析中掌握到学习内容，极大地激发了学生的学习积极性，并且，这样的教学方法将案例与知识融合，能让抽象的知识具体化，符合初中生的身心发展特点，提升了学生的课堂参与热情，提高了课堂教学的实际效果[6]。由此可见，对于学生而言，案例教学法都发挥了提高学生课堂积极性的作用，具体看来是案例这样的

① 段晓战. 案例教学法在高师院校历史专业教育中的运用研究[D]. 郑州：河南大学，2015.
② 沈君. 教学案例分析对教师专业发展的个案研究[D]. 南京：南京师范大学，2011.
③ 刘枝. 案例教学在高中生物教学中的研究与实践[D]. 济南：山东师范大学，2019.
④ 常莹. 旅游中职教育中的案例教学法研究[D]. 桂林：广西师范大学，2014.
⑤ 郑霞. 高中思想政治课案例教学法优化运用研究[D]. 重庆：西南大学，2013.
⑥ 雷瑾. "一案到底"教学法在初中道德与法治课中的运用研究[D]. 武汉：华中师范大学，2019.

方式将理论与实践连接起来，引导学生主动探究与反思，充分尊重了学生的课堂主体性地位，因此，学生的课堂积极性得以提高继而促进了教学有效性的提高，更重要的是，案例教学法对学生反思能力、发现问题与解决问题的能力的提高有很大的帮助。相比于传统的讲授教学法，案例教学法在这些方面更具优势。

第八章　核心素养背景下教学过程中的创新精神

第一节　创新精神的内涵

创新精神不但为科学发展、技术进步提供着不竭动力，而且对民族、社会发展都具有巨大的影响。若一个国家或者民族能够鼓励创新精神，国家就将在国际竞争中处于优势地位，如美国之所以能在竞争中保持强劲的国际竞争力，与其时时对教育的反思、对人的创新精神的培养有着莫大的关联。而学校重视创新精神对整个社会构建与发展都将产生重大的影响。创新精神作为人特有的一种精神力量，是在个体与周围环境相互关联的实践活动中，为寻求更适宜的生活所表现出的提升个体生命质量的价值观，它包含了超越自我的人生信念、勇于创造的实践精神及提升生命质量的生活精神。同时，它作为一种生活精神，是求真、求善和求美的融合。创新精神对社会进步、教育改革及个体发展等都具有重要意义。首先，创新精神是社会进步的精神之源，社会发展需要创新型人才的不断涌现；其次，创新精神的培育符合教育目的的本质要求，有助于推进我国素质教育的全面实施；最后，创新精神的培育有利于学生自由全面地发展，以实现个体人格和思维的发展及完善。基于当前我国提出的深化素质教育及大量需求创新型人才的背景，创新精神的培育可主要从学校及家庭两个层面进行。一方面，学校可从构建道德教育、开设课程、发挥教师榜样作用以及丰富教学方法等方面进行培育；另一方面，父母要注重家庭环境的营造、榜样作用的影响及教育方式的运用等。

时代的变革终究会带来人类对于自身命运的深切思考。随着21世纪的到来，人们进入了知识经济的时代，此时，知识呈现出了爆炸式的增长，人们对于知识的掌握已经不能够通过简单的记忆来获得。社会对于个体的要求也从原来的"记忆小能手"变为了"能力使用者"，开始更加注重个体对知识在实际情境中的运用，强调个体的创新能力。而想要使个体获得上述应用变通能力，就需要个体具有创新精神。精神是人们一切行动的先行条件，指导着人们的行为。个体的创新精神虽然先天具有，但是对于大部分个体来说，其先天的创新精神是不完全的、不成熟的，需要通过后天的培育、激发，使其更加趋于成熟，进而使其能够有力地指导个体的行为。美国的心理学家梅多和教育学家帕内斯等人在法布罗大学通过对 330 名大学生的观察和研究，发现受过创造性思维训练的学生，在产生有效的创见方面，与没有受过这种训练的学生相比，平均提高 94%。因此，我们可以看出，教育对于个体创新精神培育的重要性。虽然，现今关于创新精神的研究取得了一些成果，但是也暴露出了创新精神培育难以落实的困境，究其原因主要是两方面：一方面是在创新精神培育的实践上，教育的发展滞后于社会的发展，我国社会虽然已经踏入新的时代，然而教育依然只强调个体的知识记忆，对于个体创新精神的培育置若罔闻；另一方面是创新精神的有关理论发展缓慢。我国关于创新精神理论的提出，是在 20 世纪 90 年代，而在教育领域中，直接将创新精神的培育放置于教育实践中的时间却更晚。作为一个新概念，用尚未体系化的创新精神的内涵、本质去指导实践，导致了创新精神缺乏理论根基。因此，为使创新精神的培育能够真正落实，发挥其效用，就必须对创新精神的内涵做充分的认识，为其指导实践构建深厚的理论根基。在此前提下，有必要探求创新精神的内在结构，研判中学不同发展阶段的学生所应具备的创新精神的特质。

一、创新精神的界定

所谓创新精神，指的是个体在从事创新活动过程中所表现出来的智识和品质，是一种较为稳定的、积极的心理倾向，"其核心是探索精神、批判精神和求索精神"。创新精神作为创新的内在驱动力，在创新要素中居于核心价值地位，它是创新能力生成与发展的重要条件。但是，我们应该明确创新精神在不同层面有不同的表现形式，在社会领域中，科学家、发明家、艺术家等的创新精神更多地表现为创造性的活动；而在学校教育中，不能要求学生的创新精神像科学家那般，这是不切实际的，学生的创新精神更多体现为"由初级层次发展到高级层次的'独思妙想型创新'"。这种创新精神的不断培育是更好实现个人价值的基础，也是能够在未来生产创造性文明的前提。

（一）创新精神是提升个体生命质量的表征

个体从诞生之日开始，就一直在与周围环境的互动中不断地发生变化。生命是一个动态发展的过程。在这个动态变化的过程中，个体必须具有适应与改造环境的能力。个体在适应改造环境的过程中，所从事的实践活动都是具有生命性的，是个体创新精神发挥的过程。换言之，个体创新精神的应用就是指导个体从事生命实践活动过程的风向标，如果个体缺乏创新精神，那么其生命实践活动的效率将会大打折扣。因此，创新精神作为一种价值观，它包含了超越自我、勇于创造的实践精神和提升生命质量的生活精神这三种价值观，在这三种价值观的作用下，创新精神帮助个体不断地改造其周围的环境，以寻求更适宜的生活。

1. 超越自我

创新精神首先表现为超越自我的人生信念。超越自我是一种需要个体不倦追求才能达到的精神境界，它要求个体能够具有一种内心信念，并对这种信念深信不疑，将其作为个体生活、工作、学习的一切行为的准则，并将其持久地贯穿下去。之所以说创新精神首先表现为超越自我的人生信念，原因在于每个个体生命都有其惰性，都较为倾向于安于现状，安于现状就意味着创新精神是可有可无的。而创新精神的存在会成为打破稳定环境的"炸弹"，被安于现状的生命个体视为不祥，这样的个体就是缺乏超越自我人生的生命性存在。反之，当个体具有了超越自我的人生信念后，个体会更加不安于现状，会想要不断改变自己所处的生存状态，使自己走向另一个新的世界。而想要做出改变，就意味着个体在行为、心理上的一种超越，超越以往的生存状态，去建构一个新的存在，此时，创新精神就成为开启个体新世界的"钥匙"。生命长河中，个体生命成长的历程表明，创新能促进人的生命价值的提升和超越，它推动着生命从当前阶段走向更高的阶段，向更高的水平发展。而个体具有的超越自我的人生信念则是创新精神生长的精神土壤，有了超越自我的人生信念的支持，创新精神就有了养分，就成为个体生命性的独特存在，创新精神在这片精神土壤上可以生根、生长。当创新精神成为个体生命的一种存在时，创新精神就能够成为个体生命过程中的常态，而不是一种简单的技能或者是某一阶段的特定表现。

2. 勇于创造的实践精神

创新精神其次表现为勇于创造的实践精神。之所以这样说，是由于创新精神如果只是生长在超越自我的精神土壤中，虽然可以满足其生长初期的营养供给，但是等到其发育的后期，就会出现营养不良的状态，很难使其结出成熟完整的果实。在此种不成熟的创新精神引导下的生命实践活动注定是畸形的，因为创新的过程除了要求个体从心理上具有一种超越自我的人生信念作为支持之外，还需要勇于创造的实践精神作为其实践土壤。当有了超越自我的人生信念，我们会从思想上生出许多千奇百怪的想法，但是实践才是检验真理的唯一标准，那些只具有超越自我的人生信念，而缺乏了勇于创造的实践精神的个体，其在发挥创新精神的活动中，注定只能做一个"空想家"，而不能成为一个"实践家"。例如，我们大家耳熟能详的科学家爱迪生发明灯泡的故事。在爱迪生生活的那个时代，虽然已经产生了电，当时人们开始使用电，但是却没有想到用电来照明，依然采用蜡烛、煤油灯等作为照明工具，但是这些照明工具不仅照明效果差，而且还存在许多安全隐患。可想而知，大家对于照明工具都具有强烈的改变意愿，爱迪生也是其中的一个。但是到最后真正成功的却只有爱迪生一个人，究其原因，是因为爱迪生除了具有超越自我的人生信念，还具有勇于创造的实践精神。针对灯丝材料的选择，爱迪生进行了一千五百多次实验，才找到了现在的这种灯泡钨丝材料，其灯泡研制的过程就是创新精神的表现。如果他没有勇于创造的实践精神，相信其创造精神也是不可能实现的。因此，创新精神除了需要个体超越自我的人生信念，也需要其具备勇于创造的实践精神，为创新提供实践土壤，为其实现提供可能性支撑。

3.提升生命质量的生活精神

创新精神最后表现为提升生命质量的生活精神，这是创新精神的最具体化的目标。个体在创新实践的过程中，除了自我超越信念的驱动，也包括其为了实现幸福生活和成功人生的追求。个体通过创新活动，既能满足其心理需要，亦能满足其生理需要。在这些需要得到满足的过程中，个体不断将创新精神更好地融合于生命之中，使其在心理、生理上不断发生变化，进而向着更加全面、自由的方向发展，从而使其生活的环境、质量不断提高。因而，个体创新精神的表现，相较于超越自我的人生信念和勇于创造的实践精神而言，更显于表现为提升生命质量的生活精神，在这种生活精神的作用下，创新精神的生长获得了额外养料，从而能够加速生长。例如，人类对于工具的创新过程，就明显体现了提升生命质量的生活精神在个体创新过程中所扮演的角色。在人类诞生初期，人类由于自身生理的缺陷，一直被一些动物迫害，人类为了躲避这些迫害，因此开始制造工具保护自己。如人类从开始的岩洞到茅草屋到现今钢筋水泥的房屋，住宿条件的安全度在提高的同时，舒适、美观也成为修建的标准。或是在人类生活的地球，虽然人不像小鸟有翅膀能够飞翔，也不能像鱼儿一样可以遨游海洋，却能够造出飞机飞上天，制造航天器探索外太空，造出潜艇探索海洋。从这个意义上讲，人类不仅用创新精神去解决所遇到的困难，还对其创造性的成果加以改进，在提高自己的生活质量，实现自我价值的同时，也能获得外在的成就。

（二）创新精神是个体生存精神的统一

创新精神作为生存精神，是一种求真、求善、求美相统一的精神。其中，求真精神是创新精神的显著表征，它要求个体在创新过程中具有冒险精神和批判精神；求善精神是创新精神的目标导向，它要求个体在创新过程中具有负责精神和奉献精神；求美精神是创新精神的基础保障，它要求个体在创新的过程中具有自信精神和执着精神。此三者共同构成了创新精神的具体内容。

1.求真：创新精神的显著表征

创新作为个体生命实践活动，既包括对新世界未知事物的发现与创造，亦包括对原有事物的改进与完善，两种活动的本质是个体发挥创新精神的过程。就前者来说，探索新世界、新事物的过程，实则是一种冒险的活动，它需要个体能够具有一颗强大的内心，去面对在探索道路上遇到的困境，并能冷静分析困难，提出解决的对策，这个过程需要个体具有冒险精神。人类是一个矛盾的集合体，既想要安全舒适，又或者讨厌一成不变。可以说，冒险精神是个体与生俱来的，它帮助个体在探索的过程中，提起勇气，去面对未知的事物，冒险精神也就是创新过程的原动力。从事多年创造力研究的学者提出了"个人的勇气为创意的核心"的观点，该观点指出："假如我们要鼓励创造力，我们要重新评估我们文化的价值观，从孩子很小时就教导他们去冒风险，才能引导出有创意的作品来。"相较于前者，后者是对原有事物改造和完善的创新过程，更强调个体的批判精神。改造的创新过程所面临的困难不亚于对未知世界的探索创新，这种改造创新要求个体必须打破或颠覆原有事物的某些固有存在，例如文化、价值观、认知等，而这些固有存在形成的年限都较为长久，因此个体需要跳出固有思维的怪圈，站在一个新的角度去审视这些固有存在的合理性。个体要跳出固有思维的怪圈，需从自身做起，苏格拉底（Socrates）说"认识你自己"，意为只有通过批判的角度看待自己，才能超越自己，进而去进行改造创新。可见，求真精神作为批判精神的显著表征，有其合理性，由于冒险精神和批判精神都是对个体的一种超越，这种超越的过程也就成为个体创新的过程。

2. 求善：创新精神的目标导向

求善精神主要包括负责精神和奉献精神，它们是个体创新过程实现的目标导向，是指导个体创新过程的价值取向。价值观对于个体从事创新过程的结果有着重要的决定作用。如果在一种错误的价值观引导下进行创新，其结果极有可能是危害人类生存的。反之，如若在一种正确的价值观的引导下，个体的创新成果，则是朝向有益于人类自身和社会发展的。前面我们已经提到过，个体发挥创新精神的最终目的是追求成功和幸福人生，但是，如果个体的创新仅仅是以小我的价值观作为其价值导向，那所追求的成功和幸福可能只为满足一己私欲，不顾他人，这样的创新成果是畸形的。因此，在创新过程中，个体应具有大我的求善价值取向，即具有负责精神和奉献精神，本着一种"君子爱财，取之有道"的观念，在创新过程中，将他人、社会的安全和进步放在首位，并在此基础上，实现小我的人生理想。其实，这种求善的创新精神主要表现在科学家的身上，科学家作为掌握高知识、高技术的人群，其所从事的科研项目具有一定的时代意义，关系着人类的生存发展。一旦他们在从事创新实验的过程中，价值观有所偏差，那么带来的问题，可能以牺牲数以万计的个体生命为代价。例如，在20世纪80年代初，肆虐美国的疯牛病的出现，就是因为科学家们想要制造一种"神奇硕牛"的新品种，以期获得一种快速生长的牛群，但最终却引发了疯牛病，这种病后来传染到了人类身上，产生了致命的克雅氏症（Creutzfeldt-Jakob disease）。这种病的产生本可避免，但由于相关科学家缺乏负责的精神，对自己的行为没有一个正确的认识，未能在试验后对实验结果进行长期观察，就进行大规模的推广，导致出现了危害人类生命健康的局面。

3. 求美：创新精神的基础保障

求美精神是体现在个体求真、求善的创新过程中的一种人性之美，它需要个体具有自信精神和执着精神。这两种精神有助于个体在创新过程中能够以一种积极的姿态去面对生活和学习中的困难与挫折。其中，自信精神是指个体应具有的自我认同，能够坚信自己的研究，能够在创新过程中遇到不同的见解时，合理地坚持己见；同时，它也要求个体在因自身失误造成不利后果时，能及时承认错误，去找寻解决之道，弥补错误。对创新者来说，要"对自己有信心，以及对你的罪名有勇气承担。这其实是两个部分，彼此互补的"。执着精神是指个体对于某一事物或者某一信念的极度渴望，无法释怀，为了达到目的不计一切后果，是一种近乎偏执的想法。这种精神在创新的过程中，是一种必然的存在，由于创新是一个道阻且长的过程，在这个过程中会有许多困难，对个体身心产生诸多考验，个体能否坚持下去，将其作为一种职业来坚守，决定了其创新实现的程度。因此，在创新的过程中，个体应认清创新的过程不是短期就能取得成果的，它需要个体坚持自己的信念，坚持自己所选的道路，将其看作自己的人生理想，将其作为一生所要追求的目标。

二、创新精神的构成

通过对创新精神内涵的解析，我们认为创新精神是一个综合性的概念，是个体思维、品质、心理等方面的综合性反映。根据创新精神的本质与特点，我们所理解的创新精神由创新意识、创新思维、创新品质构成，三者相辅相成，和合共生。

（一）创新意识

创新意识是创新精神的根基，是创新活动开始的基点。所谓创新意识，是指人们根据社会生活发展的需要，引起创造前所未有的事物或观念的动机，包括在创新活动中表现出的意向、愿望和设想。它是人类意识活动中的一种积极的、富有成果性的表现形式，是人们进行创新活动的出发点和内在动力。创新意识对创新精神的发展具有重要作用。伟大科学家爱因斯坦（Albert Einstein）曾说道，在他四五岁时，一次父亲给他看罗盘，他感到很惊奇，他想，在以如此确定方式摆动的指南针背后，一定深深隐藏着什么。读中学时，他就对空间和时间有着强烈的好奇心，他一直在想，倘若人骑在光线上跑，将会看到什么？这驱使他在以后创立了相对论。可见，创新意识能够激发个体自身的探索性、能动性、创造性，并促进它们发挥更大的作用，从而发现或创造新的价值和意义，加速社会进步。

（二）创新思维

创新思维是创新意识的升华，是创新精神的动力源。创新思维的本质在于将创新意识的感性愿望提升到理性的探索上，实现创新活动由感性认识到理性思考的飞跃。研究发现，创新思维具有四种特质：一是流畅性，指的是思维在单位时间内产生创新性观念的速度；二是变通性，指的是思维在单位时间内产生新观念所分类型的多少，表明了思维的发散程度；三是独创性，指思维所产生的新观念稀有、新奇的程度，越罕见，越具有独创性；四是精密性，指思维严谨、缜密、系统、全面的程度。创新思维的四个特质互相联系，构成一个整体。

（三）创新品质

创新品质是创新精神的基本保障。所谓创新品质，指的是一种综合的素质，是人才各构成因素所具有的创新属性，是创新活动的内在动力机构，反映出创新主体良好的思想面貌和精神状态，集中体现为强烈的创新需要、顽强的创新意志和健康的创新情感等。因此，我们可以把创新品质理解为人们在进行创新活动时所表现出的意志、情感、自信心和目标等特征，并且具备实现创新活动的能力，它具有独立的系统，支撑着创新者的行为和活动。这就意味着，具备创新品质是创造性与主动性的统一，是自主性与探索性的融合，这种品质激励着个体不断开拓，不断进取，追求善的、美的进取之道。

三、创新能力表征

（一）高中阶段创新精神的表征

通过小学和初中学习生活积淀的高中生，已具备对问题的敏感性，即容易接受新事物、发现新问题，但这种敏感性通常是由于现实生活中遇到的实际问题或困难情景而激发对问题的敏感性。高中生的思维已初步体现出流畅性、灵活性、洞察性的特点，即他们思维反应较迅速，对特定的问题能产生几种反应和答案。高中生的抽象思维能力、形象思维能力和发散思维能力也已逐渐形成。高中生的思维具有独创性。高中生已逐渐克服了初中生学习中的依赖性，养成了思维的独立性和批判性。有鉴于此，在高中阶段，首先，应培养学生敢于质疑的态度，能够做到同中见异、异中见同、平中见奇，正所谓"发明千千万，起点是一问"。其次，鼓励学生大胆猜测、大胆假设，以开放的心态观察千姿百态的客观事物。最后，充分发挥想象力。灵感来源于想象力，而创新精神的培育离不开灵感的发挥。诚如钱学森所说："如果我们掌握了灵感学，那么创造力将普遍地极大地提高，而且人人都成为'天才'。"

第二节 创新精神的价值

创新精神作为人类所特有的精神，是一种无形力量，其可以转化为物质，转化为财富，转化为各个领域的进步，在人的实践的对象性活动中建构起来并得到强化。在这个过程中，人逐渐成为真正的主体，通过实践把握与改变世界，满足不断增长的物质需求及精神需要。创新精神是知识经济时代使人成为创新之人的精神，是人不断解放自己，追求自我实现的精神。这一精神及其培育的提出，预示着人们对自身认识的提高，人处于更高阶段的觉醒水平上。同时也是对人成长，使人成为人做出了新的预设。由此可见，创新在人类社会的发展过程中具有重要价值。在现阶段，提升高中生的创新精神素养，对教育改革和学生个体发展具有深远意义。

一、作为社会进步的精神之源

创新是一个国家兴旺发达的不竭动力，而创新精神的形成直接影响社会的发展和民族的进步，当创新精神成为社会的主导精神和主流价值时，说明这个社会接受并倡导创新的理念，努力创设鼓励人们敢说敢做、勇于开拓新道路的社会氛围。人生活在社会群体中，作为群体性的存在，会受到群体的行为与精神状态的影响与感染。因此，当一个群体、民族、社会将创新精神视为社会进步和个人发展的核心，生活在此的人们能感受、体悟新的思想、新的精神，自觉地参与创新，创新自然会层出不穷。

进入知识经济迅速发展的时代，经济的发展更多地取决于知识和信息的运用与创新。可以说，知识经济时代已经烙上了鲜明的创新印痕，创新已然成为改造世界的精神动力。而人作为创新活动的主体，这决定了具有创新精神的创新型人才在经济发展和社会进步中的重要地位。一个国家若想要在知识经济时代中立足，必须注重培养具有创新精神的创新型人才。正在接受教育的学生作为祖国未来事业的建设者和接班人，肩负建设中国特色社会主义、实现中华民族伟大复兴的历史使命，必须具备创新精神。

二、有助于教育改革的深化推进

教育改革的推进与深化必然伴随着不同的困难，必然产生不同的问题需要解决，这就要求个体要以勇于开拓的创新精神解决改革中遇到的各类问题，推动教育改革的深化与繁荣，这就使得对创新精神在改革进程中的意义和作用的理解成为指引行动的号召。

（一）创新精神的培育有助于教育目的本质实现

人的重要特征是能够基于生存需要按照自己的意志进行实践活动，这个实践的过程自然是立足于人本身。个体为了成为"自由之人"，主动超越自我，改善环境，追求美好的人生，在这个实践过程中显示出创造性表现，说明创新同任何实践活动一样，是以人为主体的活动。并且，劳动创新使人成为区别其他动物具有主体性的真正的人，创新是人的本性。凡是在社会历史领域进行活动的人，都具有创新精神和创新能力。纵观整个人类社会发展史，也是一部创新史，无论是在物质生活领域，还是在精神文明领域，都是人类不断创新的结果。古代人民从游牧打猎状态到农耕时代，再到工业时代，都是由于使用工具的不断发展和创新实现的。人类的交通工具，也是从步行、骑马、马车、汽车、火车、轮船到飞机这样连续发展，方便人类的生活，促进了经济的发展。人类的通信工具，也从远古时代的人与人传递，直到发展成为今天的智能手机。所有这些，都是人类不断创新的结果。

创新精神和创新能力不是一种特长、一种技能和智力的发展，而是一种个性，是一种价值观念，是智力与非智力的综合体。创新精神表现为一种潜能，它是人的综合素质的核心及其发展的动力，在主体与客体产生关系的过程中，不断促进人的其他素质逐步发展与提高。虽然创新是人的本质属性，但它需要后天教育的培养，是一个不断生成的过程。因此，教育也应是适合人的本性的教育，是将创新精神视为综合素质的核心的教育，是不断发现人的价值、发挥人的潜能和发展人的个性的教育。在此意义上来讲，创新精神的培育有利于学生的自由全面的发展，符合教育目的的本质要求。

（二）创新精神的培育有助于素质教育的全面实施

知识经济时代，国际社会的竞争更多地取决于劳动者素质，取决于各类人才的数量和质量，取决于具有创新精神的创新型人才。教育作为育人的活动，创新精神的培育成为时代赋予教育的价值使命。许多国家都把创新人才的培养作为教育改革与发展的主攻方向。美国科学促进会强调培养国民的创新精神；德国的"双轨制"创新教育模式培养了大批的高新技术等实用型人才。我国的教育发展也紧跟时代的发展步伐，顺应世界教育发展潮流，为面对知识经济的浪潮带来的机遇和挑战，全面推行以培养学生的创新精神和实践能力为重点的素质教育，实行教育改革。习近平总书记在阐释"实现中国梦必须弘扬中国精神"时明确指出："实现中国梦必须弘扬中国精神。这就是以爱国主义为核心的民族精神，以改革创新为核心的时代精神。这种精神是凝心聚力的兴国之魂、强国之魄。"教育是民族振兴和社会进步的基石，提出"全面实施素质教育，深化教育领域综合改革，着力提高教育质量，培养学生创新精神"。

我国对教育的认识经历了重知识、重能力再到重素质的过程，素质教育将关注点重新回归到学生的身上，强调从人本身的意义探讨人的发展。在这场教育改革中，改革的是过去应试教育中出现的片面、僵化等弊端，倡导的是实现个体的自由全面的发展。但是，倡导综合素质的全面发展与提高并不是不分主次，创新作为人的本质属性的总体反映，是综合素质的核心和动力，而在创新素质中，创新精神又是创新的核心部分，一个人创新能力的水平取决于创新精神的有无、强弱。从这个意义上讲，创新精神的培育符合我国实施素质教育的内在需求。

三、有助于学生自由全面发展

创新作为人的生活本质，从幼儿生活就开始发展与提升，幼儿阶段的创新最接近创新的本真状态。这个时期正是外界干预约束最少的时候，他们在探索中认识世界，通过对世界万物的存在发问而产生愉悦的体验。入学后，学生阶段的创新正是创新的最佳成长期和展现期，它与学生生活融为一体，表现为整体性的智慧活动，创新逐渐成为人的一种生活方式和生命状态。可见，创新精神伴随个体自由发展的整个过程。中小学阶段的学生是人生成长的关键时期，学生思维特点正处于从经验型抽象逻辑思维向理论型的逻辑思维过渡的时期，与创新人格紧密相关的信任感、自主性、主动性、勤奋和自我认同这五种人格的发展也均已开始。因是之故，创新精神的培育是中小学学生自由全面发展的重要内容，创新精神的提升有助于实现学生的全面自由发展。

创新精神的培育有利于学生智力和非智力因素的开发。

学生的学习活动是一种智力因素和非智力因素都参与的智慧活动。学校教育的任务不仅是将人类灿烂的历史文化传递给学生，更重要的是，帮助学生开发自己的智慧潜能。而智慧潜能开发的程度不仅取决于智力因素的发展，还取决于个体的主观努力程度和意识能动水平，后者正是非智力因素。我国传统的应试教育长期以来都以传授知识为核心，忽视了学生综合素质的培养，造成一些学生出现"高分低能"的现象。创新是每个人都具有的共同属性，它是整合于个体学习生活过程中的一种生活方式和价值观念。个体因具有差异性而使每个人的思维模式和生活方式各有不同，创新可以体现个体的潜能和个性品质。因此，在学校教育中，创新精神的培育注重的是人的智力因素和非智力因素的综合发展，它关注的不仅是智力水平的提高，更强调每个人的情感因素与个性特征，使每个人的潜能得到最大限度地发挥，所以说，创新精神的培育有利于学生智力因素和非智力因素的开发。另一方面，非智力因素作为学生学习活动的动力，在学习活动中表现为学习动机、学习兴趣、求知欲、学习毅力、学习习惯等，它主要靠后天培养。可见，教育可通过培养适合个人特点的非智力因素来开发学生的智力，培养学生的创造力。

（二）创新精神的培育可以激发学生的思维能力

在应试教育的影响下，中小学课堂中所有的问题都有标准答案，学生为在考试中取得较好的成绩，就不得不记住这些标准答案，严重束缚了学生思考问题和提出问题的能力，阻碍了我国高中生创新思维的发展。爱因斯坦曾经说过，提出一个问题比解决一个问题更重要。事实上，质疑是创新的开始，学生质疑的本身就是创新。创新精神提倡独立思考、敢于质疑，并不是不倾听别人的意见、固执己见、虚无主义地怀疑一切，而是要团结合作、相互交流，根据事实和思考大胆质疑，这是当代创新活动不可少的方式。从学生的好奇、好问、好动、求知欲旺盛等特点出发，积极培养学生勤于思考问题，敢于提出问题，善于提出问题的能力，是引导学生再创造、培养学生创新意识的重要途径。

（三）创新精神是学生创新实践的精神动力

创新实践是实践的高级形式，是主体对客体的认识或改造取得新成果的实践。它具备以下两方面的特征：首先，它是一种取得了新认识的思维活动外化为客观性物质活动的实践。其次，它是具有创新成果的实践。人们日常所说的"人类进行着创新实践"之类的句子中肯定包含着一些不成功的"创新实践"，但这些"创新实践"中一定包含着成功的创新，否则就不能称之为创新实践。创新精神是人类取得创新实践成果的前提和动力，具有创新精神的学生会乐于追求新知，善于探索新规律、新方法，敢于质疑权威。因此，具备创新精神的个体能够根据自身需求主动创新，将创新思维付诸创新实践，以适应未来社会发展的变化与需要。学生创新精神的培育与提升，是学生有效开展创新实践的精神动力。

第三节　创新精神的培育

一、建设创新型学校教育教学环境

对学生创新精神的培育是教育的永恒追求。那么，究竟如何培育学生的创新精神？这是一个亟待探索的命题，我们尝试从学校和家庭教育这两个方面来探讨。

艾·阿德勒在《理解人性》中指出："学校是每个儿童在其精神发展过程中所必须经历的一个场景。因此，它必须能够满足健康的精神成长的要求。只有当学校与健康的精神发展的必要性保持和谐，我们才说这是一个好学校。"鉴于此，必须建构良好的校园支持环境为学生创新精神的培育与提升，构建良好的环境场域。

（一）构建创新型道德教育

道德教育主要为培育创新精神提供思想动力、心理基础、舆论支持以及思维方法，同时也是形成创新精神的重要途径之一。因此，构建创新型学校道德教育有利于培养学生的创新、冒险、批判等构成创新精神的因素。创新的学校道德教育强调让学生亲自完成一个不断求证并确认自我的过程。首先，以学校道德教育为基础。学生在自我完善的过程中，会受到来自道德的压力或约束，在自身利益与道德规范之间产生矛盾心理，进而影响学生的决定和选择。因此，充分利用学校道德教育内在的特性，改变其矛盾的力量对比，释放出发展性、解放性的力量，让学生另辟蹊径，有利于形成创新精神生长的土壤。其次，充分利用人的可塑性。人是社会性的人，也是个体性的人，每个人身上都具有创新的潜能。而道德教育是学校教育中最重要的精神建构活动，它能不断搭建起可塑性进程的支架。而可塑性实质上正是人之创新本性的基础，创新精神亦为可塑性的精神，从而照亮着可塑的种种努力。最后，实现道德规范的创新。学生通过接受道德规范的教育，可以了解不同活动范围的规则秩序，更加确认其生存的责任和使命，明确何为对何为错，这样会赋予创新以精神和价值特性，这样的创新精神将深深刻在脑海之中，会丰富学生精神层面对创新的理解。我们经常鼓励孩子要见义勇为，但也强调要灵活机智，不能以牺牲自己的生命为代价，而日常生活中一些家长对孩子的"道德告诫"则是明哲保身。孩子做出的道德判断是在这几种道德"原则"之间"斗争"的结果。学校道德教育并不否认这一斗争的特征，而恰恰要借助这种特征，发挥孩子自身的能动性。上述所说的这种矛盾心理是学校道德教育矛盾运动产生的，并由道德主体来体认识和实施。形成这种矛盾的诸因素中的主要矛盾不应是强制性因素，如果父母的告诫成为强制性因素，孩子违反会遭到严厉的惩罚，在见义勇为情景中，儿童虽会有犹豫，但最终仍然可能会选择明哲保身。

（二）开设学科交叉型创新课程

具有广博深厚的知识是培养创新人才的基础。因此，学校要培育学生的创新精神，有必要开设专门的创新课程，交叉学科、跨学科课程。这就要求学校根据自身的实际情况，在已有的整体课程框架基础之上，根据学校独特的校园文化环境，建构起实施创新教育课程的新思路，在将国家课程与地方课程有机整合的基础上，充分挖掘出有校园特色的校本课程，创造性地构建出学生课程学习的模块，基于此进行跨学科的课程实施。实践证明，以跨学科为特点的课程实施，更有利于引导学生开展自主学习、个别化学习、合作学习，尝试多样化的学习方式，培养学生解决问题的能力，进而有利于创新精神的培育。

（三）发挥教师角色榜样作用

通过发挥教师的表率作用，示范创造性，为学生树立好榜样，有助于创设学生创新精神培育的良好环境。所谓学高为师，身正为范，就是需要教师在教育教学过程之中时刻以自己的形象和行为为榜样，言行一致、表里如一，进而对学生产生示范作用。美国有心理学家研究表明，当学生认为自己的老师是有能力的，就会从内部产生较强的创新动机。这就要求：第一，教师要以学习者为中心，并根据学生的需求因材施教，让学生能主动参与到学习当中，从而不断更新自我、增强自我。第二，教师应以学生能力发展为中心，不以知识作为衡量学生学习的唯一标准。教育的根本目的就在于促进学生的全面自由发展，使学生学会学习，形成正确的价值观、世界观、人生观，培育学生的创新精神和实践能力是其应有之义。

（四）采取丰富灵活的教学方式

要培育学生的创新精神，要求教师打破传统的灌输式教学方式，采取灵活多样的教学方式。第一，建立民主平等的师生关系，确立学生的主体地位。学生主体的确立有助于学生主动性和自觉参与性的发挥，在自主意识主导下，关注、关心感兴趣的内容，能够激发学习兴趣，产生积极的创新意识。这是对学生进行创造性思维培养的前提条件。尊重学生的自由意识和独立人格，让学生在课堂上敢于对教师的教学提出质疑，这有助于激发学生创新的意识和需求。第二，实行教学互动，开展活动教学。使学生产生较高的代入感投入互动的教学情境中，能够真实地表达自我，在相对自由的状态中发掘自身潜藏的创新意识，促进发散思维、求异思维、求新思维等创新精神要素的开发与挖掘。活动式教学对于培育学生的创新精神具有重要的作用。通过具有目的性、教育性的教学活动能够使学生的创新精神和实践能力得到有效的结合、开发和培育。第三，在授课技巧上，应做到直观与抽象、内涵与外延、理论与实践、分析与综合相结合，从而让学生建立一个知识点的结构联系，以拓展学生的思维。如宁波万里国际学校的一位语文教师，打破以往由教师布置作业的惯例，而是让学生自己设计作业——简称"自设作业"。"自设作业"的好处在于，一方面，使学生学习语文的热情更高涨，因为"自设作业"是以学生为主体，让学生发挥自己的想象，畅所欲言地发表自己的观点，且他们更是迫不及待地打开老师批改后的作业，会认真阅读老师批改的一字一句；另一方面，学生通过"自设作业"的过程提高了他们分析问题、解决问题以及阅读和写作的能力，充分发挥了他们的想象力和创造力，实现创新精神的培育。

（五）建立鼓励创新的评价机制

来自师长的评价会对学生产生持久而深远的影响，积极的评价有助于增强学生的创新精神。在课程活动中，在日常生活中，建立并实施积极的、开放的、多元的评价机制能够弥补单一评价的不足，能够鼓舞学生创新精神的发展。

一是采取多元的、开放的评价方式。传统的评价方式注重求同，是相对封闭的评价模式，不利于学生想象力、求异思维、创新精神的发展，而倡导多元的、开放的评价方式有助于培养学生灵活地运用知识、经验、方法解决问题的能力，使学生获得成功体验，激励学生的创新思维潜能。多元的、开放的评价方式亦是动态的评价，是能够多角度、多方面、过程性地对学生进行评价，重视对整个过程中获得的点滴进步的评价，使学生获得自信的体验，感受创新带来的快乐，学生从中可以"看到自己创新精神和实践能力发展的潜能，对未来充满希望。"二是坚持鼓励性评价为主的评价原则。鼓励性的言语能够带给人愉悦的体验，而鼓励性的评价能够保护并激发个体的创新精神。因此，这就要求评价主体在评价过程中不妨从以下几方面做起：首先，对学生多加鼓励，无论学生的想法、回答、思路是偏题的还是怪异的，都要鼓励学生大声说出自己的想法，表达自己的看法，做到不压制，不否定。其次，坚持"延迟判断"的评价原则。对学生的想法给予尊重，不过早下结论，不以师长的知识、权威、身份否定学生的思维，否定学生的想象力，否定学生的创造力。

二、建构支持型家庭教育环境

（一）营造和谐的家庭教育氛围

家庭是孩子主要生活的地方，良好的家庭环境有利于孩子个性的发展、兴趣的培养、灵感的启发。家长的态度及家庭环境对孩子创造精神的培育具有重要的作用。在儿童的成长过程中，家长可以引导孩子进行学习，但不能强求孩子学习，应重视儿童的自我教育、自我调节和自我培养。在小学阶段，家长可以专门为孩子布置活动场所、购买开发思维的玩具（开发智力、动作能力），让其自由地在场所玩耍，引导孩子对玩具进行了解。这对从小开始培养孩子的创新意识有很大的帮助。在中学阶段，家长可以通过孩子的兴趣完善活动场所，买一些难度稍高的拼凑玩具，引导孩子根据自己的想法拼凑自己想要的模型，培养孩子的创新思维。在进入高校学习的阶段，家长主要是为孩子提供他所需的学习环境和学习条件，让其更多贴近社会、贴近生活，从而培养他们面对挑战的勇气和探索求知的精神。

（二）树立正确的学习榜样

俗话说，"父母是孩子的第一个老师"。在与孩子的相处过程中，父母的种种表现对孩子会产生重要的影响，比如父母的言语、表达方式、行为习惯等，均会对儿童（尤其是中小学阶段的孩子）产生潜移默化的作用。孩子都具有一定的模仿性，"由近及远，由小到大，由无意识的模仿到有意识的模仿，由游戏的模仿到生活实践及学习知识技能、思想品质的模仿，由外部特征的模仿到内部特征的模仿"。因此，父母应该在孩子的成长过程中，以身作则地成为孩子的表率。

（三）运用合理的教育方法

在诺贝尔获奖者中，犹太人占的比例很高，而且许多世界闻名的人都出身于犹太民族，如达尔文、爱因斯坦、弗洛伊德等等。如果要追问为什么犹太人能取得如此高的成就，最好的答案就是得益于犹太人对孩子良好的家庭教育。美籍犹太人赫伯特·布朗（Herbert Brown）曾说，他的祖父和父母总是鼓励他自己提出问题，解决问题，还引导他寻找原因。试想，如果父母总是以高昂的姿态打击孩子的好奇心和求知欲，孩子会怎么样？如果父母自身面对难题毫不在意，甚至将难题抛在一边，对孩子会产生何种影响？如果孩子总是生活在责备、打骂之中，孩子能怎样成长？这足以说明，家庭教育对孩子创新意识的培养，对其一生的发展都起着至关重要的作用。有鉴于此，一方面，父母应该采取鼓励、尊重的方式，给予孩子一定的空间，让其发展自己的兴趣爱好；另一方面，父母应该与孩子确立平等友好的"朋友"关系，大家一起学习、相互批评、互提意见。与此同时，父母应成为孩子学习的引导者，充分利用网络这一工具，吸引孩子的注意力，激发其学习的主动性，引导儿童思考问题、解决问题，奠定创新的内在基础。

第九章 核心素养背景下教学过程中的合作参与

第一节 合作参与的概述

在自然界中常常会有一些让我们感到震撼的现象，例如在野火烧起的时候，众多蚂蚁为了逃生会迅速聚拢，抱成一团，然后像滚雪球一样飞速逃离火海。那噼里啪啦的烧焦声是最外层的蚂蚁用自己的躯体开拓求生之路时所发出的呐喊。实际上，团结合作、精诚团结是战胜一切困难的尖兵利器，人类历史发展的长河中的任何伟大奇迹都是我们团结协作、共同奋斗的结果。可见，无论是在过去、现在还是未来，合作参与对人的存在、发展都有着巨大的价值与意义。因此，学校加强对学生沟通、合作、参与、分享意识与能力的培养有着重大的现实与时代价值。

在各领域高度融合发展的当今，合作参与已经成为个体立足社会、适应社会所不可或缺的重要素质。由此，学校加强对学生合作参与意识与能力的培育是社会发展的必然要求，也是教育发展对时代诉求的回应。当然，深刻理解合作参与的内涵是培育学生合作参与素养的基础。

一、合作参与的内涵诠释

所谓合作参与，是指两个或两个以上的个体为了实现共同目标（共同利益）而自愿地结合在一起，通过相互之间的配合和协调（包括言语和行为）而实现共同目标（共同利益），最终个人利益也获得满足的一种社会交往活动。各司其职、各尽所能、取长补短是合作参与的基本特点。当合作参与作为人的素养，它指的是个体为了完成共同目标，在相互协调、合作过程中表现出来的态度、技能和品质。对于学生来说，所谓合作就是他们在日常的学习活动中能够与同伴协调关系、商量解决方法、分工合作从而确保活动顺利进行，以达到某种目标的过程状态。下面是一位教师培育学生合作参与能力的案例。

在一次剪纸活动中，学生要学习的内容是：能够多方连续剪郁金香。有的孩子绘画技能好，动手能力强，一会儿工夫就剪完了。此时，那些剪完的孩子坐在那里无所事事地看着还没剪完的同桌。这时我便引导他们说："剪完的同学你们想一想该怎么帮助那些还没剪完的同学。"这时，一个学生说："让我来试一试。"只见他先教一步然后等等那个剪得慢的同学，等那个同学剪完了，他再开始剪第二步，不一会儿，他们就剪出了漂亮的郁金香。然后他激动地说："老师，我同桌也剪好了。你看！我教成功了！"此时，剪纸的孩子们受到了启发与鼓舞，他们也纷纷试着去教那些不会剪纸的同学。而那些不会剪的学生也认真地学剪，不一会儿就有好多的孩子领着他的小伙伴来到我面前，非常自信地说："老师我把某某也教会了，我成功了。"我给他们竖起了赞赏的大拇指。

在上述案例中，经过教师的正确引导，学生们尝到了合作参与的快乐与收获。在这一过程中，学生不仅提高了剪纸能力，还在参与活动中战胜了不会剪纸的困难。当动作快、能力强的学生在给其他同学讲解如何剪的过程中，不仅他们的语言能力得到了锻炼，而且剪纸技能也得到了强化。而那些动作稍慢、能力稍弱一点的孩子也能在同伴的帮助下呈现出完整的作品，尝到成功的喜悦。可见，充满合作参与的活动不仅可以解决教师分身乏术的问题，还可以增进学生之间的友谊。在相互帮助中学生的感情得到了升华，能力得到了提升，同时也有利于他们从小养成合作参与的意识、能力与品质。

二、合作参与的维度建构

基于合作参与的定义和对现有学生合作参与要素的分析，学生合作参与的构成要素主要有以下三个方面：合作参与意识、合作参与技能、合作参与品质。

（一）合作参与意识

合作参与意识可简单地概括为个体在参与某项工作时表现出积极配合、主动投入的状态。一般而言，良好的合作参与意识至少应该包括以下几种意识：主动参与集体活动的意识、良好的团队意识以及亲和友善的意识等。

第一，主动投入意识。主动投入是个体在活动中积极、主动地承担任务，能为团队任务的完成贡献力量。可以说，主动投入意识是学生合作参与的起点与基础。第二，良好的团队意识。当个人利益与团队利益相冲突的情况下，团队意识则表现为个体勇于牺牲个人利益而维护团队利益。可以说，团队精神是保障团队工作顺利开展和实现集体利益最大化的关键性因素。实际上，团队意识是学生合作参与的灵魂，只有当学生拥有团队意识，他们才会有"劲往一处使，心往一处想"的凝聚力和"众人拾柴火焰高"的合作参与效果。第三，亲和他人意识。主要指个体愿意与他人交流并有意愿对他人表示友好的心理意识状态和行为倾向。良好的亲和他人意识可以在完成共同活动的过程中增进学生之间及师生之间的交流和互动，进而使他们形成团结一心的觉悟和倾向。从个人层面来说，在合作参与中，主动亲近他人者能更好地融入团队之中与他人交流互助。这样一方面能够容易地获得学习策略、方法、资料等方面的帮助；另一方面将自身见解毫无保留地表达出来为他人提供参考的同时也能接受同伴的意见进而促进自身更好发展。从团队层面来说，友善亲和意识一是能够促进团队成员之间相互信任；二是能够营造其乐融融、富有活力的团队氛围；三是成员在完成共同目标的过程中也能彼此联合、交流互助，从而推动团队任务的顺利完成。

（二）合作参与技能

合作参与技能是个人拥有与他人共同完成某项任务所需要的知识和能力。一般来说，良好的合作参与技能主要包括沟通能力、合作学习能力以及组织协调能力等。

第一，沟通能力。沟通是传递和反馈思想与感情，促使双方相互了解以求达成思想一致和沟通情感的行为方式。良好的沟通能力表现为能清晰地表达自己的观点和充分理解他人的想法。就个人来说，沟通能力强的人一般都具有良好的社交能力和敏锐的应变能力。就团队来说，沟通能力的强弱不仅影响团队任务的完成情况，而且影响团队成员之间的情感。

第二，自主学习能力。良好的自主学习能力是合作参与顺利开展的有效因素之一，所以优秀的团队成员需要具备良好的自主学习能力。在合作参与过程中，小组成员一方面需要时刻保持饱满的好奇心、发挥敏锐的洞察力，善于总结发现，进而不断提升自身获取和融会新知识的能力；另一方面除了学习跟团队任务相关的知识外，还要充分发扬"三人行，必有我师"的学习态度和学习精神，善于发现他人身上的闪光之处，取长补短，不断完善自己，为未来融入社会打下坚实基础。

第三，组织能力。组织能力是在任务开展过程中表现在统筹、协调、分配、管理等方面的能力综合。一般来说，组织能力强的人能协调团队成员之间的利益关系，能有着眼整体的全局观，能确保团队的良性运作。换言之，拥有优秀组织能力的人能有效地团结成员，合理分工，并默契配合，以实现成员个人效能最大化和团队效率最大化。所以，组织能力也是优秀的团队成员需要具备的关键技能之一。

（三）合作参与品质

品质是指一个人的道德品质和各种素养的总称。品质对于个人来说不仅限于道德素养层面，还包括人的健康、能力、性格、思想文化和行为形象等方面。一般来说，良好的品质可以通过后天的培养来塑造。学生合作参与的实质就是培养良好的合作品质。合作参与品质通常包含信任、包容、责任感和乐于分享等几个方面。

第一，信任。心理学认为信任是一种稳定的信念，是个体对他人话语、承诺和声明可信赖的整体期望。通常，学生合作参与是为达到同一目标而进行的学习合作，相互信任是这种合作存在的重要保障。也正因如此，参与过程中的双方不仅要学习和掌握合作所必需的知识和技能，以及学习合作的规则。同时在合作参与过程中，双方唯有秉承着诚信、相互信任的原则。

第二，包容。所谓包容是指个体对他人意见、观点、做法的理解。通常，当团队成员内存在相左意见时，同伴之间相互的理解和关怀有利于问题的解决。如果只是一味地责怪和埋怨非但于事无补，还容易造成团队成员心理上的隔阂，影响团队持续健康发展。小组合作参与式学习不仅需要每一名成员认真完成自己的任务，还需要全体成员的精诚合作和包容态度。只有让持不同意见的成员能感受到其他成员对自己的宽容和鼓励，才能促进团队成员间合作参与的顺利进行。

第三，责任感。良好的团队是各成员均以团队的整体利益为重，对自己的情感和行为负责，这必然需要个体具有强烈的责任感。只有大家做到积极参与、各司其职，团队工作才能顺利展开。唯有人人秉持主人翁精神，甘于奉献、勇于承担，团队合作才能蓬勃发展。

第四，乐于分享。学生在学习过程中不仅应该努力提高自身的知识素养，更应该拥有与别人分享自己学习成果的宽阔胸襟。在合作参与过程中，各成员乐于分享才会营造融洽互助的氛围，共同促进彼此成长，进而更好地完成共同学习目标和任务。

第二节　合作参与的价值

一、个人发展的内在需求

合作参与是人类活动的重要形式，在经济社会高速发展的当今，合作参与的重要意义不言而喻。著名科学家杨振宁曾说，如果说在过去还有可能一个人独立完成诺贝尔奖项工作的话，那么，进入 20 世纪 80 年代以来，尤其是进入信息社会以来，没有人们的共同参与、相互合作，任何重大发明创造都是不可能的。可见，合作参与素养不仅关乎个人成长发展，也关乎时代发展进步。下面是一则关于合作参与的具体案例。

一个外国的教育家曾邀请几个中国高中生做了一个小实验。在一个小口瓶里，放着 7 个穿线的彩球，线的一端露出瓶子。这只瓶子代表一幢房子，彩球代表屋里的人。房子突然起火了，只有在规定的时间内逃出来的人才有可能生存。他请学生各拉一根线并告诉他们，当听到哨声的时候，他们要以最快的速度将球从瓶中提出。实验即将开始，所有的目光都集中在瓶口上。哨声响了，7 个孩子一个接着一个，依次从瓶子里取出了自己的彩球，总共才用了 3 秒钟！在场的人情不自禁地鼓起掌来。这位外国专家连声说："真了不起！真了不起！我在许多地方做过这个实验，从未成功，至多逃出一两个人。多数情况是几个彩球同时卡在了瓶口。我从你们身上看到了一种可贵的合作精神。"

在这个案例中，中国学生凭借默契的配合、强烈的合作精神出色地完成了任务。这充分说明了只有遇事不乱，有序合作，才容易取得成功。合作参与是时代发展的内在要求，它关系到社会的繁荣、人类的进步。打个比方，这个社会好比就是个大交响乐团，交响乐的演奏完全依赖各种乐器与乐手的完美配合，只有大家通力合作才能演奏出华美的乐章。

（一）合作意识的培育有利于学生的认知发展

建构主义理论认为，学习者总是以自我的方式建构对于事物的认知和理解，这种认知和理解在不同个体之间呈现明显的差异。因此，通过彼此间的合作，异质的思想相互碰撞有益于产生思维的火花，促使个人超越自己的局限性认识，以及形成更加丰富和全面的理解。在合作参与中，团队成员难免产生分歧。为了说服对方阐明并使之信服自己的见解和观点，个体必须严密思考、仔细推敲、清晰表达。在这些过程中，他们的思维得到了训练、理解力获得提升。与此同时也不断完善自己的观点，进而实现认知结构的改善。

（二）合作意识的培育有助于改善与同伴间的关系

同伴交往是建立在彼此平等基础上的合作。一般情况下，为了保持同伴彼此间的合作关系以共同去实现某一目标，他们不得不尝试理解、接受彼此不同的观点和立场，并对照此重新考虑自己的观点和立场。当然，任何个体都可以保留他们自己的意见，但这和他们理解他人有自己的思考方式并不矛盾。在合作的过程中，学会克服自我中心、换位思考，应尽可能减少同伴间的冲突以增进友谊。此外，在合作过程中，同伴间的相互协商、相互鼓励和相互理解能够使团队成员产生强烈的归属感和集体荣誉感，这自然也有助于增强他们间的互信。

（三）合作意识的培育有利于道德自律的发展

青少年的自控能力较弱，在与同伴合作的过程中，他们的关系常常会受到相互交往行为的直接影响。一般来说，行为积极、友善、开朗的学生更容易被接纳和认可，攻击性较强的学生则往往被排斥和拒绝。因此，为了更好获得同伴的接纳和认可，个体必须学会控制自己的言行，学会尊重对方、学会与人合作。在这一过程中，个体逐渐懂得了规则和同伴间的利益关系，从而更有意识、更自觉地控制自身的行为，走向道德自律。

二、时代发展的外在要求

（一）个体间相互依存性的增大需要合作参与

随着人们的交往频率和深度的不断提高，人与人之间的依存性程度越来越高。人与人之间的交往，呈现出多样化发展态势，特别是随着信息技术的发展，大大改变了人们的交往方式。即便如此，人与人之间的相互依存性并没有减弱，而且进一步得到加强。难以想象，在现代社会，脱离社会交往的个体如何生存。实际上，这种日益增强的人与人之间的交往需要，恰恰说明合作参与的重要意义。个体只有解放自我，积极与他人合作、参与共同事务，才能进入更广阔的交际场域，才能更好地实现个体发展和个人价值。

（二）社会分工的细化需要合作参与

随着对效率最大化的追求，社会分工越来越细。任何一项事业的成功，往往涉及多领域科学知识的综合运用和各个领域人才的协同合作。当今世界，任何重大尖端的科学发明和技术创新都是科学家们高度合作的成果。可以说，推动人类前进的每一次重大成功都是精诚合作的成果。正如合作教育的重要人物约翰逊兄弟所说："如果学生不能把所学知识和技能应用于他人的合作性互动之中，这些知识和技能都是无用的，掌握诸如阅读、讲话、倾听、写作、计算和解决问题的技能，固然是有价值的，但如果这个人不能将这些技能应用于同他人的合作性的互动之中，那么也没有什么用处，我们培养出来的工程师、秘书、会计、教师和技工，如果他们不会合作，不能把知识和技能应用于工作的合作关系的话，这种教育是失败的。"

三、合作的类型

按合作的性质，可分为同质合作与非同质合作。同质合作，即合作者无差别地从事同一活动，如无分工地从事某种劳动。非同质合作，即为达到同一目标，合作者有所分工，如按工艺流程分别完成不同的工序的生产。按照有无契约合同的标准，合作分为非正式合作与正式合作。非正式合作发生在初级群体或社区之中，是人类最古老、最自然和最普遍的合作形式。这种合作无契约上规定的任务，也很少受规范、传统与行政命令的限制。正式合作是指具有契约性质的合作，这种合作形式明文规定了合作者享有的权利和义务，通过一定法律程序，并受到有关机关的保护。按合作的参加者分，有个人间的和群体间的合作等等。就合作本质而言，双方具有平等的法人地位，在自愿、互利的基础上实行不同程度的联合。我们一定要好好利用合作精神！

四、合作的前提

个人与个人、群体与群体之间为达到共同目的，彼此相互配合的一种联合行动。合作的基本条件成功的合作需要具备的基本条件主要有：

（一）一致的目标

任何合作都要有共同的目标，至少是短期的共同目标。

（二）统一的认识和规范

合作者应对共同目标、实现途径和具体步骤等，有基本一致的认识；在联合行动中合作者必须遵守共同认可的社会规范和群体规范。

（三）相互信赖的合作气氛

创造相互理解、彼此信赖、互相支持的良好气氛是有效合作的重要条件。

（四）具有合作赖以生存和发展的一定物质基础

必要的物质条件（包括设备、通讯和交通器材工具等）是合作能顺利进行的前提，空间上的最佳配合距离，时间上的准时、有序，都是物质条件的组成部分。

第三节　合作参与素养的培育

相比单纯的知识与技能而言，核心素养强调的是一种综合能力，涉及知情意行多因素的交互作用。其中良好的合作参与素养好比孩子成功道路上的助推器，能帮助他们走得更远更快。因而如何培育学生的合作参与素养成为当今教育不可忽视的话题。那么到底该如何培育呢？学校作为专业化的育人场所，肩负着为社会主义现代化建设培养合格的建设者和接班人的使命。同时，家庭是孩子出生后的第一所学校，父母是孩子的第一位老师。家庭对孩子的成长有着巨大的影响。因此，学校和家庭应采取有针对性的策略来培育学生的合作参与素养。

一、学校层面合作参与素养的培育

（一）加强校园文化活动熏陶

以文化育人就如春雨一样润物细无声，既潜移默化，又深远持久。每个学校都有着自身特色的校园文化和特定的精神氛围。它存在于学校的各个角落，浸润着教师与学生的价值认知和行为观念的形成发展。学校的建筑设计、绿化景观、校训和优良传统等方面都蕴含着一定的文化寓意。可以说，不同的校园文化都会培养、塑造学生的内在精神世界。

健康向上的校园文化能够培养学生积极向上的情感态度与价值观念。因而学校应利用自身特色，有意识、有目的地积极开展多种合作性集体活动，鼓励学生积极参与，在实践中形成具有合作气息的文化氛围。在这样的集体活动过程中，学生则可以很好地认识到一个人的力量是极其有限的，相互配合才是获取成功的最佳渠道。例如，学校可以举办篮球赛，在篮球比赛中，球队若想取得胜利，队员之间的合作非常重要。谁打哪个位置、如何防守都需要队员的默契配合。在比赛的过程中，高中生便会明白团结合作的重要性。此外，学校在积极利用已有资源创设健康向上的文化活动的同时，也应积极推动学生在各项集体互助活动中形成和谐相处的交往氛围。可以说学校积极建构充满合作文化的集体活动有利于学生合作参与素养的培育。

（二）注重教师的参与引导

合作与竞争是学生在校期间学习与生活的基本模式。在学生的实际合作过程中，教师不能完全放手不管，要点拨学生正确处理好竞争与合作的关系，要学生意识到合作是主流，竞争是为了调动大家的主动性与积极性。同时，教师要注意引导学生对合作成败的态度与看法，不要被暂时的胜利冲昏头脑；也不要因一时的失败而气馁，要冷静分析成功、失败的原因，认清自己的优势与不足，扬长避短，最终实现共同进步。例如，美国 NBA 湖人队即将和东部活塞队在年度总决赛上相遇。赛前，几乎所有人都不看好活塞队。因为这是它 14 年来首次闯入 NBA 决赛，球队中也没有叫得出名的大牌球星。最开始甚至很少有人相信它能打到第七场。相对而言，湖人队则拥有一支非常豪华阵容的明星队员，如科比、奥尼尔、马龙、佩顿等超级巨星，这支球队还有一个传奇教练——菲尔•杰克逊。因此，这次比赛在人们看来也是没有任何悬念的。然而，比赛的结果出乎了所有人的意料，不被看好的活塞队竟然爆了一个大大的冷门，他们轻松击败了湖人队，取得了总决赛的冠军。通过分析，湖人队的失败有其必然因素。那就是队员缺乏团结合作意识。可见培育合作参与素养，处理好团队中个人目标与团队目标间的关系非常重要。由于高中生的认识发展水平和明辨是非能力还较差，在与同伴合作参与的过程中还不能很好处理竞争与合作的关系。在这个时候，就非常需要教师尤其是班主任参与到学生中去，多关注学生的心理发展和动向，做好协调和思想教育工作。同时要及时消除和化解学生之间因竞争产生的隔阂，加深学生间的了解与信任，为良好的合作参与素养养成打好基础。

（三）创设协作式学习情境

协作式学习是新课程改革所提倡的一种学习方式。该方式不仅可以激发学生的创造力，而且也是培育学生合作参与素养的一种好方法。在组织学生进行协作式学习时，教师首先需要给学生提供一种形式上的合作氛围。如在座位安排上，可以将传统的"秧田式"座位排列改为"马蹄组合型"。因为"马蹄组合型"为学生在课堂上的相互交流探讨提供有利空间，教师也更容易深入学生中间进行讲课。同时，老师也要让学生在这种座位编排中意识到合作学习的重要性。其次，在平时的课堂教学中，教师可以有意识地将学生几个人进行分组，给予他们不同任务进行小组式学习，进而提高他们合作参与的意识与能力。例如在语文课堂上，教师可以安排给每个小组不同任务。如一组查找资料，一组探讨自己的理解，一组进行语言表达学习，最后大家将各自的学习结果放在一起讨论交流与共享，以求达到互帮互助式的学习；同样，这种协作式学习也可以延伸到课下的社会活动和学习兴趣小组中去。教师或者学校可以根据教学需要组织学生进行社会调查、参观访问、实践劳动等集体活动等。这样可以锻炼学生在集体中的交往参与能力、合作能力等。加上教师在活动中的正确指点与有意引导，协作式学习不仅可以使每个学生意识到合作参与的重要性，而且在过程中也可以促使学生合作参与素养得到提升。

（四）培养学生的个性与特长

合作参与素养虽强调团队的整体性和队员的团结性，但在培育学生合作参与素养的过程中我们也不能忽视学生个性的发展。个性就是一个学生在社会化基础上所形成的个体独特的言语方式、行为方式和情感方式等特质。在团队成员与其他成员团结合作的基础上，每个成员可以充分发挥有利于团队发展的自身个性。以《西游记》中唐僧师徒四人为例，他们四个人特色鲜明，但就是这样一个个性鲜明、差异突显的团队组合，最终克服九九八十一难取得真经。其实，若我们认真分析一下这师徒四人，他们最终能完成任务是有原因的。唐僧虽然做事优柔寡断，但目标明确，并能坚定徒弟们取经的信念；而本领神通广大的孙悟空虽一直是一个不可控与不稳定因素，但他却交际广阔，疾恶如仇。最重要的是他对师父与师兄弟有着难以割舍的感情，愿意为取真经付出任何代价；再看猪八戒，虽然他好吃懒做，几次想半途而废，但他却是师徒几人间的调和剂，是师徒几人良好沟通的桥梁；再者，沙僧虽一直默默无闻，但却任劳任怨毫无怨言。这师徒四人如果都是同一种性格，或优柔寡断的唐僧或好吃懒做的八戒或我行我素的悟空或平凡老实的沙僧。那么纵使他们都有很多优点，但他们的缺点将被放大四倍。如果发生矛盾可能就不易调和，团队也容易一拍而散，最终无法完成取经任务。所以不同的个性与特长在团队合作参与中会起到调和与优势互补作用。现实中我们每个人都有自己的个性。团队由个人组成，团队也必定会带有个性色彩不足为奇。而合作参与的艺术与关键问题在于根据成员们的优势与个性进行任务安排，充分发挥各个成员的创造力，以达到团队合作的最佳效果。因此，教师在平时培育学生的合作参与素养的时候，不能仅仅将他们视作同一规格的教育产品，而是要深入了解每个学生的独特优势，鼓励他们发展自己的个性与特长，并在小组合作参与的过程中根据每个学生特点安排不同任务，以培育其合作参与素养。

二、家庭层面合作参与素养的培育

家庭是孩子社会化的第一场所，是学校之外的延展课堂。可以说，家庭教育是学生合作参与素养养成的重要条件和因素。家庭培育学生合作参与素养的措施主要包括创建和谐民主的家庭氛围和培养与人为善的良好习惯两个层面。

（一）创建和谐民主的家庭氛围

无论是在独生子女时代还是现在开放二胎的政策环境下，我国血浓于水的亲情观念往往会造成多数父母或爷爷奶奶对孩子都宠爱有加，甚至到了溺爱的程度。这也就很容易导致很多孩子形成自私自利，以自我为中心的习惯，缺少合作参与意识。正如马卡连柯说："不要以为你们同儿童谈话，教训他，命令他的时候，才进行教育。你们是在生活的每时每刻，甚至你们不在场的时候，也在教育儿童，你们怎样穿戴，怎样同别人谈话，怎样议论别人，怎样欢乐或发愁，怎样对待朋友或敌人，怎样笑，怎样读报，这一切对儿童都有着重要的意义。"在当前社会发展背景下,家长需要意识到合作参与是未来综合人才不可缺少的一种综合素质。因此,为了孩子将来更好地发展与生活,家长需要更新自己的教育观念,积极营造良好的家庭氛围来培养孩子的合作参与意识。具体而言,就是父母需要坚持以身作则,认真履行做父母的责任,充分发挥家庭对子女的教育功能。首先,家长要认识到平时产生矛盾时,家长最好避开孩子或以和平方式处理问题,尽量给孩子营造家人之间和睦相处,有事一起商量的良好氛围。其次,家庭事务决策需要尊重孩子的意见。这种沟通方式很适合处于叛逆期的学生。采取尊重孩子、平等对话的方式既可以很好地避开"冲突",又可以无形中影响孩子在团队合作中的做事态度与方式,还有助于孩子养成在今后团队合作中耐心倾听他人意见,尊重他人的习惯。另外,日常家庭互动过程中,父母可以有意识地制造一些需要合作才能完成的任务,如父母与孩子一同分担家务等活动。这样不仅可以增加孩子合作参与的经验,还可以使孩子明白合作参与的重要性。

(二)培养与人为善的良好习惯

合作参与意识、技能、品质的培养都是为了在合作行为产生时发挥效果。而合作参与行为的产生是以良好的人际关系为基础的。因此,与人友好相处,拥有良好的人际关系是培育学生合作参与素养的重要前提。父母是孩子的第一任老师。他们日常与人沟通的方式和习惯都会对孩子今后的人际交往产生影响。所以在日常生活中,父母需要有意识地培养孩子与人相处的良好习惯和人际交往技巧,为其日后与人合作、交流奠定一定基础。为了培养孩子与人为善的好习惯,父母可以从以下几个方面入手。

1.跳出自我,换位思考

人际关系从本质上说就是人和人之间的情感联系。联系越密切,情感共鸣越多,关系也就越亲密。在与人相处过程中应积极参与他人思想情感,时刻意识到"如果是我怎么办"。这样有助于形成更好的人际关系,更好地与团队成员相处合作。下面这一故事深刻地揭示了与人相处换位思考的重要性。

美国经济大萧条时期,一位18岁的姑娘曼莎好不容易才找到一份在一家高级珠宝店当售货员的工作。在圣诞节的前一天,店里来了一位30岁左右的男顾客。他虽然穿着很整齐干净,看上去很有修养,但很明显,这也是一个遭受事业打击的不幸的人。此时店里只有曼莎一个人,其他几个职员刚刚出去。曼莎向他打招呼时,男子不自然地笑了一下,目光从曼莎的脸上慌忙闪开,仿佛在说:"你不用理我,我只是来看看。"这时,电话铃响了。曼莎去接电话的时候,一不小心她将摆在柜台的盘子碰翻了。盘中装着的六枚精美绝伦的金戒指掉在了地上。曼莎慌忙地弯腰去捡掉在地上的戒指。可是她捡回了5枚以后,却怎么也找不到第6枚戒指。当她抬起头时,看到那位顾客正向门口走去。顿时,她明白了第6枚戒指在哪里。当男子的手将要触及门框时,曼莎柔声叫道:"对不起,先生。"男子转过身来,相视无言足足有一分钟。曼莎的心在狂跳:他要是不承认怎么办 "什么事？"男子终于开口问。曼莎极力压住心跳，鼓足勇气，说道："先生，这是我的第一份工作，现在找个事儿真不容易，是不是？""是的，的确如此。"他回答，"但是我能肯定，你在这里会干得不错。"停顿了一下，他向前一步，把手伸给她："我可以为你祝福吗？"紧紧地握完手后，他转身缓缓地走向门口。曼莎目送着他的身影在门外消失，转身走向柜台，把手中的第6枚戒指放回原处。

由于现在家庭生活条件的逐渐改善与父母平时的娇惯，多数学生很容易形成以自我为中心的性格，很难照顾他人感受。而在团队合作中，不同性格的学生之间相处更是容易碰撞出火花，发生冲突后如果不能及时调解，合作的效果必定也会大打折扣。所以，父母平时应身体力行做好换位思考的榜样，以真诚博大的爱去对待身边的人，进而让孩子学会跳出自我，考虑他人的处境与感受，为合作参与素养的形成打下良好的人际关系基础。

2. 敞开胸怀，学会分享

俞敏洪在北大做演讲时曾讲过这么一个故事：有一个企业家和他说他们班有一个同学，这个同学的家庭比较富有，每个礼拜都会带六个苹果到学校来。宿舍里的同学以为是一人一个，结果他是自己一天吃一个。尽管苹果是他的，不给你的话也不能上去抢。但是从此他给别的同学留下一个印象，就是这个孩子太自私。后来这个企业家成功了。而那个吃苹果的同学还没有取得成功，于是就希望加入这个企业家的队伍里来。但后来大家一商量，说不能让他加盟，原因很简单，因为在大学的时候他从来没有体现过分享精神。

可以看出，无论是在现代企业还是在日常生活学习中，自私的人都是不受待见的。反而乐于分享不仅能给人带来精神上的快乐与幸福，更能提升自己的人生境界与情趣，赢得同伴的好感与尊敬。但现在的很多学生从小就养成了以自我为中心的性格，如案例中那个不愿与室友分享苹果的人。试想，不愿分享、自私自利的人组成的一个团队，各自顾各自的，怎能谈得上合作、交流、参与。而懂得分享的孩子，在团队合作中也会抱着宽广的胸怀与无私的精神。乐于和同学分享自己的看法与观点，耐心听取同学的建议与意见，学习他人之长弥补自己之短，在潜移默化中提升自己的能力，最终实现共同进步和成功合作。所以对现在的孩子来说，父母需要培养他们的分享精神。在家庭日常生活中处处教导孩子与他人或家人分享自己的心情、物品，让他们练习从分享中获得快乐，在日常生活中不断提升孩子的合作参与素养。

3. 立足他人，学会尊重

每个人心里都期望能在社会中拥有自己的一席之地，希望能获得他人的尊重与认可。尊重具有相互性，也就是说，你只有尊重他人，他人才会尊重你、信任你。这是拥有良好人际关系必不可少的要素，也是团队成员合作参与的前提。因此，家长应培养学生尊重他人的良好品质。只有学会尊重他人，孩子合作参与学习的效果才会更好。具体就是要做到以下几点。

第一，当孩子有不尊重他人的行为及态度时父母要及时纠正。学生平时在家里可能都是小公主、小皇帝。在家里对父母的态度可能会比较随意。而这种随意具有惯性，结果就会使孩子在外面对别人就可能会造成一种不尊重或冒犯。不管有意无意，父母都要给予孩子及时的纠正，告诉孩子什么是对的做法及原因。父母语言表达要明确，态度要严肃，让他意识到自己的错误，确保下次不会再犯。第二，注重日常生活中的尊重教育。父母平日里要教育孩子如遇到老师同学要礼貌打招呼。请人帮忙要态度真诚、用语礼貌。帮助别人时不能态度傲慢，要尽自己的全力，谈论别人时多说优点，不要诋毁别人等等。第三，以身作则引导孩子尊重他人。高中生的很多行为学习最初都是以模仿成人为基础的。因此，父母要自觉规范自己的言行，为孩子做好学习的榜样。如在孩子面前谈论学校老师、同学时，父母要做到客观评价，多提及老师、同学的优点，哪些地方值得自己学习；对家人长辈要态度和蔼，用语文明；同时尊重自己的孩子也很重要，因为如果孩子从小就被人尊重的话，那么他就会懂得尊重别人，养成互相尊重的好品行。所以，父母要在日常生活的细节中多注意尊重孩子，引导他们形成时刻尊重他人的习惯。而这一良好品质不仅有利于孩子今后与他人的合作交流，也会使孩子受益一生。

4. 积极主动，充满自信

自信心对一个人的一生发展都起着重要作用。拥有自信的人做任何事情都会主动积极，而主动积极性对刺激人的各项感官与功能及其综合能力的发挥起着决定性的作用。一个德国教育学家曾做了一个试验，将一个学习成绩较差的班级的学生当作学习优秀班的学生来对待，而将一个优秀学生的班级当作差班来教。一段时间以后，发现原来成绩相差很大的两班学生，在试验结束后的总结测验中平均成绩相差无几。原因就是差班的学生受到不明真相的老师对他们的学习信心不断地鼓励，使得他们学习积极性大增；而原来优秀班学生受到不明真相的老师对他们的所持怀疑态度的影响，自信心被挫伤，以致学习积极性不高，影响了学习成绩。

这个试验说明，自信心犹如一剂催化剂，能激发人的各种潜能。学习差的学生受教师期待影响自信心大增，成绩得到快速提高。而自信心缺乏的学生做事的动力就会大大消减，平时优秀班级的学生成绩也会退化。所以，只有态度积极、行为主动的人才会更加懂得认真做好自己任务的同时也需要配合团队工作，在团队需要的时候积极贡献自己的力量，主动参与团队事务。父母指导孩子在实践中自己解决问题，而成功解决问题所获得的经验，可以在很大程度上提高孩子的自我效能感和自信心，使孩子成为一个拥有饱满热情的人，这也会使孩子今后的人生充满阳光和自信。

参考文献

[1] 赵红婷.基于核心素养的数学教学 [M].南京：江苏凤凰教育出版社，2017.

[2] 周鹏程.培养核心素养 [M].长春：吉林大学出版社，2017.

[3] 陶月梅.以核心素养为本的开放教育研究 [M].宁波：宁波出版社，2017.

[4] 蒋洪兴，王聚元.学生发展核心素养视域下的课堂教学革新 [M].长春：东北师范大学出版社，2017.

[5] 潘桂法.核心素养视域下中学语文教学实践与策略研究 [M].杭州：浙江工商大学出版社，2017.

[6] 胡燕峰.思维魔方 二年级 [M].杭州：浙江大学出版社，2017.

[7] 王云.小学科学探究与思维培养 [M].苏州：苏州大学出版社，2017.

[8] 顾可雅.基于核心素养的小学语文教学设计 [M].宁波：宁波出版社，2018.

[9] 李志刚.核心素养时代的合格教师丛书 核心素养导向的上课 [M].天津：天津教育出版社，2018.

[10] 高宏.核心素养时代的合格教师丛书 核心素养导向的双课议课 [M].天津：天津教育出版社，2018.

[11] 吴筱玫.核心素养时代的合格教师丛书 核心素养导向的备课 [M].天津：天津教育出版社，2018.

[12] 丁昌田.核心素养时代的合格教师丛书 核心素养导向的说课 [M].天津：天津教育出版社，2018.

[13] 王金华.基于核心素养的有效学习与学业评价策略 中小学体育 [M].长春：东北师范大学出版社，2018.

[14] 欧阳敏.核心素养时代的合格教师丛书 教育家给教师的建议 [M].天津：天津教育出版社，2018.

[15] 申晓改.计算思维与计算机基础教学研究 [M].成都：电子科技大学出版社，2018.

[16] 田树林，刘强.思维进阶 常态课不能绕过的素养 [M].北京：光明日报出版社，2018.

[17] 钱洲军.探路学科核心素养培养校本化 [M].宁波：宁波出版社，2019.

[18] 杨静霞.初中数学核心素养落地签 [M].济南：山东文艺出版社，2019.

[19] 刘玉琛.中学数学核心素养的培养与探索 [M].长春：吉林人民出版社，2019.

[20] 寇爽 . 培育 0 ～ 3 岁儿童核心素养 [M]. 上海：复旦大学出版社，2019.

[21] 吕洋，徐殿东，张晓华 . 基于核心素养提升的语文智慧课堂 [M]. 陕西：陕西师范大学出版社，2019.

[22] 白海燕 . 让核心素养陪伴一生成长 [M]. 长春：吉林人民出版社，2019.

[23]邱桂香.基于学科核心素养的信息技术教学实践研究[M].沈阳：东北大学出版社，2019.

[24] 吴宏丽 . 高中生英语核心素养的培养 [M]. 长春：吉林人民出版社，2020.

[25] 徐南南 . 语文核心素养下的教学研究 [M]. 北京：九州出版社，2020.

[26] 徐泽贵 . 数学解题思维与能力培养研究 [M]. 长春：吉林人民出版社，2020.

[27] 曾宇宁 . 习性课堂模式教学案例 [M]. 长春：吉林人民出版社，2020.

[28] 王家山 . 高中物理教学与解题研究 [M]. 上海：上海社会科学院出版社，2020.

[29] 魏平义，潘静，杨永东 . 高中数学基本理念思考与实践教学 [M]. 长春：吉林人民出版社，2020.

[30] 吕淑敏 . 基于核心素养的英语课堂教学研究 [M]. 沈阳：辽宁大学出版社，2020.

[31] 陈祥 . 核心素养导向下的阅读教学研究 [M]. 长春：吉林文史出版社，2020.